The Secret Book of Connected Marketing
Your Private Super Coach

互联营销的独门秘籍
—— 你的特级私教

王迎红 著

復旦大學出版社

前 言

无论你接触营销学(Marketing)是通过正规教育学习，还是从工作或生活中得到启发，都各有利弊。但是要想掌握营销的精髓，在实战中运筹帷幄，绝对需要实操修炼。最好的反馈就是市场的反应。

在学术界，对营销学的研究与实际企业的营销运用有相当的差距。在研究时，学者重点在理论的探讨和理想情况下的辩论。这些探讨作为知识可以学习，但是不能直接在工作中运用。举个例子，书上说营销战略时，首先考虑以顾客为中心。然而实际工作中，营销者(Marketer)要考虑公司内部的组织角色和部门之间的关系，来决定工作的优先级。有时受到实际工作预算和技术的限制，即使重要的项目也不能完全执行彻底。与学术书籍不同，本书从营销者个人的角度，结合"一边实践一边学习"的经验来强调：

如何比现在做得更有效率？更有竞争力？描述实用的工作流程(Process)和内容。本书主要分享不管处在什么市场环境，有效地和对手竞争并确保市场地位的成功经验。同时，分享实践反馈和改善结果，梳理经过反复验证和调整，并行之有效的营销办法。

我从大学毕业后就职于不同外企，从事营销工作二十多年。在这期间，我一面不断建立自信和增加自己判断力，一面在自我否定。这听起来很矛盾，但这是一个蜕变的过程，当自己发展到一定程度，要突破自己的"舒适区"，敢于怀疑自己，用实践的结果来验证和调整。在这个过程中有幸碰到了"无影脚"教练，经常一起切磋讨论实际营销和竞争问题。教练自己对市场的洞察非常敏锐，这得益于他早年在生产线的经历，把握了第一手的产品生产经验和知识。随后，他凭借一身真功夫进入了高层领导的"智囊团"，参与各种海外事业拓展和革新工作。

本书的整体结构围绕业务(Business)发展展开(第一章)，从以"价值"为核心的角度来阐述业务流程(Business Process)，定义顾客价值管理体系的关键环节及过程，包括为顾客创造价值，转换价值，传播价值以及监控效果(第二章)。从实际业务的观点来说，类似于经典的制造业流程，业务发展都是从产品开发(Product Development)开始的。因此，本书在业务流程(Business Process)发展初始，结合了产品开发流程(Product Development Process)并剖析各个环节的特点。希望书中的剖析可以帮助读者选择对自己或所在公司适合的办法，大胆修改并调整成你最适用的流程。欢迎读者和我一起来分享心得和体会。在产品开发过程中，关键是产品的定义，这也就是"创造价值"的过程。它可能同时决定了新的业务模式（Business Model）。所以，本书以广义的概念来定义产品开发。从第三章到第六章逐一说明<mark>产品开发就是创造价值；设计和生产就是转化价值；然后把开发的产品引入市场（Launch Plan），就是传播价值的过程；最后需要监控市场反馈和价值的实现。</mark>传播的媒介和办法不同，可能达到增加或减少原来价值的效果。在传播中，品牌是非常重要的概念和业务资产。第七章详述通过顾客体验管理（Customer Experience Management）来影响消费者，并在传播价值过程中扮演越来越重要的角色。在实际工作中，"解决问题的能力"和"如何竞争"是营销者每时每刻都会遇到的问题。本书在完成业务流程的详述后，第八章和第九章分别从情况分析、如何解决、案例分享和方法对比各个方面来介绍这两个重要的技能。本书的各个章节之间相对独立，如果对创造价值感兴趣，可以直接从产品计划（Product Planning）章节开始看；如果对"如何解决问题"感兴趣，也可以直接跳到那个环节。站在首席营销官（Chief Marketing Officer）和首席执行官（Chief Executive Officer）的高度，从全局战略和企业整体发展的维度刨析营销的精髓。

有一点我要提醒读者：我不是专业做营销学术研究的，仅就实际工作的经验给大家分享，可能在用词方面不是那么的"标准"和"套路"。这点希望读者体谅。全书向读者展示的一招一式都是经过江湖历练的，希望对你的日常习作有所帮助。同时，欢迎读者分享自己的体会。书中特别留了"空白页"（Blank Chart）便于读者做笔记，记录"灵光一现"的好想法和好主意。是否能"赢"，要看读者在"战场"和环境中怎么运用这些经验和体会了。随着年龄增长，关于营销的知识不断积累，但工作能力的提高却变慢了，这是为什么呢？差异在于无法做到"知行合一"。把想法转换成执行项目受到很多维度的限制，有个人因素，也有公司及部门原因，甚至市场环境、技术水平、竞争和政策规章等的牵制。那么，该如何突破困境并不断提高呢？我建议将改善的范畴控制在自己团队可以影响的范围内，先以实际的结果赢得信任，然后再扩大影响。营销部分涉及和影响的相关部门很广，一旦营销者施行改善，对公司的影响可不小，会产生蝴蝶效应。

本书特色在于从实战角度出发，全面诠释价值创造体系从商业流程转向以顾客为中心的价值创造过程。结合案例和实用工具，为初入职场者、职业转型者和企业领袖定制的私教课程。优点是：(1) 从商业流程，紧紧抓住价值这个关键点来谈营销——从宏观、全局高度来谈市场营销；(2) 书中的图表非常丰富，很清晰，很容易让读者读懂并利用；(3) 总体的结构内容是不停留于营销底层和局部思维，而是从价值创造的整个流程看营销。从而起到营销领域的"特级私教"的作用。

后记中整理了书中提过的书单。如果有兴趣，可以继续深入研读。并且也分享了如何选书，如何"看"书的一些窍门。希望给读者带来不一样的读书体验。<mark>你要做的不只是看，还要想，还要动笔画画。</mark>抓住任何时间的好想法和启发，积累下来都是营销者宝贵的财富，这也是我自己的体会。欢迎读者把自己的想法、笔记、照片分享给我，可以通过邮件 <mark>raynwang@yahoo.com</mark>。

最后，一边工作一边写书确实不易。这本书花了几年时间完成，特别感谢"无影脚"教练，女儿王慧琳（Sophia），侄女王子杨，以及同事和朋友们的支持。

目 录

❶ 互联营销的概念和业务流程 / 1
Connected Marketing Concept and Business Process

1.1　营销的经典定义 Classic Marketing Definition　/ 2

1.2　营销的实际工作和业务范畴
　　　Actual Marketing Work and Scope　/ 4

1.3　简明业务流程 Simple Business Process　/ 7

1.4　新版产品概念 Product Concept – New Version　/ 10

1.5　不断完善产品开发计划流程
　　　Optimize Product Development Process　/ 17

❷ 顾客价值管理 / 21
Customer Value Management

2.1　价值创造过程 Value Creation Process　/ 22

2.2　转换价值 Convert Value　/ 24

2.3　顾客价值管理体系
　　　Customer Value Management System　/ 25

❸ 创造价值 / 27
Create Value

3.1　了解顾客需求 Understand Customer Needs　/ 30

3.2　开发新产品概念 New Product Concept Development　/ 76

3.3　产品型谱确定 Product Model Line-up Design　/ 86

❹ 转换价值 / 101
Convert Value

4.1　开发生产流程 Production Development Process　/ 104

4.2　生产流程中的"鱼和熊掌" Dilemma in Production Process　/ 106

❺ 传播价值 / 111
Communicate Value

5.1　上市活动 Launching Event　/ 118

5.2　品牌等级阶梯 Brand Hierarchy　/ 129

5.3　信息媒体渠道 Information Media Channel　/ 143

5.4　产品流通渠道 Product Distribution Channel　/ 151

5.5　传播概念 Communication Concept　/ 166

5.6　广告 Advertising　/ 171

5.7　定价策略 Pricing Strategy　/ 180

5.8　活动与体验设计 Event and Experience Design　/ 191

❻ 管理价值 / 199
Manage Value

6.1　监控的核心内容 Core Content of Monitoring　/ 202

6.2 选定监控渠道 Selection of Monitoring Channel / 203

6.3 上市后的监控 Post-Launch Management / 204

❼ 顾客体验管理 / 211
Customer Experience Management

7.1 顾客关系管理定义 CRM Definition / 214

7.2 顾客关系管理的发展局限 CRM Development Limitation / 215

7.3 顾客体验管理和重要性
Customer Experience Management and Importance / 217

7.4 顾客购买历程图 Customer Journey Map / 221

7.5 CEM 开发流程 CEM Development Process / 225

7.6 体验设计 Experience Design / 231

7.7 顾客互动体验日历 Customer Experience Calendar / 235

❽ 解决问题的能力 / 237
Problem Solving Skills

8.1 解决问题的流程 Problem Solving Process / 240

8.2 确认问题 Define Problem / 241

8.3 挖掘根本原因 Find Root Cause / 245

8.4 建议构想 Idea Generation / 253

8.5 准备改善计划 Prepare Action Plan / 257

8.6 监控 Monitoring / 259

8.7 小结和示例 Summary and Cases / 261

8.8 积累技能和培养人才 Grow Skill and Develop Talents / 265

8.9 业务流程和价值创造体系结合
Integration of Business Process and Value Creation System / 268

❾ 如何竞争 / 269
How to Compete?

9.1 定义竞争对手 Define Competitors / 272

9.2 强弱对比分析 Strength and Weakness Analysis / 274

9.3 进攻策略 Attack Strategy / 277

9.4 小结 Summary / 285

9.5 营销者关心的领域 Marketer's Scope / 288

● 后记 / 289
Postscript

第一章
互联营销的概念和业务流程
Connected Marketing Concept and Business Process

1.1 营销的经典定义 Classic Marketing Definition　/ 2

1.2 营销的实际工作和业务范畴 Actual Marketing Work and Scope　/ 4

1.3 简明业务流程 Simple Business Process　/ 7

1.4 新版产品概念 Product Concept: New Version　/ 10

1.5 不断完善产品开发计划流程 Optimize Product Development Process　/ 17

1.1　营销的经典定义

> 营销（Marketing）的定义
>
> 有关营销的定义，不同的时代，不同学派有着不一样的说法和理论。听上去好像哲学的思想一样深奥。然而，在公司实际工作中，营销部门的工作范畴界定也没有那么清晰。各个公司根据自己的实际业务定义营销。
>
> 本书从实际公司工作经验的角度，结合市场实战，为读者介绍营销，使其理解如何运用执行到工作中去，并解决实际问题和挑战。虽然定义营销是比较重要，但是，在实际工作当中，营销部门在公司组织架构中的位置、汇报关系以及和其他相关部门的权益牵制关系才真正决定了营销是什么，在企业中扮演什么角色，与业务的发展关系多大。现在列举几个关于营销的"经典"定义和概念。
>
> 维基百科（Wikipedia）是这样定义的
>
> **Marketing** is the process of communicating the value of a product or service to customers, for the purpose of selling that product or service.
>
> 营销是一个以销售产品或服务为目的，而传达该产品或服务的价值给客户的过程。

Marketing can be looked at as an organizational function and a set of processes for creating, delivering and communicating value to customers and customer relationship management that also benefits the organization. Marketing is the science of choosing target markets through market analysis and market segmentation, as well as understanding consumer behavior and providing superior customer value. From a societal point of view, Marketing is the link between a society's material requirements and its economic patterns of response. Marketing satisfies these needs and wants through exchange processes and building long term relationships.

营销可以被看作是一种组织结构中的功能块,一套为了该组织利益而创造、传达和沟通价值给顾客,并建立顾客关系管理的过程。营销学是通过市场分析和细分来选择目标受众的科学,以及了解消费者行为,并为顾客提供卓越的价值。从社会角度来看,营销联系了社会的物质需求和其经济的反应模式。营销在满足这些需求和需要的同时,通过交换过程并建立长期的合作关系。

营销之父——科特勒(Phillip Kotler)是这样定义的:

Marketing has been defined as an organizational function and a set of processes for creating communication, and delivering value to customers and for managing customer relationships in ways that benefit the organization and its stakeholders. Marketing management is the art and science of choosing target markets and getting, keeping, and growing customers through creating, delivering, and communicating superior customer value。

营销已被定义为一个组织的功能和一套为了该组织和股东方的利益而创造沟通和传达价值给顾客,并管理顾客关系的过程。

营销管理是通过创造、传达和交流卓越的客户价值来在选定的目标市场中获取、保持和发展客户群的一门艺术与科学相结合的学科。

1.2 营销的实际工作和业务范畴

1.2.1 实际营销工作

随着中国经济迅速发展,在这个市场上,经济学者是怎么定义营销的呢?主要以"销售"为核心概念。销售是指主要以出售方式向第三方提供产品或服务的行为,包括为促进该行为进行的有关辅助活动,比如广告、促销、展览、服务等活动。销售的过程是介绍商品提供的独特利益,以满足客户特定需求的过程。商品包括有形的商品及其附带的无形的服务来满足客户特定的需求,特别是客户特定的欲望被满足,或者客户特定的问题被解决。

对比不同版本的营销(Marketing)的定义,其核心没有什么大的差异。但是各个地方文化、生活方式、消费者的价值观及购买习惯的不同,导致其市场营销的具体呈现会有所不同。

那么,在实际工作中如何定义营销比较好呢?每个公司负责营销的人都有自己的经验和想法。虽然在工作范畴或职责中定义营销是重要的,但更重要的是营销怎么执行。所以,本书重点介绍以可实行为主的营销概念:

为了给顾客提供更好的品牌体验,其中包括产品和服务,从研发、渠道建设到销售整个业务运营流程上不断研究,努力改善,而且与内部其他相关部门协调、改革和实施,并跟踪反馈效果。

这就是本书强调的互联营销概念。借助图1-1表达如下:

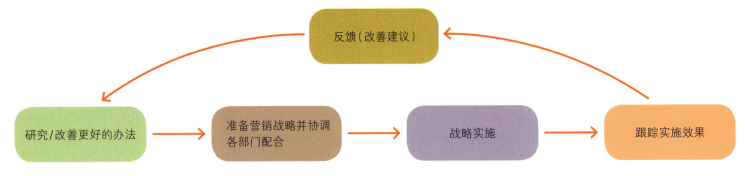

图1-1 互联营销概念

1.2.2 营销涉及的部门和范畴

一般营销（Marketing）部门的工作涉及很多内部部门，直接或间接地管理着整个业务流程。行业不同，业务范畴也有宽窄差异，因此，各个公司对营销的定义和规划也不同，不好一概而论。有的公司受首席执行官（CEO）的背景和领导风格影响大，比如营销背景的CEO就会在营销方面发力，相应扩大这个部门对整体业务的影响力，而首席财务官出身的CEO更重视发展财务。读者所在的公司或所认识的营销与前面的营销定义很可能有差异，可能扩大营销的范畴，也可能只专注于营销的某一方面。

为了做好营销方面的业务，营销者（Marketer）首先，要对一些基本概念有所理解，比如3C（Company、Customer and Competitor）、4P（Product、Promotion、Price and Placement）、经济环境、法律法规和新科技动向等；其次，营销者应该时刻对环境、市场变化、顾客偏好及生活方式保持敏锐的洞察力，关心公司内外的情报信息，分析其内容和趋势；最后，努力把发现和洞察运用到业务中去，从而不断提高和改善公司业绩。

营销者在日常工作中涉及的部门，接触的人和协调的项目很纷繁多样。如下页图1-2演绎，梳理相关部门和事项如下：

1. 顾客调查：一般由产品计划部门、营销部门、销售策划部门、市场调查部门、研发部门等参与协作完成。营销者一定要直接参与这个调查，从问卷的开发，包括问卷的措辞和选项的设计，到实地市场或交易场所的走访，调查渠道的选择，现场的观察和反馈，以及归纳小结，直到最后生成洞察报告。

2. 产品开发：通常由产品计划部门、设计及工程技术研发部门、研究所、战略发展部门、财务部、营销部门等共同参与协作完成。通过了解顾客需求、观察产品使用（过程及环境）、熟悉技术发展和成熟程度以及分析竞品和市场情报，制定战略发展规划和投资回报部署，从而完成产品开发布局。

3. 产品销售：营销者、渠道开发部门、销售团队、区域管理团队、销售运营团队、经销商和渠道合作伙伴一起协调管理销售。密切监控产品库存、运输和零售流量、结合批发/零售数据、保证渠道的畅通。同时，定期（每周、每月或每季度）配合市场的活动宣传来调整，相互协调，最大化渠道效益和销售成果。

4. 售后和联络（呼叫）中心：以顾客为中心的营销，各个接触点都是听取真实市场反馈的渠道：零售门店、电商网页、移动应用、售后和顾客联络中心，其中包括维修服务、顾客热线、网上聊天及各种社交网络的接触点都会直接收集顾客反馈的意见。营销者应该定期了解、沟通和协调这些顾客反馈，以提升产品质量、顾客满意度、忠实度和推荐度。通过访问零售店，秘访或明访调查，在电商网络试单，监听热线对话等方式，营销者可以得到一手材料，设定定期会议和内部协调沟通，从而加强顾客的体验和提高口碑。

5. 生产部门：为确保渠道货物的畅通和销售，营销者对生产日程、数量、质量及发货等也要了解和关心。供应量的充足或供应链的阻塞，直接影响市场活动的效果。所以，为最大化和最优化市场推广，营销者也要定期和生产质量及供应链部门协作。

1.2.3 营销者接触的业务关系网

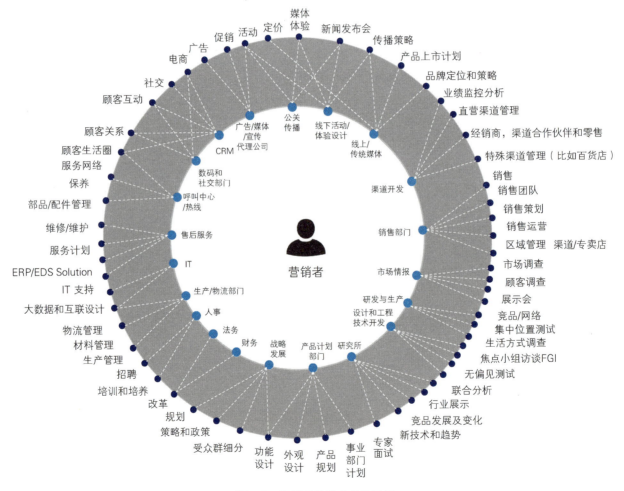

图1-2 营销者关联业务关系网

1.3　简明业务流程

1.3.1　简明业务流程

营销者要和这么多方方面面的部门合作协调，可能感觉纷繁复杂，不知该从何了解起。为了清晰梳理工作开展的优先顺序，先来介绍一下从实际工作中总结出来的业务流程（Business Process）。读者可以比较一下这个流程和教科书上的"流程"的差别。同时，我也会提炼随着技术发展，产品概念的演变对业务模式产生的影响和变革。帮读者了解到与时俱进的变化。

从产品开发流程开始介绍。对于刚刚新成立的公司，面临"生死存亡"的挑战，得到市场认可是首要任务。不管是运营业务还是产品开发都可能没有形成自己的一套流程。但是，一般来说，市场上的活跃公司都有自己的产品开发办法和流程。为了提高产品计划的效率和上市的成功率，公司都有很细致的产品计划流程和产品上市流程。近些年，跨国大公司都引进项目管理（Project Management）的办法，即由一个人或团队来负责从产品开发到销售的全过程。这就是本书要介绍的营销概念，既体现了产品开发的重要性，又重视对全过程负责的团队，从而确保对业务的正向影响和产生利润。

简明业务流程如图1-3，简单清晰。

业务战略 / 产品战略 → 产品计划和开发 → 生产 → 流通和销售 / 营销 → 售后管理

图1-3　简明业务流程

1.3.2 波特价值链

其实,很多经营学者和经济学家都开发了自己的业务流程。比如:哈佛大学的迈克尔·波特(Michael Porter)教授首创了"价值链"(Value Chain)的概念。它是很知名的一种业务流程,并且被很多公司采用。波特的价值链是一个定义业务中关键流程的工具,用来评价每个环节的竞争力,从而得出公司竞争优势资源所在。波特把公司的活动分为主要活动和辅助支持活动,如图1-4展示。主要活动包括一系列从投入、生产、产出到营销、销售给最终用户以及售后服务的全过程。这样梳理可以区分清楚哪些业务或行为对公司成败起着关键的作用。

与波特的价值链流程比较,实际公司的业务流程差别在于:产品计划和技术开发是最核心的价值创造环节。波特把这么核心的内容放在了辅助支持活动中。可见,波特更看重如何实现价值以及价值传递的过程。但是实际上,价值创造(Value Creation)本身才是业务链的开始。在实际市场竞争中,公司非常重视价值创造,因为技术的开发和产品计划(Product Planning)是任何商务源头最核心的问题。虽然投入、生产、产出及市场营销也重要,但前期技术和产品的研发决定企业的生死存亡,竞争力的强弱以及生命线的长短。

> 现实版的业务流程(Business Process)强调价值的创造,以产品计划和技术开发为主,并确定价值的核心内容。不同于波特强调的价值传达和沟通(Value Delivery and Communication)。营销者要反复思考"价值链"应该专注在哪些核心环节?

图1-4 波特价值链

1.3.3 实际业务流程

业务流程的前期部分和产品开发流程是非常相似的,主要原因是不管什么行业的业务都是从产品研发开始的(如图1-5)。

一般具有一定规模的企业都有自己的产品开发流程。然而,小型发展中企业可能没有适合自身竞争环境的产品开发流程;鉴于这种情况,有可能即使小企业的产品开发成功,也不容易分析总结出成功的原因;同样,如果失败,没有产品开发流程不容易找到改善的办法和方向,这对小型发展中企业是不利的。

虽然有没有产品开发流程很重要,但是如何运用产品开发流程、并成功地上市产品更重要。以前产品开发流程概念比较狭义,从发掘顾客需求到产品开发就结束了,近年引入"项目管理流程",即从整个业务链角度出发,包括顾客需求到售后管理的广义产品开发项目管理。通常产品开发和业务开展由不同部门来负责,若前后衔接得不好,那么成功的可能性不大。因此,如果从头到尾都由一个开发和市场整合的团队负责,确保了一致性,必然增加成功的可能性。当然,这样做对项目负责的团队和人才要求也更全面。这个团队负责从产品开发到售后管理流程中的每个环节,需要局部改善的话就局部改善,最终的目标是使得整体流程更完善,并适合自身公司情况和竞争环境。

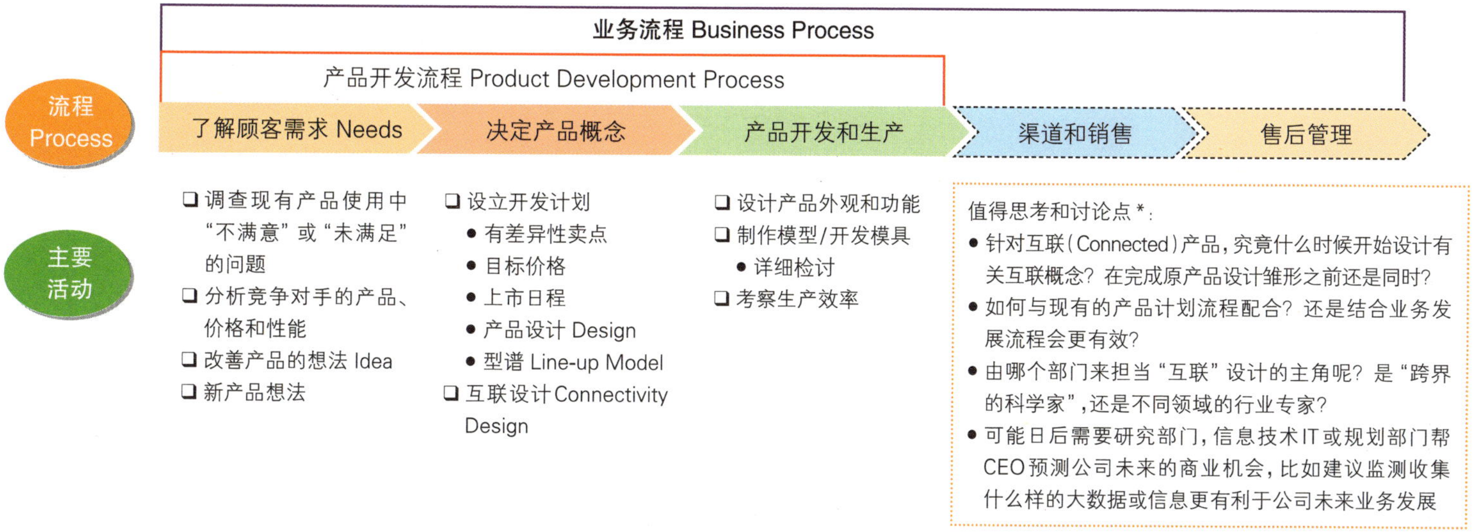

流程 Process	业务流程 Business Process				
	产品开发流程 Product Development Process				
	了解顾客需求 Needs	决定产品概念	产品开发和生产	渠道和销售	售后管理
主要活动	❏ 调查现有产品使用中"不满意"或"未满足"的问题 ❏ 分析竞争对手的产品、价格和性能 ❏ 改善产品的想法 Idea ❏ 新产品想法	❏ 设立开发计划 ● 有差异性卖点 ● 目标价格 ● 上市日程 ● 产品设计 Design ● 型谱 Line-up Model ❏ 互联设计 Connectivity Design	❏ 设计产品外观和功能 ❏ 制作模型/开发模具 ● 详细检讨 ❏ 考察生产效率		

值得思考和讨论点*:
- 针对互联(Connected)产品,究竟什么时候开始设计有关互联概念? 在完成原产品设计雏形之前还是同时?
- 如何与现有的产品计划流程配合? 还是结合业务发展流程会更有效?
- 由哪个部门来担当"互联"设计的主角呢? 是"跨界的科学家",还是不同领域的行业专家?
- 可能日后需要研究部门,信息技术IT或规划部门帮CEO预测公司未来的商业机会,比如建议监测收集什么样的大数据或信息更有利于公司未来业务发展

图1-5 实际业务流程

*将在后面产品概念和产品开发流程改进中详述。

1.4 新版产品概念

1.4.1 新版产品概念

如何定义产品和业务范畴？这个听起来显而易见，但是做起来并不容易。随着近些年技术和互联科技的发展，产品的概念也在不断变化。

按照传统狭义的产品计划流程来看，产品概念的定义就是围绕着核心产品部分。产品策划团队专注在核心产品上，开发出区别于竞品的差别点，并努力把产品本身的功能和效率最大化。通常误区在于开发人员认为达到最优和极致的产品性能就是满足顾客需求，甚至应该超出顾客的期待，销售一定会很好，并给企业带来良好的回报。但是，消费者购买产品的时候，不仅仅考虑产品本来的性能和功能，还会受到其他附加功能和附带体验的影响。因此，如何定义广义的产品概念呢？广义产品概念包括从核心功能、到实际产品使用、衍生的产品应用和互联功能以及购买、交货、送货安装等体验一体的全产品概念设计。前面提到的近年来流行将"项目管理"（Project Management）的概念应用到产品开发流程，把从产品计划到上市销售过程中涉及的组织构架串起来，实现负责制，以确保"从头到尾"的一致性。这固然重要，但产品本身的竞争力也是确保业务成功的重要因素之一。因此，本书建议把产品计划流程的范畴扩展到核心产品、实际产品使用、衍生产品应用和互联功能概念一起综合考虑，然后由上市计划流程来覆盖购买、交货、送货安装等体验设计（图1-6）。再次强调，产品开发和上市阶段的概念一致性是非常重要的。另外，消费者的立场往往不同于开发者，所以产品策划团队要了解顾客的需求与开发的效益和程度，理解平衡各自的利弊。只有全面考虑产品及衍生体验来制定产品及上市计划流程，才能最大程度保证业务的成功和利润。

Product Concept-New Version

广义的产品概念是从消费者的立场和观点来定义的，但从开发者的角度出发，工程师和设计师总是尽力最大化产品的性能和差异产品的功能，这是他们的职责和使命。如果产品开发团队没有全面考虑以上两方的需求和观点，那么开发出的产品概念成功概率不大。

不管产品开发的功能多优秀，多精致，如果销售不好，不被市场和消费者接受，就不能达成业务目标。这样的产品开发就失败了。

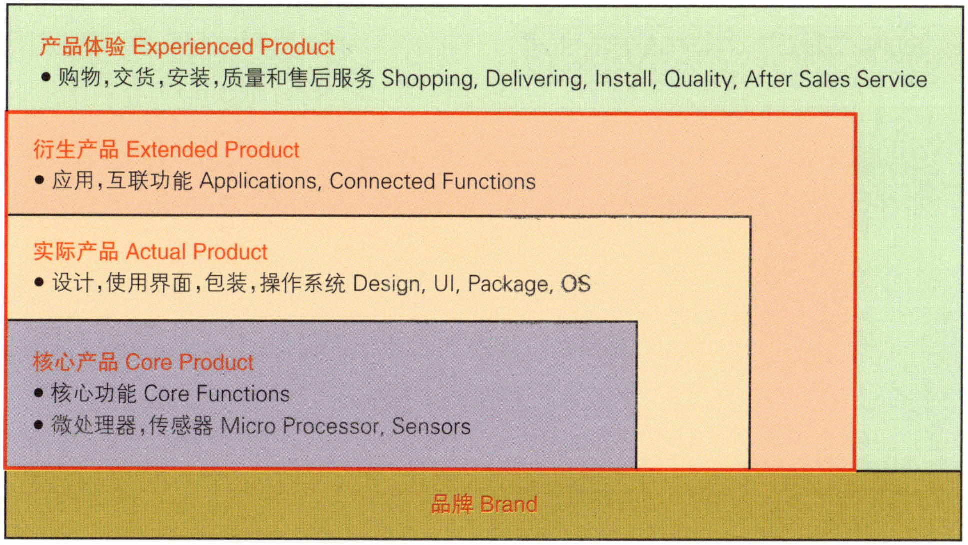
产品体验 Experienced Product
• 购物，交货，安装，质量和售后服务 Shopping, Delivering, Install, Quality, After Sales Service
衍生产品 Extended Product
• 应用，互联功能 Applications, Connected Functions
实际产品 Actual Product
• 设计，使用界面，包装，操作系统 Design, UI, Package, OS
核心产品 Core Product
• 核心功能 Core Functions
• 微处理器，传感器 Micro Processor, Sensors
品牌 Brand

图1-6　新版产品概念

1.4.2 新产品概念与业务模式

如今定义产品的领域和范畴将会影响业务模式(Business Model)的发展,很可能意味着开发全新的业务领域。近几年营销者都非常关注复合衍生产品、新技术以及互联科技的商品化。因此,很多公司尝试把现有产品与互联(Connected)技术结合,寻找新的多样化的业务合作模式。比如农用收割机,原本只是一个硬件产品,但是加入芯片和传感器后,硬件本身受到软件的指令,甚至远程的连接和操控。互联技术同时收集很多实时和使用中的数据,分析整理可以创造出新的租赁业务模式或开发自动化的功能。这些要求产品开发团队有能力将现有产品与衍生产品在性能、特色、成本和定价等方面比较分析综合设计,从而找到新的业务机会,如图1-7。

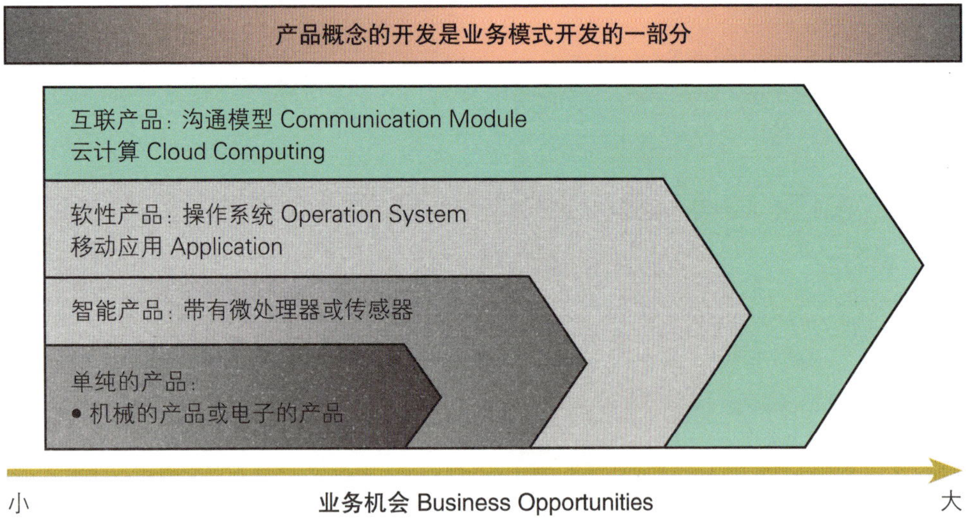

产品概念的开发是业务模式开发的一部分

互联产品:沟通模型 Communication Module
云计算 Cloud Computing

软性产品:操作系统 Operation System
移动应用 Application

智能产品:带有微处理器或传感器

单纯的产品:
● 机械的产品或电子的产品

小　　　业务机会 Business Opportunities　　　大

图1-7　产品概念与业务模式关系

1.4.3 产品开发过程的难点

理解了广义的产品概念和它对业务模式的影响，我们会意识到在产品开发过程中需要很多部门参与（如下页图1-8所示产品开发流程中各部门之间的关系）。而且各个部门的要求、关心点、立场、优选权衡标准也不相同，那么在产品开发初期如何有效地管理产品开发流程就很重要。如果管理不好，各部门只强调自己的利益、观点和价值，那么彼此之间的矛盾会在很大程度上影响最终消费者的使用体验和利益。比如产品开发初期，外观研究所最关心的是产品的外观有没有特色和艺术性，通常不怎么考虑生产效率、顾客的喜好或造价。设计师的终极目标是将外观设计做得完美和极致。与此同时，产品计划部门希望产品功能最大化并拥有差别于竞品的独特之处；然而，产品功能开发部门对产品外观的艺术性和档次感没兴趣，他们更关心的是生产效率、成本控制、制造工艺的难易度和降低不良品概率。售后服务部门关注的是为了顾客方便，部件如何更换及储藏，是否容易操作和维修后质量保证等。

正如前面所说的产品开发是公司业务核心竞争力的关键部分。一般在公司里，这个责任由产品计划部门负责。虽然有责任所有权（Ownership），但是开发的过程涉及很多部门。如果要一步一步线性的沟通、协调和汇报的话，首先开发时间和周期会很长，其次各部门意见很难平衡协调，会遇到"路障"（Roadblock），导致不断更改产品概念，因此造价和成本也会每次随之更改重新核算。其实产品开发成败的关键在于短时间内开发出满足顾客需求的产品并成功地上市。不管产品的概念多好，如果产品计划和开发周期过长的话，顾客的需求可能发生变化，而且竞争对手可能有新产品出来占据市场先机和顾客群，这样就造成上市要花更多的时间、费用和精力去开拓市场。即使上市成功，产品的生命周期也可能变短，进而影响公司业务的盈利和收益，削弱品牌竞争力和价值。

基于对全球知名企业，包括美国、日本和韩国的产品开发流程分析，本书建议的产品开发流程：

- 项目管理模式（Project Management）：为了提升整体产品开发的效率，指定责任负责人，从头到尾推动开发流程并协调保持一致和连贯性；
- 并行工程模式（Concurrent Engineering）：在实践中，为了缩短开发日程和周期，建议相关部门组建一个团队一起工作。

具体实施建议：由产品计划部门同时扮演项目管理的角色，先准备一个产品概念和开发流程的提案，邀请各个部门同时一起参与讨论，并委派固定人员参与到项目组；该项目组对整体产品开发流程负责，分析、分享、辩驳各自想法和立场，建议和权衡利弊，寻找共通的目标，并就产品概念达成共识；产品计划部门在项目开展的不同阶段会委派不同部门的代表担任"组长"的角色，确保参与度和责任感；项目组每个成员都对分阶段的概念设计成果负责，并通过各自所在部门与其领导汇报沟通。这样确保了产品开发进度、概念设计最优化方案和市场竞争力。（如后面图1-9所示开发过程中的汇报机制）

产品开发流程——部门之间关系

● 负责人　○ 支持

流程	寻找顾客需求			设定产品概念	开发/生产	销售
	分类	目标受众	定位			
内容	❑ 3C 顾客/竞品/公司分析 ❑ 提出产品想法 Idea ❑ 分析受众的顾客需求 ❑ 联合分析 　● 决定销售和利润的优先级			❑ 建立开发计划 ● 功能/配置 ● 目标价格 ● 设计概念 ● 时间表 ● 产品线开发	❑ 设计研发 ● 开发模具 ❑ 时间表 ● 上市/交货日期 ❑ 成本管理	❑ 销售政策 ❑ 决定传播概念 ❑ 目标受众渠道展示 ❑ 新旧型号接替和产品线改变 ❑ 上市计划
组织者 Stakeholders						
市场/销售 Marketing and Sales	○	○	○	●	○	●
产品策划 Product Planning	●	●	●	●	○	○
设计 Design	○	○	○	○	○	○
工程 Engineering	○	○	○	○	●	○
生产 Manufacturing	○	○	○	○	●	○
研究所 Institute（跨领域软件和大数据 Cross-Industry Big Data and software）	○	○	○	○	○	○
信息技术 IT	○	○	○	○	○	○

● 产品计划也需要考虑日后上市计划的配合
● 上市活动推进时，需要重新确认在产品计划期间确立的细分市场（Segmentation）、目标受众（Targeting）和定位分析（Positioning）是否发生了变化

图 1-8　产品开发流程——部门之间关系

产品开发流程——汇报机制

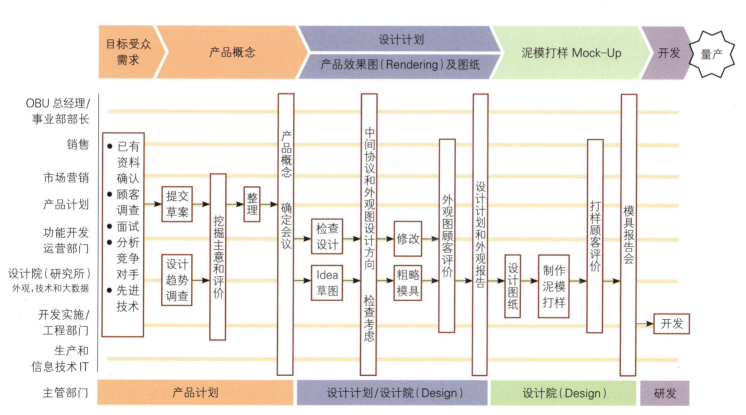

图1-9 产品开发流程——汇报机制

空白页——产品开发流程(Flow)

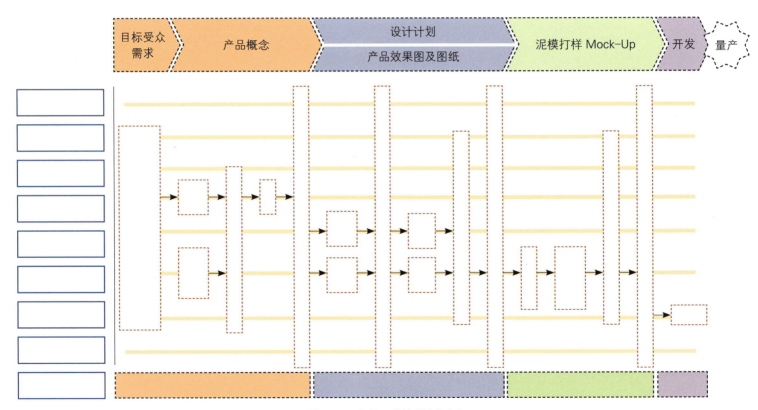

图1-10 产品开发流程(空白)

1.5 不断地完善产品计划和开发流程

产品开发的流程不是一成不变的。要不断地调整和改善,它才有生命力。如何改善产品开发流程呢?产品上市后,首先看销售的表现和顾客对产品的反馈,来调整产品计划和开发的流程,再收集市场的反馈,如此反复,不断地完善产品开发流程。

一般改善产品开发流程中的一个办法是对标(Benchmarking)成功的企业,分析它们的产品开发流程,对比自己公司的流程,寻找改善的办法和方向。但是,成功企业的流程可能是为其"量身定制"的。成功的企业和自己的公司在竞争环境、人才和资源等方面都不一样。因此,借用成功企业的经验不一定能保证自己企业的产品开发流程成功。在不断地研究和学习成功经验的同时,营销者也要考虑自己流程需要改善的内容。一味效仿大企业,开展全面性革命,可能"东施效颦",甚至给企业带来致命的打击。最好是为自己企业量身打造,一步一步地改善计划。这样才能把握自身消化和适应新调整的过程。这种不断巩固和稳步的改善、适应、再调整的过程,是一个有生命力的产品开发流程。

如果自身企业本身没有产品开发流程,应首先找到所在行业内成功企业,学习他们的开发流程;同时,借鉴跨行业的,且规模和自身类似的企业,学习他们如何运作产品开发。然后设计开发适合自己的流程。一边运作,一边改善,最终找到合适的开发流程。如果已经有自己的产品开发流程,成败与否取决于每个环节中的工作内容、细致程度和表现。

业务流程是内部管理的梳理和推进,这样做的结果是为顾客创造价值。价值可以以产品、服务、品牌和体验来体现。从以顾客为中心的角度来看,它就是从头到尾的完整价值创造体系,即通过分析把想法变成产品,开发生产和批量制造,然后传播给顾客,最后结合顾客的反馈来不断地完善。

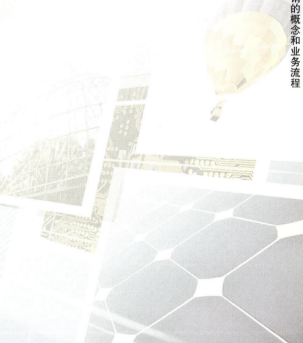

产品计划流程示例——索尼

> * FGI: Focus Group Interview 焦点小组访谈
> ** MGPP: Multi-Generation Product Planning 多代产品计划

产品开发是公司业务核心竞争力的关键部分。图1-11是索尼20世纪90年代经典商品计划流程,仅供参考。索尼公司也在不断更新和完善他们的流程。

	树立战略	需求(Needs)调查	概念(Concept)确定	商品开发	商品上市
主要内容	☐ 考虑商品的生命周期和竞争关系,树立战略和战术	☐ 满足目标顾客需求的产品概念想法	☐ 管理层表明商品开发目标和概念的意志与决定	☐ 商品设计、生产和核心竞争力 ☐ 决定下一代型谱概念(MGPP**)	☐ 预热准备 ☐ 调查目标顾客的满足度
独特点	☐ 商品型谱计划 • 中长期战略 • 技术战略 • 树立型谱计划(一年2次) ☐ 市场细分 • 分地区,分析购买人群 • 按类别分析销售情况 ☐ 设定明确的目标 • 分析竞品产品(考虑以后的竞争关系) • 把握整体的优势	☐ 以顾客的立场来调查 • 解决顾客的"不方便"/"不满意"项目 • 现场为主 • 顾客描述(Profile) • 通过 E-Mail、FGI*等深入调查 ☐ 市场调查 • 销售数据 Data • 雇用专业调研公司 • 听取消费者和专家的意见(E-Mail, FGI) ☐ 预测未来 • 通过市场调查的综合内容判断 • 凭自己的直觉来决定	☐ 商品计划 • 消费者需求 • 开发者种子想法 ☐ 商品概念 • 价格,功能,设计 • 差别性,新鲜性 ☐ 商品力 • 市场亲密性 ☐ 利润和销售 ☐ 管理层事业直觉和重视 • 从高到低型(Top-Down)商品开发 ☐ 商品计划书	☐ 提示明确的目标 ☐ 无界互相协助 ☐ 树立下一代型号概念(Model Concept) ☐ 系列(Series)开发 • 分系列开发队运营 • 按功能整理,利用同样的主板(Chassis)、骨架(Frame) • 抑制型号数扩大增加	☐ 培训零售店和促销员 • 商品概念,特点和使用法 ☐ 提供商品的信息,并收集目标顾客的情报 • 广告、体验会 • 满足度、质量、改善点调查 ☐ 销售6个月前备准上市 ☐ 项目会员参与

图1-11 索尼商品计划流程

产品开发流程示例——GE

新产品引入流程：在正确的市场以合适的成本介绍恰当的产品（图1-12）。New Product Introduction (NPI): Process to Introduce Right Products into Right Markets at the Right Cost.

* KBF: Key Buying Factors
** 4P: Product, Price, Promotion and Place.

图1-12　GE产品开发流程

第二章
顾客价值管理
Customer Value Management

2.1　价值创造过程 Value Creation Process　　/ 22

2.2　转换价值 Convert Value　　/ 24

2.3　顾客价值管理体系 Customer Value Management System　　/ 25

2.1 价值创造过程

2.1.1 业务流程——价值创造的过程

业务流程（Business Process）有很多种不同的说法和学派，但简单来说，就是从创造价值、转换和实现价值，再把价值传达给顾客，并得到其认可——愿意付出适当的价钱购买产品或服务，同时管理顾客的反馈提升原价值的流程（如图2-1）。这个简化的流程是为了让读者从整体的高度来看业务流程，视野宽阔并且留有创新的空间和想象。相反，如果做得太过具象，必然限制了思路，而且容易纠结于细枝末节。虽然具象的流程有"拿来主义"的好处，直接照搬执行就行，但是锁住了创新的可能性。在实际工作中，不断地改善才是常态，简单的流程留给不同的想法以自由空间。

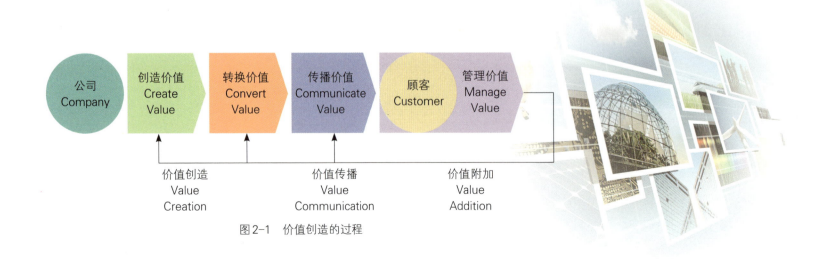

图2-1 价值创造的过程

2.1.2 产品概念变化

用汽车的产品概念举个例子。一直以来,汽车产品开发主要以引擎技术和底盘构造为基础,提升操控性能、外观设计和内饰的舒适感来不断推陈出新。随着技术和互联科技的发展,汽车周边的衍生服务和生态体系也需要产品开发人员设计。它包括互联安全、自动驾驶、遥控车子的功能,比如启动引擎、开关空调、远程检修车子等;提供驾驶时的方便服务:实时路况导航、相关定位服务如停车场、餐厅、当地活动或演出等;还有升级的乘车体验,比如欣赏网络音乐、视频、打游戏、购物等。另外,开发者甚至考虑与车相关的付费便捷服务:交高速费或球场门票等。产品概念演绎得很宽(如图2-2)。

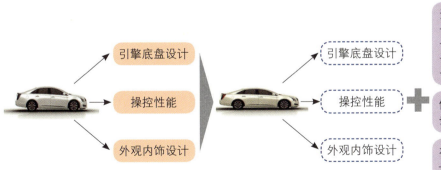

图2-2 汽车产品概念的变化

2.2 转换价值

产品开发计划创造的价值,通过生产转换成产品或服务,由上市活动及多样的营销方式传达给顾客。在这个过程中,创造的价值可能升值或贬值。不过,最终达成营销者预先设定的目标是最理想的状态。换句话说,市场的反应在营销者可预测和可控的范围之内。如果无故的升值或贬值都会对整体业务的发展和战略造成一定的影响。从图2-3很容易理解,如果无法明确什么因素导致的升值或贬值,那么未来的目标就不好预测和评估。

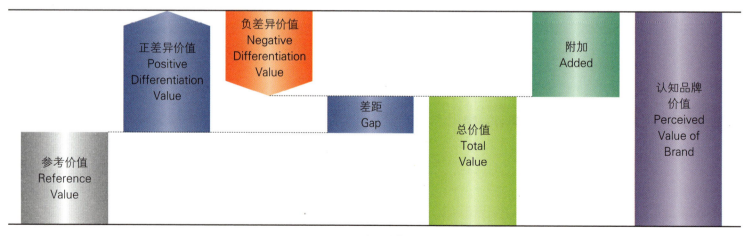

图2-3 价值转换过程

2.3 顾客价值管理体系

把业务流程（Business Process）、产品开发计划（Product Development Planning），还有上市活动（Launching Program）的关系梳理在一起，如图2-4，就是顾客价值管理体系，也是本书的核心内容。从创造价值、转化和沟通价值，到管理和再创造价值形成一个循环体系。在

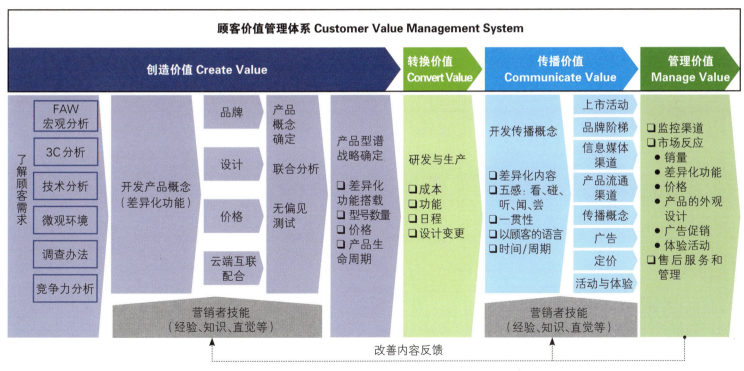

图2-4 顾客价值管理体系

创造价值过程中，了解顾客需求是首位，然后开发产品概念，从差异性功能、品牌、设计、价格和云端互联各方面综合考虑并确定产品型谱战略。受云端和互联技术的影响，业务模型（Business Model）也有不同的形式。同时，生产技术的竞争力不再那么至关重要，因为生产本身可以寻找外部生产企业合作。在价值传播的过程中，传播概念决定差异化创意，强调感官的刺激以及跨媒介的一贯性。通过一系列的上市活动，品牌宣传、产品和信息渠道的配合，以及活动与体验设计传达品牌和产品诉求。为了更好地改善产品和提升业务，营销者需要监控并管理顾客、渠道和市场的反馈，并运用到新一轮的产品开发和提升中。在整个价值管理体系中，营销者自身的技能和能力给整个业务影响也非常大。所以，公司要招募好的营销者，依赖其自身的不断努力，了解顾客的需求和洞察行为习惯的变化，寻找比现在做得更好的办法。

第三章
创造价值
Create Value

3.1 了解顾客需求 Understand Customer Needs　　/ 30

3.2 开发新产品概念 New Product Concept Development　　/ 76

3.3 产品型谱确定 Product Model Line-up Design　　/ 86

顾客价值管理——创造价值

从本章开始一步一步展开为顾客创造价值的过程。首先,从了解顾客需求开始。这可不是简单地向顾客询问他或她想要什么,有时顾客并不知道自己想要的是什么,但是他们知道有一个任务(Job)要完成,寻找有什么产品或服务可以帮助他们。其次,介绍3C——顾客/公司/竞争者(Customer、Company and Competitor)分析,FAW(Force at Work)宏观分析和技术分析。然后梳理调查研究顾客的办法,全面剖析各自的利弊以便营销者日后选用。在这个基础上,营销者重点从4P(Product、Price、Place and Promotion)角度考虑,强调自己公司比竞争对手的独特性和差异性,结合新技术和平台开发产品概念。除了有特色的产品功能外,产品概念还要考虑品牌、设计、价格以及互联云科技对产品市场定位的影响。同时,有相关的研究和调查办法来帮助营销者树立产品概念。最后,营销者依据产品概念来规划产品型谱,型号数量和价格以及产品生命周期。

顾客价值管理体系 Customer Value Management System

创造价值 Create Value → **转换价值 Convert Value** → **传播价值 Communicate Value** → **管理价值 Manage Value**

了解顾客需求：
- FAW 宏观分析
- 3C 分析
- 技术分析
- 微观环境
- 调查办法
- 竞争力分析

开发产品概念（差异化功能）：
- 品牌
- 设计
- 价格
- 云端互联配合

- 产品概念确定
- 联合分析
- 无偏见测试

产品型谱战略确定：
- ☐ 差异化功能搭载
- ☐ 型号数量
- ☐ 价格
- ☐ 产品生命周期

研发与生产：
- ☐ 成本
- ☐ 功能
- ☐ 日程
- ☐ 设计变更

开发传播概念：
- ☐ 差异化内容
- ☐ 五感：看、碰、听、闻、尝
- ☐ 一贯性
- ☐ 以顾客的语言
- ☐ 时间/周期

- 上市活动
- 品牌阶梯
- 信息媒体渠道
- 产品流通渠道
- 传播概念
- 广告
- 定价
- 活动与体验

- ☐ 监控渠道
- ☐ 市场反应
  - 销量
  - 差异化功能
  - 价格
  - 产品的外观设计
  - 广告促销
  - 体验活动
- ☐ 售后服务和管理

营销者技能（经验、知识、直觉等）

营销者技能（经验、知识、直觉等）

改善内容反馈

第 3 章

29

创造价值

3.1　了解顾客需求

了解顾客需求 Needs

| 社会环境 | 关键购买因素 Key Buying Factor | 差异 |

在创造价值阶段，首要的工作是理解顾客的需求、分析竞争对手、收集市场情报、预测市场趋势、探讨对业务的影响、研究关键购买因素（KBF）并最终树立差别点。通常按照3C和FAW来分析。3C指的是顾客、公司和竞争对手（Customer、Company and Competitor）；FAW（Forces at Work）宏观分析指的是对工作造成影响的周边因素。不管起什么名字，做好3C和FAW分析就足够了吗？读者有没有对分析的范畴和深度有怀疑？心里质疑是否有更好的办法？虽然3C和FAW是经济学者研究出来的经典办法，但在实际工作中，营销者就自己公司的情况，是否可以挑战一下——想出更好的办法呢？（保持这种敏锐的质疑的态度来读这本书）

按照本书中介绍的流程，结合自己公司的情况和所处的竞争环境，来决定产品开发初期要做什么事情，这是产品开发团队非常重要的工作。流程固然重要，但执行力是确保落地实现的关键。

如图3-1所示，公司、顾客和竞争者是业务生态圈的主线：业务就是在提供产品或服务的时候，赢得顾客群，从而建立并不断成长公司的业务关系。这样的关系会受到FAW宏观环境的影响，其中与技术环境的变化也是密不可分的关系。

一般，FAW宏观分析包括政治、安全规范、专利和知识产权、环境保护、人口和家庭趋势以及经济发展变化几个主要方面。

首先，关注市场所在国家的政治安全性和倾向。因为政治和社会稳定有着密切的关系。社会稳定才意味着市场的稳定，即市场变动性比较低。如果政治不稳定的话，产品开发、生产和物流等都要重新考虑。严重的情况威胁到整个业务战略。

其次，分析掌握并遵守市场和国家的安全规范，即开发、生产以及销售产品一定要符合当地的商品安全规定。每个国家都有自己的安全规范。例如，汽车生产要符合国家有关一氧化碳排气量的规范才能在当地市场销售。而且，规定可能随着时间和技术发展随时调整。因此，在进入一个新的国家和市场之前，一定要及时了解最新的安全规范。

再次，关注全球和当地的专利及知识产权。特别当涉及海外市场的专利问题，产品计划的时候要与法务部门合作，考虑如何交涉解决矛盾，然后决策产品是否进入市场。

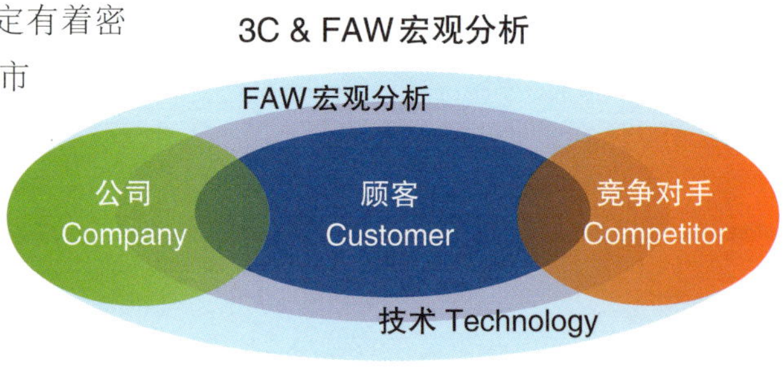

3C & FAW宏观分析

图3-1　3C & FAW宏观分析

3.1.1 FAW宏观分析

首先,近几年随着对环保的关注和重视,各国出台新的关于保护环境的法律规定并要求企业,特别是生产企业,严格执行。比如生产过程中的排污处理、废弃材料的回收、甚至产品使用后的回收和处理都要分析考虑。特别是含有特定元素可能对人体或环境造成危害的材料。

其次,社会人口统计对市场预测也有重要的影响。比如人口数量变化、趋势、流动率、婚姻状况(结婚率和离婚率)、家庭大小和数量、成员数量、平均婚龄,以及平均寿命等对产品市场的规模和潜在发展趋势都造成影响。假如家庭数量和大小增加时,产品规格、容量及设计方向要调整能配合大容量;但如果单身人口增多,产品开发倾向于小型和便捷产品来配合。

最后,经济也是影响市场规模的重要因素之一。宏观经济好坏对普通消费者的购买力有很大影响。比如经济不景气,人们不想更换或购买新产品。即使需要购买,也会选择经济适用型的产品。

综上所述,如图3-2所示,在研究FAW宏观环境对市场规模和业务发展影响时,要考查政治稳定、安全规范、专利和知识产权、环保、人口和家庭趋势,以及经济变化等。只有产品开发团队对市场变化和预测有了全面了解,并对此保持敏感,开发新业务和产品的成功可能性才大。

举几个现实业务中的案例,供读者参考。某吸尘器厂家开发"无袋吸尘技术"的新产品准备在英国上市,但是发现当地已有供应商使用这个技术,并申请了专利。于是产品开发团队和法务专家咨询是否可以继续开发。法务部回复有办法规避并保护厂家利益。产品开发和上市团队花了3个月时间研发,并做好了上市准备。但在最终汇报时,被公司执行层领导叫停了。因为考虑到如果对方将厂家告上法庭,造成公关媒体的负面影响,对公司形象不利,信誉的损失就不止公司本身,甚至集团公司都会受到牵连。另外一个正面案例,A公司的专利法务人员与设计和研发部门研究本公司和竞争者的专利。发现B公司利用了A公司的技术专利,但是没有付专利版权税(Royalty Fee)。于是,A公司法务主动找到B公司要求协调,支付从开始利用A公司专利的所有专利版权税,或者"交互授权"(Cross Licensing),即对A公司开放B公司的部分专利,从而为公司赢得了很大的主动权。

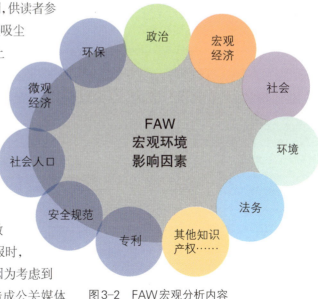

图3-2 FAW宏观分析内容

FAW: Forces at Work

3.1.2 技术发展的趋势与动向

在业务发展的生态圈里,除了分析FAW宏观环境外,核心技术的趋势和周边技术的动向也是重要的分析因素。

以智能手机(Smartphone)公司为例,产品开发团队不仅要关心中央处理器(CPU: Central Processing Unit)的速度、液晶显示器的分辨率和相机的像素,还要关注电池容量的变化。这些都和智能手机的硬件设计直接相关。而作为产品研发者更要关心核心网络技术、无线网络(Wireless Network)的上传和下载的速度,以及进入5G时代的时间节点。电信公司会考虑网络速度和手机功能的配合来开发在手机上的应用和服务。因此,如果开发团队没有跟上电信公司的要求,电信公司就不会利用那款手机去主推相应的应用和服务。这样最终消费者也因不能享受到电信公司的应用和服务而减少选择该手机的可能性。电信公司是靠电话通话和提供应用的服务赚钱的。智能手机公司作为移动载体要考虑使用环境、体验、内容和服务等来设计产品。通过手机产品案例,技术的发展和趋势对产品的开发和业务发展的重要性显而易见。

过去日本电子公司很少和电信公司合作,基本自主产品和技术开发;相比韩国的电子企业比较灵活,愿意和电信及网络供应商一起合作开发;如今谷歌(Google)开发了开放平台,对电子和通信公司都有自己在公共平台上各显身手的自由。

关于技术发展,各国家的规定和规格需要密切关注,经常收集整理这方面相关的信息资料。那么,如何收集技术的情报信息? 其实收集所需技术情报的来源很多、很广也很多样化。一般来说,大企业有专门研究情报的部门,包括基本技术和应用技术。如果公司有首席情报官(Chief Information Officer, CIO)组织结构的话,下属很多部门研究、收集、分析与技术有关的情报。因此,首先确认公司内部的技术情报(表3-1)。

表3-1 技术资料的来源

内部资料	外部资料
• 综合研究所和专科研究所的资料 • 产品功能设计部门技术资料 • 外观设计研究所 • 商品计划资料	• 先进市场的调查资料 • 竞争对手和先进企业的产品手册和目录 • 参观展示会 • 行业出版物/杂志 • 其他国家研究所的论文(比如日本野村综合研究所) • 咨询公司文件 • 政府下属研究所 • 互联网:个人博客和专业社区资料 • 专家访谈 • 参加会议/研讨会

3.1.2.1 收集技术信息

另外，一个比较易于收集技术信息的办法是参加展示会，了解新产品、新技术和新部品的趋势。如果条件允许的话，最好选定要参加的展示会，定期参观，从而分析产品和技术的趋势变化。参观展示会不只是走走转转那么简单。首先，组织一个团队，由产品开发团队和各个部门的代表组成，因为每个部门可能都有自己要参观和确认的信息内容。在事前分好工，参观展示会之后，互相共享并交换情报。如果还有要深入了解的内容，可以次日再去访问或咨询。最终整理好报告。关键是有人负责把参观展示会的内容整理好，并利用到产品计划工作中去。

在参观展示会的时候，特别要关心的是部品、部件和配件的变化。与完成品企业不一样，部品企业总是先行开发技术，因此，部品的性能改善、小型化、轻量化等技术进步，比完成品企业要快一步。部品的变化给外观影响也很大，部品体积变小就可以设计轻薄的产品出来。因此一定要确认部品的发展趋势。

举例，当初摩托罗拉（Motorola）开发Razor时能做到那么轻薄，原因是亚洲部品公司开发了很薄的手机用键盘。这个键盘比当时有的部品都轻薄且便宜，而且质量好。这都为Razor 15年前上市时的辉煌打下坚实的基础。摩托罗拉大力宣传自己开发了当时最薄的手机并成为当年的销量冠军。

现在硬件产品都更数码模块化了，那么部品的趋势也就起到更重要的作用。很多企业自己设计产品，但对外采购（Sourcing）部品或外包生产过程。以苹果的iPhone和iPad为例，苹果向全球市场大量采购部品，这使其不仅可以优选需要的部品而且价格优廉，为塑造完成品的差别化奠定了基础。因此，苹果产品开发可以做到最优化，即拥有差别卖点的产品，享受高品牌认知度和喜好度同时在全球范围销量和盈利都非常好。

参观展示会时，特别要关注研讨会和论坛会议（Conference）。这是因为研讨的主题和代表都是主办方策划的趋势中的精华之选，而且分析和分享得会更透彻。因此，参观之前先了解研讨或论坛的主题、主讲人、时间和场所。通过参与，营销者可能收到更深一层的技术报告或白皮书。

3.1.2.2 展会参观流程

参观计划	参观并整理	开发产品的想法	内容分享
❏ 决定要参观的展会 ❏ 组织参观的人员（分组） ❏ 申请出差/参观内部批准流程 ❏ 出发前，集合会议，安排参观路线和计划清单 ❏ 检查准备参观道具（相机、电池、备件等）并分享事前准备的资料 ❏ 准备汇报的思路、故事线和模板	❏ 参观展示会 　● 收集资料：材料、照片、采访、样品、录像等 　● 展示产品的操作 ❏ 信息交流 　● 小组内分享收集的信息 　● 进一步调查工作的分工 ❏ 填写汇报报告的模板 ❏ 再次参观展览 　● 收集资料和操作 ❏ 信息交流 ❏ 更新汇报报告模板（重复以上两步） ❏ 整理收集的数据，包括会议论坛（Conference、Seminar、Forum）的内容 ❏ 汇报报告梳理完整	❏ 准备展示会的综合报告 　● 产品趋势 　● 新技术发展趋势 　● 外观设计及材料更新的趋势 ❏ 挖掘适用于产品开发规划的主意、想法和理念 　● 产品功能和设计 　● 销售卖点 ❏ 考虑部品的新技术提高产品竞争力的方案 ❏ 外观设计想法素描	❏ 分享参观收获 　● 和产品规划有关部门分享 ❏ 讨论新产品主意、想法和开发理念 　● 决定是否采用 　● 决定如何采用或尝试 ❏ 产品开发周期时，再综合整体考虑其他渠道挖掘出的办法和想法，一起评估讨论

*参观展会的同时考察当地市场（国家或区域）。因为通常召开展示会的国家或地区，有自己的特色。除了相关产品以外，当地的市场营销、展示、标识及广告有新颖的做法，都可以借鉴和考察。

图3-3　展会参观流程

展会日程示例

汽车车展 / Auto Show

1. Detroit Auto Show (January)
2. Tokyo Auto Show (Biennial)
3. Frankfurt Auto Show (Biennial 2017/2019)
4. Geneva Auto Show (March)
5. Beijing/Shanghai Auto Show (April)

电子产品展 / Electronic Show

1. CES (Consumer Electronic Show) Las Vegas, January
2. CEATEC (Combined Exhibition of Advanced Technologies) Japan, October
3. IFA (Consumer Electronics Unlimited) Berlin, German, September

移动无线展 / Mobile/Wireless Show

1. CTIA Show (The Wireless Association) Las Vegas Sept, 2016
2. CeBIT Global Conference Australia/Germany March, 2017
3. GSMA Mobile World Congress Barcelona, Spain Feb, 2017
4. COMPUTEX Taipei, China June, 2017

太阳能展 / Solar Tech

1. Intersolar Europe, Munich, Germany June 2017
2. SPI (Solar Power International) Las Vegas Oct, 2017
3. PV EXPO 2017 (8th International Photovoltaic Power Generation Expo) Tokyo Big Sight Feb, 2017

图3-4 展会日程示例

展会参观报告示例——2016年车展内容

Luxury Car-3
NG A4L
- New family design, young and sport exterior
- Equipped with LCD and wireless charging technology
- Powertrain: 2.0T+7DSG
- **SGM competitor: ATS-L / XTS / LaCrosse**

Luxury Car-4
NG E-Class L
- New family design with exterior close to S-Class
- Upgraded high-tech equipment, such as remote parking, etc.
- Powertrain: 3.0T+9AT
- **SGM competitor: CT6 / XTS**

Luxury Car-4
New XFL
- All Al body design, with lengthened wheelbase by 140mm
- Equipped with self-adaptive LED headlights, laser head-up display, LKA
- Powertrain: 2.0T/3.0T+8AT
- **SGM competitor: CT6 / XTS**

Luxury SUV-2
MCE Q3
- New family design and silver grille
- Equipped with retractable cargo cover and power tail door
- Powertrain: 1.4T/2.0T+6DSG/7DSG

Luxury SUV-2
NG X1L
- Upgraded body dimension + enlarged dual kidney middle grille
- Equipped with advance and comprehensive smart car connect system
- Powertrain: 1.5T/2.0T+6AT/8AT

Luxury SUV-2
New CDX
- New family design and radial diamond front face
- Equipped with 360 degree camera, self adaptive cruise, etc.
- Powertrain: 1.5T+8DSG

图3-5 关键车型北京车展Key Models at Beijing Motor Show

Luxury SUV-2
 New Q2

- Front/rear ⊥ shape light band, cancelled C pillar side window
- Equipped with electric hand brake, automatic parking, etc.
- Powertrain: diesel: 2.0L/1.6T, gasoline: 1.0T/1.4T/2.0T, 6MT/6AT/7DSG

Large Sedan
New PHIDEON

- Family exterior + chrome trims
- Equipped with night vision, multi-rate massage seats, etc.
- Powertrain: 2.0T/3.0T+7DSG/8AT
- **SGM competitor:** LaCrosse / ATS-L / XTS

Small SUV
MCE 2008

- Crossbar grilles + Logo embedded in middle grille
- Equipped with front parking distance sensor, auto parking, etc.
- Powertrain: 1.2T/1.6T+5MT/6MT/5AT/6AT
- **SGM competitor:** Trax/Encore

Luxury Car-2
MCE V40

- QUAKE shape headlights and vertical grille
- Upgraded interior details
- Powertrain: 1.5T/2.0T+6AT

Small SUV
 New C-HR

- Toyota's latest family style
- Upgraded hi-tech equipment, such as auto emergency brake etc.
- Powertrain: hybrid 1.8L+dual engines, gas 1.2T/2.0L+6MT/CVT

Low-med
NG Civic

- "X" shape front face + boomerang tail lights
- Equipped with LED lights and auto start/stop
- Powertrain: 1.0T/1.5T+6MT/CVT
- **SGM competitor:** Verano / new Cruze

图3-6 关键车型日内瓦车展 Key Models at Geneva Motor Show

案例：数字电视上市前分析

回顾数字电视（Digital TV）刚刚兴起时，产品开发者要掌握如何从试点、基本入市到普及的整个技术发展过程和相关规定的演变，同时紧密关注即将出台的新规格。分析比较当地（国家、城市或市场）电视信号传播的分类、分布与情况，从而判断入市数字电视的时机。

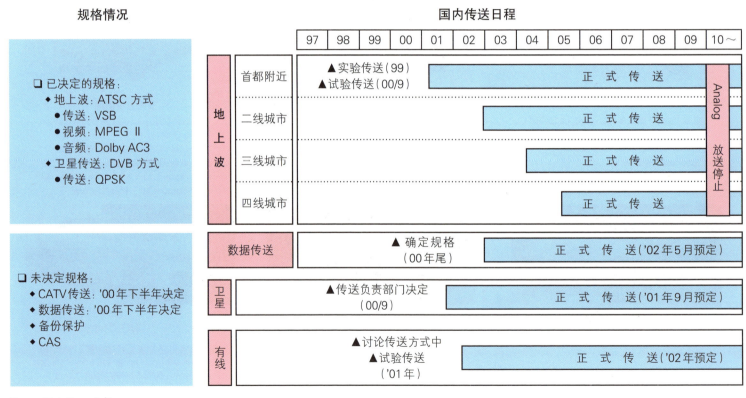

图3-7　数字电视上市前分析

案例：数字电视上市战略

为了成功进入数字电视（Digital TV）市场，结合环境分析的内容，产品开发团队策划上市战略方向：从产品、品牌、渠道和营销方面明确课题。

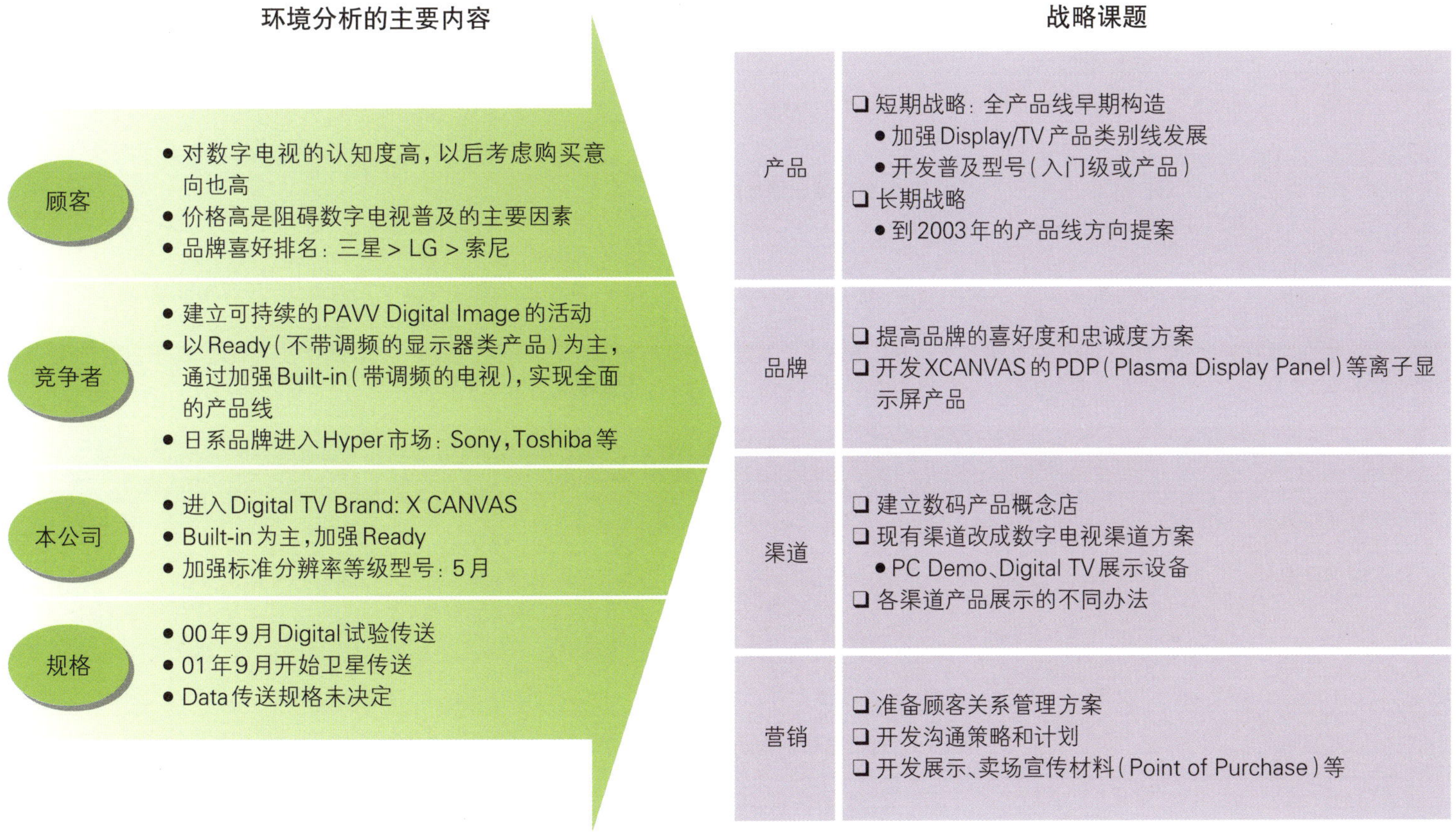

环境分析的主要内容

- 顾客
  - 对数字电视的认知度高，以后考虑购买意向也高
  - 价格高是阻碍数字电视普及的主要因素
  - 品牌喜好排名：三星 > LG > 索尼

- 竞争者
  - 建立可持续的 PAVV Digital Image 的活动
  - 以 Ready（不带调频的显示器类产品）为主，通过加强 Built-in（带调频的电视），实现全面的产品线
  - 日系品牌进入 Hyper 市场：Sony, Toshiba 等

- 本公司
  - 进入 Digital TV Brand: X CANVAS
  - Built-in 为主，加强 Ready
  - 加强标准分辨率等级型号：5月

- 规格
  - 00年9月 Digital 试验传送
  - 01年9月开始卫星传送
  - Data 传送规格未决定

战略课题

- 产品
  - ❑ 短期战略：全产品线早期构造
    - 加强 Display/TV 产品类别线发展
    - 开发普及型号（入门级或产品）
  - ❑ 长期战略
    - 到2003年的产品线方向提案

- 品牌
  - ❑ 提高品牌的喜好度和忠诚度方案
  - ❑ 开发 XCANVAS 的 PDP（Plasma Display Panel）等离子显示屏产品

- 渠道
  - ❑ 建立数码产品概念店
  - ❑ 现有渠道改成数字电视渠道方案
    - PC Demo、Digital TV 展示设备
  - ❑ 各渠道产品展示的不同办法

- 营销
  - ❑ 准备顾客关系管理方案
  - ❑ 开发沟通策略和计划
  - ❑ 开发展示、卖场宣传材料（Point of Purchase）等

图 3-8 数字电视上市战略

有关政府规范变更分析示例

中国关于汽车售后服务的规范从闭环向开放变更 China Regulatory Changes from Closed to Open Loop

- 风险：削弱了经销商部品从厂商采购的忠诚度，同时也减少了消费者售后服务的到店回访率 Risks: Decreased Dealer Parts Purchase Loyalty and Decreased Customer Service Retention。
- 机会：独立的售后销售市场 Opportunity: Independent Aftermarket Sales。

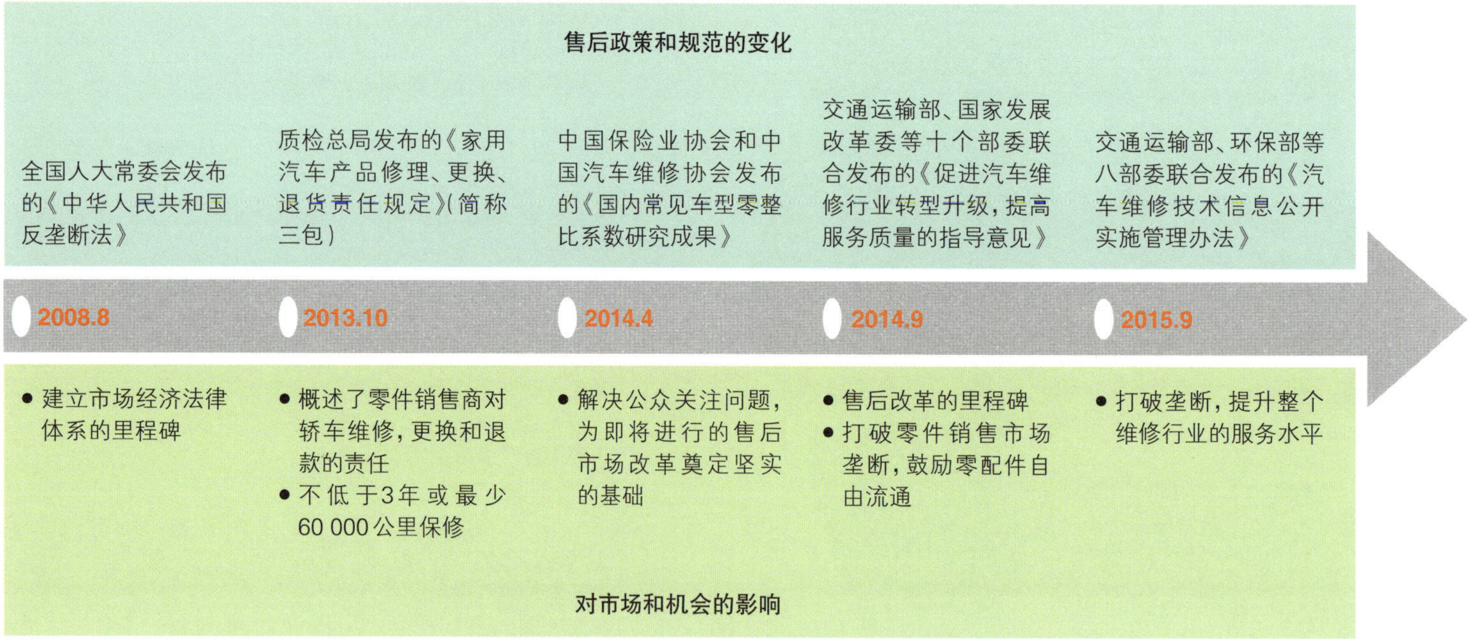

售后政策和规范的变化

2008.8	2013.10	2014.4	2014.9	2015.9
全国人大常委会发布的《中华人民共和国反垄断法》	质检总局发布的《家用汽车产品修理、更换、退货责任规定》(简称三包)	中国保险业协会和中国汽车维修协会发布的《国内常见车型零整比系数研究成果》	交通运输部、国家发展改革委等十个部委联合发布的《促进汽车维修行业转型升级，提高服务质量的指导意见》	交通运输部、环保部等八部委联合发布的《汽车维修技术信息公开实施管理办法》
• 建立市场经济法律体系的里程碑	• 概述了零件销售商对轿车维修，更换和退款的责任 • 不低于3年或最少60 000公里保修	• 解决公众关注问题，为即将进行的售后市场改革奠定坚实的基础	• 售后改革的里程碑 • 打破零件销售市场垄断，鼓励零配件自由流通	• 打破垄断，提升整个维修行业的服务水平

对市场和机会的影响

图 3-9　中国关于汽车售后服务规范的变化

通信技术发展分析示例

技术趋势——版本更新换代过程 Technology Trends–Generation Transition
- 每十年的转换过渡 Generation Transition (Revolution) Happens Every 10 Years。
- 每一代中都有不断的增强和改良发生 Within A Generation, Gradual Enhancement (Evolution) Takes Place。

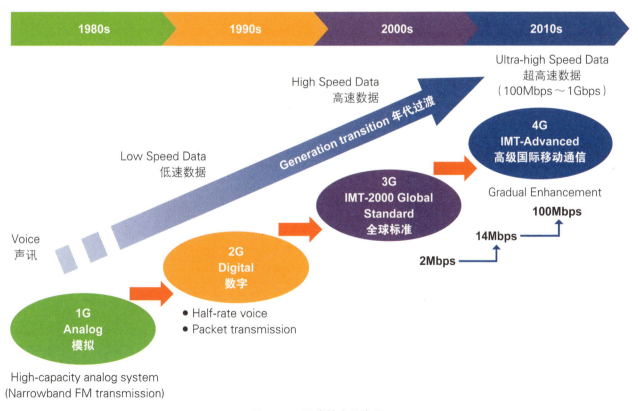

图3-10　通信技术的发展

3.1.2.3　模拟、数字到互联时代发展——软硬件配合

营销者在做计划产品时要时刻关心社会和技术发展的大趋势。虽然不一定和自己做的产品有直接关系,但是技术发达了,会给社会和人们的日常生活带来很大的改变。这也可能给产品本身或使用过程带来影响,并最终影响产品计划和开发过程。

为了更好的理解,举几个例子来说明。互联网(Internet)的发展给消费者的购买行为很大影响,不仅购买方式和习惯发生了变化,而且也形成了全新的购买习惯。再比如,随着通信技术和自动驾驶技术的发展,现在无人驾驶汽车也变成了可能。这样的变革对现有汽车消费和使用都会产生影响。另外,还有家用电器产品和情报通信技术的结合,促使可以远程遥控家电的开关。在硬件技术方面的发展和变化,使得很多创新成为可能;最近几年,更重要的是软件(Software)方面的变革,以及软硬件间更好的配合。由于目前硬件(Hardware)技术也更数字化(Digitalization),可以实现模块化(Block Module),这就使得供应商变多,提高选择性和竞争力。在这种情况下,硬件很难做到差别化,而软件却很有可能体现差异性。这同时意味着软件的重要性不断提高。如图3-11所示。

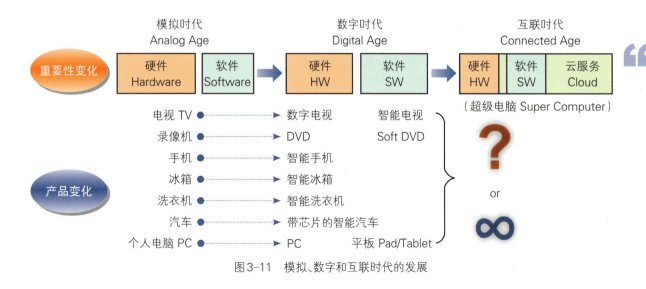

图3-11　模拟、数字和互联时代的发展

- 模拟时代(Analog Age)产品的竞争优势来自硬件
- 数字时代(Digital Age)产品的竞争优势来源慢慢转移到软件。硬件趋于模块化(Module)因此不容易差异化
- 互联时代(Connected Age)差不多所有的产品都和超级电脑(Super Computer)连接,有着无限的可能性

3.1.2.4 模拟、数字到互联时代发展——关键购买因素变化

随着零部件企业的开发能力提升,产品生产更趋于模块化(Module)。从完成品的制造厂商角度来看,产品硬件的差别化随着模块的标准化正在逐渐削弱。因此,为了最终完成品的生存力和竞争力,产品需要拥有一定的差异性。越来越多的公司以软件开发来提升产品的价值、扩大产品使用和体验的机会。因此,软件应用就成为产品竞争力的重要因素之一。

再以手机为例,当初移动电话刚开始普及时,顾客使用的主要功能,即价值体现,是随时随地可以打电话。但现在随着技术发展和受数字化的影响,移动电话都带有照相、音乐播放、电视、游戏等功能。产品不断的进化,功能也越来越多。如何挑选每一个功能,彼此如何配合才发挥出最好性能,使得顾客满意产品使用的体验,这些都是靠软件来决定的。

随着模拟、数字和互联时代的发展,消费者在选购时关心的重要影响因素也随之改变。产品开发团队要特别注意跟踪顾客的关键购买因素(KBF)的变化,如表3-2。

表3-2 关键购买因素的变化

模拟时代	关键购买因素	数字时代
●	品牌的重要性	●●●
易	硬件功能差别化	难
难	软件功能差别化	易
●	产品外观设计重要性	●●●
●●●(敏感)	价格弹性	●(不敏感)
重要	售后服务	重要性增加
重要	品牌体验	重要性增加
⋮	⋮	⋮

互联时代全新一套关键购买因素

- 系统管理 System Management
- 系统升级 System Upgrade
- 顾客体验 Customer Experience
- 定价计划 Pricing Plan
- 系统安全和稳定性 System Security and Stability

3.1.3 了解顾客需求

除了FAW宏观分析，理解目标顾客的需求是营销者在产品开发过程中非常重要的一步。那么，需要收集有关顾客什么方面的信息呢？如何收集呢？比如：顾客在购买产品或服务时，怎么看待品牌？如何评价？在什么时候、通过哪个信息渠道得到关于产品的讯息呢？在研究购买渠道时，为什么顾客去某个特定的渠道购买某些产品？选择的原因是考虑离家远近吗？方便与否？或者因为那个渠道促销更多？顾客如何评价竞争对手的品牌？关于顾客的需求和购物行为，营销者理解得越多越深，产品开发的成功可能性就越大。

在进行顾客调查时，一般容易犯的错误是：为了确保收集更多更全面的顾客信息，营销者很努力地调查、分析并整理，最终生成一份报告，然而报告并没有运用到产品规划和开发中去。产品设计是一门艺术活，把通过调查洞察到的顾客需求灵活应用到产品策划和设计中去，使其商业化。每年的产品计划工作不是机械地重复以前的工作，而要不断寻找差别和突破点。

在调查顾客需求时，营销者重点理解顾客的购买行为模式并持续关注有没有变化。近几年随着技术的发展，特别是互联网和IT相关技术的推进，很大程度上影响了顾客每一天的日常生活。因此，顾客购买产品和服务的行为也改变了。于是，营销者深入分析对比互联网出现前后的消费购买行为变化就会发现有趣的现象。比如技术的影响可能是一次性的，随着时间的推移，慢慢被稀释，顾客会回到从前的模式和习惯；但是如果技术的改变是反复并肯定的，就会改变消费者购买行为模式和习惯，从而造成由量到质的改变。通常对顾客的日常生活影响大的科技和事件，肯定会对顾客购买行为模式产生影响。这是做产品计划的营销者一定要关注的，并将分析应用到工作中去。

> 互联网给客户购买行为模式影响最大的是购买前及购买后体验部分的分享。把产品的使用体验，通过互联网与其他人分享，比如社交媒体、BBS、Blog博客等。通过自媒体传播，积极主动地分享，这样的好评或差评会影响其他人的购买决策。特别是有关产品使用时的体验，给下一个购买行为和决策很大影响。因此，负责营销的团队一定要关心在互联网上的行为变化。

3.1.3.1 调查分析办法

营销者通过调查分析把握影响顾客购买决策的关键因素。为了减少偏差,营销者不断地努力调整并完善调查目的、流程、方法和内容。为了开发产品概念,营销者调查和分析的项目很多,花费时间、精力和费用也不少。在确定了主要的调查内容后,营销者可以安排定期的调查,这样就可以观察顾客生活方式和购买行动模式的变化,还可能发现新的影响因素(表3-3)。那么,如何有效地收集所需要的资料呢?本书接下来会介绍几个办法,如何分析重要的因素和信息收集的办法。但是,每个国家和市场的情况都不一样。营销者可以参考书中介绍的内容,灵活运用到自己的公司和市场,找到最合适的办法,并不断尝试、改善、提高,最终找到最适合自己公司或行业的研究调查办法。具体调查流程参见图3-12。

表3-3 调查目的和内容

调查目的	为了决定产品概念,调查顾客和竞争对手的客观资料
调查内容	• 产品知名度和产品使用类别 • 自己和竞品强弱点比较 • 自己和竞品的定位 • 把握产品"未满足"的需求 • 市场细分化和客户特征 • 确定商业模式 • 渠道偏好分析 • 广告知名度、态度和效果 • 产品力(卖点)、品牌的评价 • 客户满意度和满意因素 • 品牌认知度和偏好分析 • 产品信息来源 • 关键购买因素(KBF) • 购买方式 • 掌握产品不满/投诉 • 使用环境

调查计划	执行调查	数据整理/分析	决策
❏ 调查目标 ❏ 需要的信息列表 　• 产品/客户/市场 ❏ 确认调研代理商 ❏ 调查设计 　• 准备书面问卷 ❏ 预测试(Pretest)和最终修改	❏ 目标顾客问卷 　• 问卷说明 　• 把握调查情况 ❏ 市场调查 　• 渠道走访 　• 渠道调查问卷 　• 访问渠道/客户	❏ 整理调查结果 　• 客户/市场/渠道/产品/竞争对手等 ❏ 分析调查结果 　• 统计误差/错误检查 ❏ 讨论研究报告方向,发展关键购买因素(KBF),以4P为主的竞争力和产品力比较 　• 市场趋势 　• 品牌偏好 　• 产品信息来源 　• 偏好的渠道	❏ 调查结论和推荐意见 ❏ 推导出产品概念 　• 产品战略 　• 产品概念提案备选 　• 价格和功能 ❏ 上市方案 　• 定位 　• 传播概念 ❏ 与相关部门协议和决定 ❏ 整理资料并归档

图3-12 调查流程

3.1.3.2 微观环境——市场分析

通过分析产品在过去和现在的市场变化,把握和挖掘在市场上成功的原因(表3-4)。

表3-4 市场分析

关键词	具体内容	资料清单	收集办法
市场规模	❑ 整个市场的规模 ❑ 潜在市场的规模 ❑ 自己的市场占有率(Market Share)	● 竞争对手的销售数量/金额 ● 销售预测报告 ● 自己的销售数量/金额	● 市场调查和企业报告 ● 发行资料:新闻、杂志等 ● 内部资料
市场成长率	❑ 整个市场的成长率 ❑ 品类/类别的成长率(比如高中低档、家庭型、办公型等)及潜在成长率	● 每年销售数量/金额 ● 分品类/类别的销售数量/金额	● 市场调查和企业报告 ● 发行资料:新闻、杂志等 ● 内部资料
市场利润/收益率	❑ 整个市场的收益性 ❑ 自己的收益率趋势 ❑ 影响收益性的主要因素	● 竞争对手的经营资料 ● 自己的经营资料 ● 政府的资料	● 企业网站首页、发行物 ● 调查企业发布的资料
市场构造	❑ 价值链(Value Chain)及商业风险(Business Risk) ❑ 进入门槛、替代品或潜在竞争产品的存在-潜在竞争公司	● 顾客需求的变化 ● 新产品动向	● 顾客调查:专家面试 ● 调查研究先进的市场
经济环境	❑ 对市场有影响的,有关经济产业的政府政策	● 政策变更内容	● 产业资源信息部门、国家信息中心或情报通讯部门,网站 ● 部级单位下属研究所

3.1.3.3 微观环境——顾客分析

为了发掘产品开发方向,要理解购买和使用产品的顾客,他们的特点以及整体目标受众群的变化(表3-5)。

表3-5 顾客分析

关键词	具体内容	资料清单	收集办法
顾客细分市场	❏ 最大客户群 ❏ 最有吸引力的潜在客户群 ❏ 细分的标准 ❏ 细分市场的大小、规模 ❏ 细分市场的受众与商品的关系	● 细分市场(Segmentation)资料 ● 顾客调查资料 ● 二手/已有资料	● 顾客调查资料 　公司内/外 ● 最新或更新的顾客调查 　与调查公司共同工作
购买动机	❏ 最重要的购买因素(KBF) ❏ 购买动机和目的 ❏ 细分市场的购买动机 ❏ 购买决策者和买家	● 顾客购买行动资料	● 现有的顾客调查资料:包括公司内/外 ● 最新或更新的顾客调查 ● 购买资料
未满足的需求 Unmet Needs	❏ 使用与态度(U&A) ❏ 不满的原因 ❏ 顾客流失的原因 ❏ 客户投诉率及严重程度 ❏ 未满足的需求	● 顾客不满的事项 ● 区域市场(Field)的不良清单	● 已有的顾客资料 ● 网络搜索 ● 更新的调查 ● 专家面试
人口统计变化	❏ 影响市场的人口变化 ❏ 人口结构变化带来的威胁/机会	● 人口调查统计资料	● 统计局、政府发行物
生活文化变化	❏ 生活方式、时尚和趋势 ❏ 生活方式结构变化带来的威胁/机会	● 调查资料	● 专门研究所、调查公司的研究报告

3.1.3.4 微观环境——竞争者对比

通过分析竞争对手,对比自己的商品和营销策略,从而分析自己公司的强弱危机(SWOT)以及品牌定位(表3-6)。

表3-6 竞争者对比

关 键 词	具 体 内 容	资 料 清 单	收 集 办 法
商品战略	☐ 准备上市的产品规格、价格和外观设计 ☐ 提供内容、服务、用户界面 ☐ 主要的卖点 ☐ 系统配置 ☐ 成本结构和利润率	● 竞争对手的营销资料 ● 定价构造 ● 产品上市现况和差异点	● 竞争对手的宣传手册 ● 竞争对手网站 ● 报纸/杂志资料 ● 访问竞争对手的渠道
流通渠道	☐ 渠道的种类和数量 ☐ 渠道的盈利模式	● 竞争企业的渠道补偿金/奖励政策 ● 竞争对手的销售政策	● 竞争对手网站 ● 报纸/杂志资料 ● 访问竞争对手的渠道
营销战略	☐ 销售额、市场占有率(分年度、地区和月份) ☐ 广告和传媒费用(按媒体类别 Media Mix)与声量份额(Share of Voice, SOV) ☐ 促销(Promotion)、广告(创意)种类 ☐ 俱乐部式营销、客户关系管理和体验营销	● 分析竞争对手的营销活动 ● 销售趋势	● 报纸/杂志广告 ● 访问竞争对手的渠道 ● 广告代理商 ● 搜索网络
其他	☐ 公司愿景(Vision)、事业部门的组织和力量	● 竞争企业的公司战略	● 网站、定期发行物

3.1.3.5 微观环境——先进产品和技术

先收集先进企业的开发产品的趋势、影响顾客满足的因素和部品开发的相关技术趋势,然后整理并应用在产品开发的过程中(表3-7)。

表3-7 先进产品和技术

关键词	具体内容	资料清单	收集办法
产品趋势	❑ 现在市场上领先企业的独特卖点（Unique Selling Points, USP） ❑ 先进企业的产品动态 ❑ 每年畅销产品的成功因素 ❑ 产品发展方向 ❑ 理想的完美产品概念 ❑ 顾客对现在产品不满意的方面	● 领先企业的产品资料 ● 未来和概念设计趋势 ● 时装展和设计周展 ● 工业设计和杂志 ● 消费者评论（Consumer Report）	● 专家访谈 ● 先进市场调查,比如日本 ● 网站 ● 参观展示会/参加研讨会
技术动向	❑ 新技术的水平和趋势 ❑ 自己的核心技术水平和实用可能性 ❑ 有关部品的技术和使用可能性 ❑ 找到现有产品未解决的技术问题	● 部品/技术/数据/应用的趋势 ● 智能芯片（Micro Chip）的蓝图和技术内容 ● 公司自己的技术发展蓝图	● 阅读技术杂志 ● 参观展示会和参加研讨会 ● 部品企业的研展会 ● 公司CTO部门的会议
政府政策/法规	❑ 给市场影响的政府政策 ❑ 消费者保护协会的活动,如中国"3·15"	● 政策预告	● 网站、定期发行物

空白页——微观环境分析

表3-8 微观环境分析(空白)

关键词	具体内容	资料清单	收集办法
市场分析			
顾客分析			
竞品对比			
先进技术和趋势分析			
其他			

3.1.4 设计调查项目

当明确了必要的数据和确定调查项目之后,营销者着手设计用什么调查办法来获取这些资料。好比做蔬菜色拉时,不同的蔬菜搭配不同的酱出来的味道就不同。选择调查办法也一样的。由于调查的目的和内容不同,选择的调查方法也不同,从而提高收集信息的可靠性。这样,才能在新产品开发和策划市场营销活动时做得更准确。

不管是产品计划部门还是市场营销部门的营销者都需要了解不同顾客调查办法的各自特点及优缺点,并且熟悉整个调查流程和要斟酌的事宜,例如用什么方法可能带来什么样的偏差,该如何应对或减小误差。

所有的顾客调查活动,在设计时都不能仅依靠调查公司。为了收集可靠性高的资料和验证自己的假说,营销者一定要跟调查公司一起合作。调查公司在调查方法、流程管理和问卷设计方面是专家,但是他们可能不太理解公司开发的产品和营销活动,或理解得不够深刻,所以要一起配合才能出来更好的结果。

本书整理了产品计划和营销设计时常用的顾客调查办法,并对其特点和优缺点进行描述。如果有兴趣进一步深刻理解,可以查找有关书籍细读。随着技术的发展,调查的办法也不断出新,所以需要不断地学习和关注最新的方法。

有些人会认为顾客调查是不需要的,这是非常糟糕的想法。史蒂夫·乔布斯,最成功的企业之一苹果的前CEO,就有这样的想法。苹果开发的好几个产品都成功了,因此很多人认同并推崇乔布斯的想法:"新技术不需要顾客调查,因为顾客不了解新技术"。不过,别忘记苹果开发和生产的产品大都不是为开拓全新市场,而是在既有开发的产品基础上改良,让顾客使用起来更方便。改善已被认可和见证过的产品是把握市场机会、扩大份额和提高利润率的极佳办法。这一点,苹果在乔布斯的领导下非常领先。在智能手机上,乔帮主生前就把手机的画面定义在4英寸上。这尺寸的确使用起来很方便,是大家有目共睹的。但随着市场的变化,顾客选择商品时考虑很多其他因素:除了便利性,还有品牌、价格和其他功能等。消费者调查表明顾客喜欢大屏幕。于是,三星利用这一点开发了5英寸的大屏手机,并对苹果手机发起攻击,争夺全球市场第一名。时过境迁,苹果在新帮主的引领下,也推出了5英寸的大屏幕画面的智能手机。iPhone6 Plus销售得非常好,而且比以前销量更多。

3.1.4.1 顾客调查——定性调查

为了探索顾客潜在的需求,一般主要采用定性调查办法:焦点小组访谈(Focus Group Interview, FGI)、观察调查和深度访谈(In-depth Interview),详见表3-9。

表3-9 定性调查的种类

种 类	特 点	优 点	缺 点	使用和应用
焦点小组访谈FGI	少数(6—8人)受访者为一组,由主持人引领自由话题的讨论,并从中获得必要的信息	• 收集多样性的情报 • 对顾客的反应可以随机应变地反应 • 直接观察顾客 • 深入接近顾客,更容易把握潜在需要 • 样本数量小 • 时间周期短 • 费用低	• 受访者不一定能代表细分市场 • 受到受访者和主持人的能力影响大 • 受访者和主持人的主观判断和解释,缺少客观性,代表性可能有偏差	• 掌握一般使用情况,了解购买行动等具体场景和意见时使用 • 定量调查之前,为了设计假说等事前调查时使用 • 针对某个事项需要顾客的反馈时候使用 • 发掘已有产品的改善方面和开发产品的想法(Idea)时使用
观察调查	通过直接观察顾客的产品使用,购买的行动或情况,得到必要的情报			
深度访谈 In-depth Interview	关于特定主题,受访者/专家自由讨论,收集顾客的意见办法			

3.1.4.2 顾客调查——定量调查

表3-10 定量调查的种类

	概　要	特　征	适合的样本数量
集中会场测试 Central Location Test (CLT)	在一个集中的地方,设置自然的(产品)展示环境,请受访者来调查或评估	• 产品开发专家在现场可以回答受访者的疑问,同时可以观察受访者对产品、使用和操作中的实际反应 • 费用高,当需要很多样本的时候是比较好的办法	50人以上(每细分市场/每目标受众群)
1:1面对面访谈	调查人员直接去受访者所在之处调查的办法,调查比较详细内容的时候使用	• 利用实际产品、雏形(Prototype)、海报或照片等很多媒介的材料来帮助调查 • 给受访者详细的说明,可以深层的调查 • 费用高,调查时间和周期长	300人以上
无偏见测试 Blind Test	用于调查品牌对产品喜好度的影响力,研究不带品牌标识纯产品功能的喜好度,也可以用来调查替代品牌时的差价	• 可以调查品牌忠诚度 • 为了确保调查的可信赖性,完全的遮蔽品牌,确保没有偏见或偏差 • 费用高,时间周期长	30人以上(每细分市场/每目标受众群)
网络调查 Website	• 用互联网Internet调查产品的外观设计和功能的办法 • 通过给顾客看照片、3D、视频来展示产品	• 一般的调查办法做不到的内容,可以调查(比如对比问卷调查,互联网有灵活性可以设定场景及演示环境) • 调查目标受众有限,调查的结果可信度比较低 • 费用低,周期短 • 也可以用于潜在需求调查	300人以上

（续表）

	概　要	特　征	适合的样本数量
集体面谈 Gang Survey	先选好受访者，集中在一个特定的地方，由主持人用问卷直接调查的办法。如果需要，安排其他协助人员	• 可以利用实际的产品、原型、海报、视频等多种呈现方式或材料提示给受访者 • 可以深入调查受访者的想法，并且对受访者进行充分的说明 • 缺点是成本高和耗费时间长 • 不是随机抽取，可能样本的代表性不足	30人以上（每细分市场/每目标受众群）
电话调查	通过电话，用问卷进行一对一的电话访谈	• 短时间内可以调查 • 费用低，可以保证随机性 • 受到通话时间限制，一般10—15分钟，所以问卷设计要比较简明 • 不好把握调查质量和专注度	300人以上
邮件调查	通过邮件，发送问卷给受访者。填好后，再提交给调查者	• 费用低，但是回复率也低 • 问卷设计要比较简明，调查质量也不好控制	300人以上
家庭使用试验 HUT(Home Usage Test)	消费者在家试用产品一段时间后，评价产品的办法	• 如果新产品的话，可能泄露给竞争对手信息 • 关于产品使用方面，可以提供详细的反馈，消费者的满足点和不满足点	30人以上
焦点小组访谈 FGI	定性调查的代表办法之一，可以调查受访者心里的需求。一个小组可以有6—8人组成。用共同的话题或问题进行讨论，比较自然的发挥意见和反馈	• 可以在定量调查不容易实施时使用 • 比较容易招募受访者 • 费用低 • 比较容易分析调查的结果，也容易比较小组之间的差异 • 适用于顾客潜在需求的调查	4组一个项目（每组6—8人）

(续表)

	概　要	特　征	适合的样本数量
联合分析 Conjoint Analysis*	给受访者展示产品概念，根据关键购买因素（KBF）组合不同功能，结合价格让受访者选择偏好，从而调查产品功能和价格之间的交换关系（Trade-off），有时也调查价格与品牌之间的交换关系。一般在集中会场测试CLT等调查中实施。	● 研究产品功能和价格之间的交换关系，对于决定一个品牌的产品带有什么功能和定什么价位时比较有用的调查办法 ● 先决定关键购买因素KBF是什么，通过调整各个关键购买因素的差异来影响调查的精确度。	30人以上（每细分市场/每目标受众群）

> **知识链接——联合分析**
>
> 　　联合分析是一种用于市场研究的统计技术，用于确定人们如何评价构成单个产品或服务的不同属性（特征、功能、益处）。联合分析的目的是确定有限数量特性的哪种组合对受访者选择或决策制定最有影响。向受访者显示一组受控的潜在产品或服务，并通过分析他们如何在这些产品之间做出偏好，可以确定构成产品或服务的各个要素的隐含评估。这些隐含的估值（公用事业或部分价值）可用于创建估计新设计的市场份额，收入甚至盈利能力的市场模型。
>
> 　　**Conjoint analysis** is a statistical technique used in market research to determine how people value different attributes (feature, function, benefits) that make up an individual product or service. The objective of conjoint analysis is to determine what combination of a limited number of attributes is most influential on respondent choice or decision making. A controlled set of potential products or services is shown to respondents and by analyzing how they make preferences between these products, the implicit valuation of the individual elements making up the product or service can be determined. These implicit valuations (utilities or part-worth) can be used to create market models that estimate market share, revenue and even profitability of new designs.

* 在本书后面品牌价值和定价的章节，会具体介绍联合分析的用法。

3.1.4.3 联合分析流程

期间	假设和属性决定	设计调查	调查和分析	整理结果
	5天	5天	7天	5天
内容	• 属性：关键购买因素(KBF) 　-FGI 调查小组访谈资料 　-问卷调查结果 　-通过已有资料等分析确认关键购买因素(KBF) • 决定属性的水平/基准 　-针对各属性决定具体的内容 　-考虑市场，竞争情况以及现实的水平或同样的基准 • 决定调研的代理公司	• 按照属性的水平做成Card Profile 　-利用Card 产生软件（SPSS, SASS，或CAP） • 做成Card（一个产品） 　-调查人数和Card套数是一样的 • 决定操作软件 • 决定调查的场所、地方和现场样品相关资料准备 　-选择第三方场所 • 模拟(Simulation)调查，确保实际进行调查的顺利	• 调查小组，一组6—8人 • 按照顾客的喜好度，排序Card 　-收集整理的时候小心顺序别搞乱 　-把Card的顺序输入电脑，用软件分析 • 对各个属性计算效应分数 • 分析效应分数(Score)	• 整理各个属性类别效应分数 • 随着效应分数的变化，计算产品喜好度 • 适当的组合关键购买因素KBF，构成最好的产品组合——反映品牌喜好度 • 以销售数量或最大利润等产品上市的目的来决定最适合的产品组合
主管	• 产品计划：调查总管 • 营销、外观设计、产品设计、运营等有关部门的人都参与	• 调研代理商 • 产品计划队	• 产品计划队 • 调研代理商	• 产品计划队 • 调研代理商

图3-13 联合分析流程

空白页——顾客调查办法

表3-11 顾客调查方法（空白）

关键词	概　要	特　征	样 本 量
定性调查			
定量调查			
联合分析			

3.1.5 确定竞争对手

做好环境和顾客分析之后,下一步营销者要考虑的就是和竞争对手的对比分析,从而找到独特性和差异性。不管是在产品、服务还是体验上只有有了独特的差别点,才可以建立品牌定位并不断积累品牌资产。

在任何市场,没有竞争对手的可能性几乎为零。不管产品计划和市场营销的人做什么样的决定,一定要考虑竞争对手的反应和动向。如果想要做到知己知彼,那么就要像剖析自身公司那样分析竞争手。那么,谁是竞争对手呢?

一般来说,公司最高层领导决定在产品和营销层面的竞争对手。但是其实在一个公司内,竞争对手的概念很多,每个部门的理解和想法都不一样。不过至少在产品计划部和营销部对竞争对手的定义应该是一致的。在决定竞争对手是谁之前,应先了解在市场上自身的定位,比较生产或销售同类产品的品牌和公司,当然也可以参照波特的五类竞争力来定义:产业竞争对手、潜在进入者、买方、卖方和替代品(图3-14)。竞争者并不局限于同类公司或同行业务模式的公司,可能是国内企业,也可能是海外企业直接进口产品,抑或国内渠道进口销售海外产品等各种各样的商业模式。这倒也不是让营销者"草木皆兵"——在市场上经营同样或类似的产品的所有公司都是自己的竞争对手。这就好比向全世界企业"宣战",并不现实,也没有什么战略意义。

一般来说,从实际业务出发,在竞争最激烈的对手中选一到两个企业,或者选择要击败的对手作为竞争者是比较可靠和现实的。然后,考虑这个和公司战略发展方向是否符合。比如市场上有四个公司,甲、乙、丙、丁。假设各个公司市场份额分别是甲40%,乙35%,丙15%和丁10%。从不同公司的情况来看,彼此对竞争对手的理解也不一样。

对于丁公司来说,选甲、乙、丙中哪个公司作为竞争对手是比较合适的呢?首先,为了生存和超过丙公司是最重要的目标,但是有可能丁公司CEO的愿景是在市场上成为第一名。

对于甲公司来说,在市场上好像没有什么竞争对手的样子,有可能是乙公司。也有可能甲公司的目标是销售持续增长,保持利润和市占率,同时开拓海外市场。

把握好公司级竞争对手的定义和自己部门的定义有什么样的不同,协调一致并保持同一发展方向。

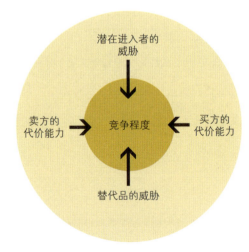

Adapted from M.E. Porter, Competitive Strategy, Free Press, 1980.

图3-14 五种竞争力分析

3.1.5.1　竞争力的4P分析——产品型谱和上市营销

竞争力最有效的研究办法是分析对手的4P（Product, Price, Place and Promotion），我建议再加一个P（People）。这第五个P是理解竞争对手中产品计划或者营销计划负责者的性格、特点和做事风格，也非常有意思。比如当新产品上市或有促销活动时，通过观察竞争对手如何反应、反应的速度以及反应的强度来了解竞争对手的营销者的工作态度和方法。古语云"知己知彼"，基于对对方的了解，在设计产品和策划市场活动的时候，营销者要考虑并推测对方会如何应对。

营销者集中针对产品和服务的核心竞争内容分析，即产品型谱（Product Model Line-up）分析，比较在市场上销售的产品、型号及数量的分布。最理想的是直接分析竞争对手的产品计划书，但这在现实工作中几乎是不可能得到的商业机密。因此，营销者依赖市场和渠道里销售的型号进行分析，并与自身的型号一一比较。从高端型号到普及型号，在功能和价格上进行"头对头"的比较，寻找差别。简明的办法是按照自己公司的产品计划书格式来整理竞品产品，使得"头对头"比较判断一目了然。特别是那些竞争对手有而自身缺乏的产品型号，详细分析和检查后营销者要针对这个差异探讨：是否开发相应产品，或"置之不理"。

除了价格和功能外，还要考虑对手换新产品的时间以及更换周期。渠道里一定有这类信息，竞争对手新产品什么时候开始销售，以及老产品什么时候决定下架。参考自己公司的开发日程，营销者可以推算出竞争对手的开发时间，并预测可能推出新产品的时间。或者通过观察竞争对手和研究其产品生命周期（Product Life Cycle）估计对方的开发周期，再集合一些信息情报（Intelligence）和自身的经验来估算出竞品新产品上市时间。那么，开发自己产品和策划上市时就可以考虑策划周全的上市策略。

以智能手机为例，一般厂家自己决定新产品推出发布会的时间和地点。但是，从营销（Marketing）的角度来说的话，当了解到竞争对手的新产品发布时间，营销者可以准备很多活动或事件，来削弱对手的新产品上市效果。譬如苹果在2014年宣布iPhone6将于9月9日在美国上市。然后三星特意在9月2日突然公开了自己的Edge弯屏技术，目的是干扰苹果的上市效果。其实Edge的实际上市日期是在次年3月26日。

当了解到竞争对手的新产品发布时间，营销者可以主动策划很多市场活动来对抗竞品上新。同时，缜密地计划自己新产品上市策略，以确保效果最大化。在梳理竞争对手产品的价格、功能和性能时，要特别关注产品的差别卖点和顾客的关键购买因素（KBF）的对比分析。如果产品的差别点并不在顾客关心的关键购买因素（KBF）里面，先别窃喜以为对手失误，一定要更深入的分析。营销者应该引起注意这有可能是开发新用途、新技术或新趋势，而消费者自身还没有意识到。

竞争力分析报告示例——产品型谱和对比表

借助汽车行业的几个示例来展示产品型谱分析的样式以及如何做头对头对比表。

表3-12：按不同豪华车细分市场，对比几个品牌在不同细分市场内的电气化车型的分布。

表3-12 豪华汽车电气化型谱分析表

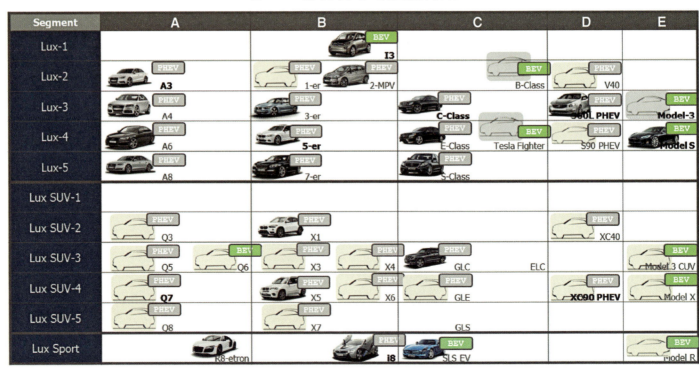

图3-15：以豪华SUV（运动型多用途汽车）的长宽尺寸为横纵轴，展示了豪华SUV 2—4细分市场的车型分布，一目了然。

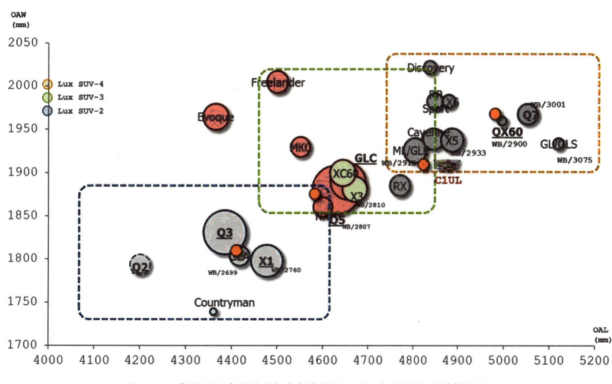

图3-15　豪华SUV车型外观与内部空间尺寸对比表（基于竞品情报分析）

竞争力分析报告示例——产品力和对比分析

借助汽车行业的几个示例来展示产品力分析的样式以及产品特性对比图。

图3-16：新一代宝马X1的产品力分析（2016年型号）——基本车型信息，对比旧型号的指标变化，以及四大卖点。

- Brilliance BMW NGX1 is estimated to be launched officially on **May 20, 2016**, with MSRP from **RMB 286,000** for pre-sell
- Powered by 1.5T, 2.0T High or 2.0T Low engine

Timeline

- Jul 2015 — Spy shots were exposed
- Dec 2015 — Patent pictures were exposed
- Jan 2016 — Declaration pictures were exposed
- Apr 2016 — Debuted at Beijing Motor Show
- May 2016 — Estimated to be launched officially

Highlight 1: new FWD platform with enlarged dimension
Built on UKL modular FWD platform, with 2,780mm wheelbase, 110mm longer than overseas STD version and 20mm longer than old X1

Highlight 2: multiple exterior
Equipped with multiple grille shapes, side window trim colors and wheel hub shapes, as well as optional silver side skirt

Highlight 3: multiple power options
Powered by 1.5T engine, max. output of 111kW; or 2.0T H&L engines, max. output of 157kW and 189kW for low and high versions respectively

Highlight 4: large boot space
Equipped with boot of 505L, increased by 85L than current version. All series are standard equipped with rear seats of 40: 20: 40, upgrading the capacity to 1550L after putting down them

Parameters	NG BMW X1	Current BMW X1
Length(mm)	4,565	4,484
Width(mm)	1,821	1,798
Height(mm)	1,624	1,577
Wheelbase(mm)	2,780	2,760
Engine	1.5T/2.0T	2.0T
Transmission	6AT/8AT	6MT/8AT

➢ **Equipment list:** ECO PRO mode, regenerative brake, LED headlights, iDrive system, etc.

图3-16　新一代宝马X1分析

图 3-17：利用"蜘蛛网"图展示新型号在各个功能项上的表现，并标注独特卖点（绿色）。

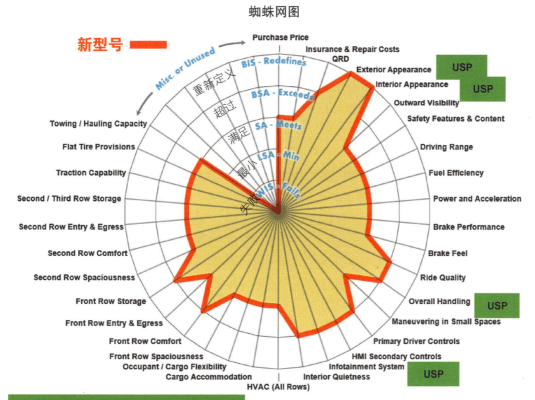

图 3-17 新型号产品特性图

3.1.5.2　竞争力的4P分析——价格和渠道

在调查价格时，除了零售价以外，特别要把握好渠道经销商的利润（即渠道的利润率），因为每个产品的供应商、制造商、渠道经销商都会同时对定价产生影响。比如在某些国家销售智能手机时，手机的制造商和移动运营商会对销售端提供价格补贴。在这种情况下，把控销售渠道利润很重要。这些渠道相关的补贴政策对定价策略很有参照价值。

有的渠道习惯把标价定高后，在实际卖出产品时再打折；有的渠道标价适中，保持适当的利润；有的渠道标价高（比如名牌店）且没有打折，从而赚取很好的利润。分析掌握好竞争对手的渠道和价格政策可以更好地准备自己产品的营销战略，才能在竞争中取胜。

产品计划时需要基本把握好竞争对手的产品和价格。但是，对整个业务发展流程来说，产品开发的最终级目标是得到消费者认可。那么消费者的购买渠道偏好以及媒体信息渠道习惯也是营销者要关注的。结合收集到的竞品促销活动及其他直接或间接关联的事件，综合整理分析，做到真正全面的"知己知彼"。

如何调查分析销售渠道对产品开发带来的影响呢？营销者需要理解顾客购买产品的渠道、特色、顾客的喜好和选择原因，以及渠道渗入的情况和差异性。在互联网时代到来之前，传统线下零售渠道的分析相对简单。了解渠道里有哪些产品、型号、位置、货架的摆放及销售的数量就够分析和比较的。但是，如今电子商务让互联网成了销售渠道之一。而且线上销售还分直营、代销和"卖场"的概念，甚至有海外直销或代购。可见渠道的分配及彼此的配合也就变复杂了。特别值得关注的是海外直销网站。由于国内货源缺乏，明显的内外差价以及传统进口周期长等缺陷，海外直销吸引了不少消费者。这类顾客促使世界成了"一个"消费市场，而且特别活跃在跨国信息和体验的分享上。

不同渠道渗入时目的也是不同的：有时为了确保渠道的覆盖率（Channel Coverage）；有时为了达成销售；有时为了提高品牌形象。因此，在渠道分析时，营销者需要对竞争对手、自己以及消费者的偏好同时进行分析，找出独特点，运用到产品策划中去。

业务流程 Business Process

产品计划流程 Product Planning Process

了解顾客需求 → 决定产品概念 → 产品开发和生产 → 渠道和销售 → 售后管理

图3-18　业务流程

竞争力分析报告示例——价格区间分析

借助汽车行业的示例来展示价格区间的监控和分析(图3-19)。

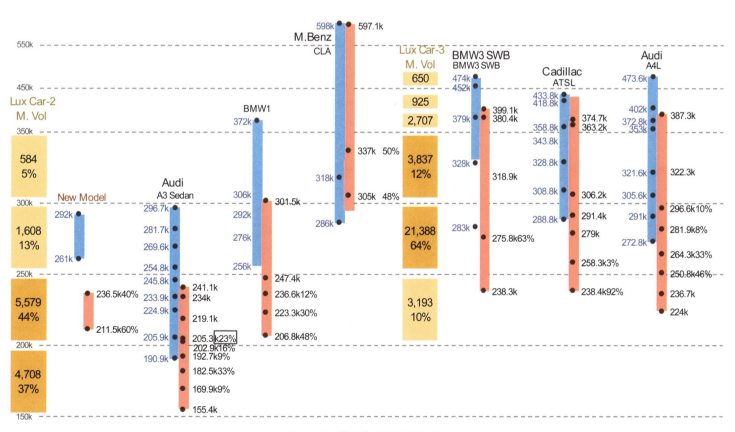

图3-19 豪华车价格区间分析

3.1.5.3　竞争力的4P分析——销售渠道和信息渠道

分析渠道的时候，营销者不仅分析产品销售流通渠道，而且要了解分析产品信息传播的渠道。在进入互联网时代后，产品的销售流通和信息传播渠道有很大的变化。因此，在产品计划阶段就要把传统的线下销售流通渠道、媒体传播渠道和新兴的线上互联网渠道一起考虑。如果等到产品开发完才考虑信息传播问题就晚了。随着媒体环境的变化，大众关注的热点及深度随时间不同而不同。如果没有提前策划好，上市效果都可能打折扣。在信息时代，即使在产品准备和研发阶段，营销者就需考虑并设计通过什么传播渠道、利用什么时机来揭示、分享什么内容而吸引消费者的好奇心，同时保持媒体和顾客的关注度，才能为日后上市预热做好准备。

在产品计划阶段，营销者就应该考虑如何选择产品销售流通的渠道，并在产品计划阶段按STP（Segmentation, Targeting and Positioning）来主要分析功能和价格。这样研发者就会发现从消费者的角度STP的分析可能有偏差和断层。因为大多数的消费者会在他们喜欢的销售流通渠道里购买产品。当顾客选择某一渠道时，其实他们考虑了很多因素。因此，每个渠道都代表了不同特质的顾客群。比如在百货商场和免税店有很多奢侈品牌，这意味着访问这样的渠道顾客会选择购买有品牌的产品。可见在产品计划流程中把握好顾客偏好的特性、产品外观及销售渠道偏好，并且反映在产品设计和推广中很关键。要不然产品的定位和渠道的定位不符合将造成销售业绩不佳。总结一下，做品牌和产品定位时，一定要考虑产品的性能、外观设计、销售流通渠道和信息传播渠道之间的配合性及一致性，才能促使市场营销的效果最大化。

在设计产品计划的时候，如何分析产品销售流通渠道呢？首先，第一个分析的是有没有新的渠道存在。新的渠道意味着新的市场和新的顾客群。要考虑该渠道代表的特点、顾客的规模和特性；其次考虑是用已有产品来进入新的渠道还是开发新的产品来对应新的渠道。最后，把握分析各个渠道的特点、产品的特点（性能、价格、外观设计等），并检查自己的市场战略、渠道战略和产品战略是否一致，确认是否有矛盾冲突的地方。只有当产品、渠道和市场的战略配合好时，新产品上市后才能很快吸引顾客、扩大渠道和销售并抢占竞争对手的市场份额。

按传统办法把产品销售流通渠道和信息传播渠道一起分析对现在互联时代是不够的。过去，销售和信息渠道是有重复的并相互覆盖的。但自从互联网出现后，信息自由传播和分享，不完全受营销者的控制，产生了很多虚拟社区、团体和自媒体。信息情报渠道的多样化使得营销者不能完全控制信息的传播，相对来说，顾客和最终消费者有了更大的自由和主动权获取和分享信息。这一点很重要，营销者要考虑如何从侧面引导影响评论，赢得更多顾客的正面好评—这需要营销者去"赢得"，而不是像从前靠自己创作或通过媒体购买完成。

3.1.5.4 互联网对购买行为的影响

互联网出现之前

- 在互联网出现之前,购买过程中信息渠道主要是制造企业的广告宣传、媒体报道和评价,以及家人朋友的使用经验
- 家人和朋友的意见虽然很重要,但是受到"社交圈子"的限制
- 购买以后使用体验的分享比较窄,仅限亲戚、朋友、同事和邻居

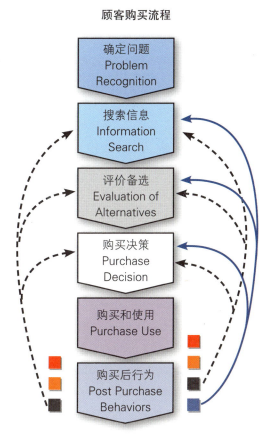

互联网出现之后

- 多样的信息渠道出现:其中信息搜索和购物后经验的共享影响尤为突出
- 通过互联网,顾客可以查寻他们想要的产品或品牌讯息,同时也看到别人的使用评价,这一点明显影响其他人的购买行动
- 最近,顾客一旦认定他们喜欢的品牌和产品,对其他品牌带有抵触的情绪,而对自己选择的品牌有很崇拜和保护的意识;会一直追随这品牌的产品和新产品上市的活动,努力把这样的信息和别人分享。新产品上市了后,第一个购买产品,把产品的功能和使用体验等进行分析并与别人共享。成为"草根级"铁粉或网红
- 随着社交媒体的活跃,"草根网红"和意见领袖(Key Opinion Leader, KOL)越来越普遍

图3-20　顾客购买流程图

3.1.5.5 竞争力的4P分析——信息渠道多样化

信息渠道的多样化不仅让顾客和消费者受益,在后互联网时代对产品开发和市场营销工作本身也受益匪浅。产品信息,竞品对标和研发前沿的技术及趋势都可能通过互联网搜索到。其中,值得关注的是一群特殊的消费人群,他们选择特定产品和品牌跟踪和追捧,并先于一般受众群体体验、研究产品的优缺点并和自己的朋友及粉丝分享。同时,他们有自己的虚拟社交地位,代表一定群体,是核心意见的领袖。接触了解他们的喜好、行为以及对产品、功能和服务的评价,产品开发人员和市场营销者从中得到很多洞察信息。

在这群意见领袖当中,有的非常了解技术、有丰富的知识,差不多和专家的水平和眼光一样。所以,产品开发的人可以通过关注这群人的微博、微信、自媒体,积极参与其博客(Blog)和评论社区(BBS),从而得到产品优缺点评估,产品开发方向的启发,竞品对比的差异等。这些都是对研发产品和改善体验很有帮助。

仔细分析销售渠道和信息渠道的主要目的是通过合适的传播渠道,提供特定的信息和内容,打动细分目标受众群体,传播品牌和说明产品并达成销售。产品开发人员和市场营销者要了解信息传播随着技术和互联的变化而变化,运筹帷幄更好地服务于自己的产品,品牌和公司。受众人群的信息媒体特性和偏好、渠道偏好也在发生变化;一些特定渠道的传播形式、载体、内容和媒体习惯也不同了。比如视频在互联网上很流行,移动端应用尽可能用简单的文字和"按钮"式操作体验更简洁直观。

在销售渠道和信息渠道分析完之后,营销者还要做重要的品牌分析。品牌,就像长跑比赛的最终奖牌。对营销者来说,也是不容易建立的资产。虽然不是产品,但是和产品同等重要,关键购买因素(KBF)当中最重要的因素之一,但是短时间内不好改善,而且受到很多方面因素的综合影响。关于品牌,本书在上市策略和计划的时候再详细说明。这里只从产品计划的角度简单地分析品牌诉求和顾客需求的关系,并介绍不同维度如何分析内容。

品牌,就和人的名字一样。地球上有70多亿人一起生活,如果他们没有名字的话,我们怎么彼此认识呢?怎么记住他们呢?产品和服务也一样,没有品牌的话,怎么让顾客记住呢?就像你去参加一个大型年度聚会时,如果到场的人和你很熟悉亲密,就很有气氛;如果大部分的人,你都不认识,打招呼时,有一刻尴尬,握了手,但不知怎么"称呼"?就是这种感觉。如果产品没有自己的名字话,即使有特色,顾客也不一定记清楚产品的特点、功能和价格。另外,从卖方的立场来说的话,利用产品的名字和特别的符号,更容易让消费者记忆且便于交流传播。

3.1.5.6 竞争力的品牌分析

在产品计划阶段，关键的是产品规划团队了解消费者对品牌的认知和偏好，对品牌价值的认同，并是否愿意为了品牌忠诚度付出的额外差价。掌握这一品牌价值带来的价格差异是非常重要的。在产品规划阶段，结合顾客的其他关键购买因素（KBF），在与竞争者"头对头"比较后，设计产品功能配置，制定价格策略，并平衡彼此之间的关系，确保上市时的差异性，赢得市场份额和受众的青睐，这是决定业务成败和树立领导地位的关键因素。品牌的认知和偏好是短时间内不容易改善的，要通过抓住顾客的心，从感性和理性全方面去赢得他们的认同，开展综合体验营销活动，不断建立并积累品牌认知和资产，之后持续优化与受众的互动，来转化他们的心思和意向。

举个例子，假设我们的产品要和苹果在移动领域竞争。尽管知道品牌很重要，但是面对苹果这样强有力的竞争对手而且品牌认知和偏好都非常高，我们应该如何应对呢？在产品开发阶段，在关键购买因素中寻找能弥补品牌偏好差距的"因素"，

以此来吸引顾客。可能是价格，也可能是超前先进的功能，这是产品计划中重要的工作。比如小米就提供与苹果不相上下的产品功能，但小米的价格相当有吸引力，几乎是苹果不到一半的价格。那么，小米该如何继续发展呢？利用技术来扩大市场占有率吗？利用最新最快的CPU开发新产品吗？还是考虑发展先进的无人驾驶设备？如何差别于其他品牌呢？（详细内容会在第五章品牌建设阐述）

如果品牌喜好度比竞争对手差（图3-21），同时性能和价格又差不多，那么在市场上提高销售量的可能性就不大。如果比竞争对手的品牌价值（Brand Premium）低，如图3-22对比竞争对手A，即顾客愿意为了品牌付出的额外差价低，营销者需要通过提高自己产品竞争力，或者降低一定价格来吸引顾客，才能赢得市场份额。如果品牌价值比竞争对手逊色很多，而且受众对竞争品牌的忠诚度又很高，那么做产品规划的时候要分短期和长期的策略。如前面介绍，短期内不好改善

品牌喜好度。因此，在短期内要弥补和竞争对手的品牌差距就要利用产品功能或价格；同时，营销者策划提升品牌喜好度的长期产品上市计划。以技术和新产品来吸引顾客，权衡价格和功能的匹配，提高市场占有率，从而带动顾客对品牌形象的认知改变，为品牌的建设和长期发展打好基础。

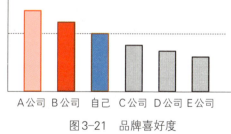

图3-21　品牌喜好度

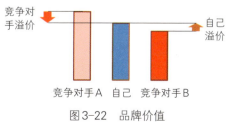

图3-22　品牌价值

3.1.5.7 竞争力分析报告示例——品牌跟踪报告

借助汽车行业的示例来展示品牌跟踪报告。

图3-23以豪华车品牌为例，从品牌排名、认知度、熟悉度、综合评价、购买考虑、购买意向到推荐度——跟踪并比较竞品。

> 样品基数：所有反馈
> 熟悉度：从"1-5"分中选"3-5"分的
> 综合评价：从"1-10"分中选"9-10"分的
> 购买考虑：从"1-4"分中选"4"分的
> 推荐率：从"0-10"分中选"8-10"分的

年初到十月
上牌数排名

	#7	豪华车市场平均值	#1	#2	#3	#4	#5	#6	#8	#9
未提示认知度	30	44	91	86	81	33	31	28	15	7
提示认知度	95	95	100	100	99	95	93	95	88	90
熟悉度	61	68	94	93	91	64	62	63	45	44
综合评价	9	16	33	26	30	18	9	6	4	8
购买考虑	4	9	21	23	14	10	5	2	1	1
购买意向	6	11	24	27	20	14	5	2	2	0
推荐率	20	31	57	51	51	32	23	18	13	16

图3-23 品牌跟踪报告（2015年第3季度）

3.1.5.8 小结

回顾本章中介绍了产品开发过程中重要的3C(Customer、Company and Competitor)和FAW宏观分析,简单整理如图3-24。随着网络和社交媒体的发展,近几年营销者加入另一个"C"(Community)社团。通过对特定的人群和社团的分析来进一步了解消费者洞察。那么,怎么把这些分析融入产品规划呢?

做产品计划的团队或个人在既有经验的基础上,通过顾客调查收集整理信息,并经常关注品牌,不断思考如何最大化新产品上市的成功率。一种办法是通过顾客调查,比如无偏见测试(Blind Test),把握顾客愿意为品牌支付多少额外的差价;另一个办法是通过联合分析(Conjoint Analysis),把品牌和其他关键购买因素一起来评估,确认顾客对各个因素的喜好程度,从而配置顾客最喜欢的产品功能和合适的价格。

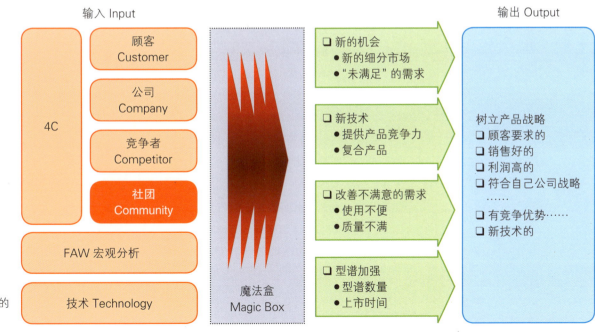

图3-24 产品计划的输入和输出

埃及市场案例 1/2

不走访市场的危害

十年前,为了开拓埃及市场,韩国的电器A公司在当地设立了分公司,并开展营销活动。然而,业务发展却处在"自生自灭"的状态。当时A公司新派驻的社长是产品计划部出身,但对如何开拓埃及市场没有把握。于是,社长向总部要求市场专家支持。总部推荐了一位丰富海外和国内市场经验的实战专家。

专家刚落地埃及就给社长留下很深的印象。仅利用从机场到饭店路上,专家掌握了怎么识别当地数字。这为走访市场和考察价格做准备。当然出发之前,专家对埃及市场的基本情况也有一定了解:比如经济发展状况、顾客的喜好和购买行为习惯及相关竞争市场情况等。大多数当地企业都依靠迪拜的自由贸易把需要的产品贩卖到埃及市场。这个贸易渠道模式在产品的类别、品种和规模等方面都受到很多限制。通过几次和社长及当地员工的会晤,专家发现当地市场营销员虽然有工作热情,但经验和技能不足。同时,社长和大部分职员都不走访市场和渠道,只通过当地的业务合作伙伴了解市场变化情报。而这与实际的状况有可能有差距。专家感觉到这是个危险信号。

案例调研 Case Study

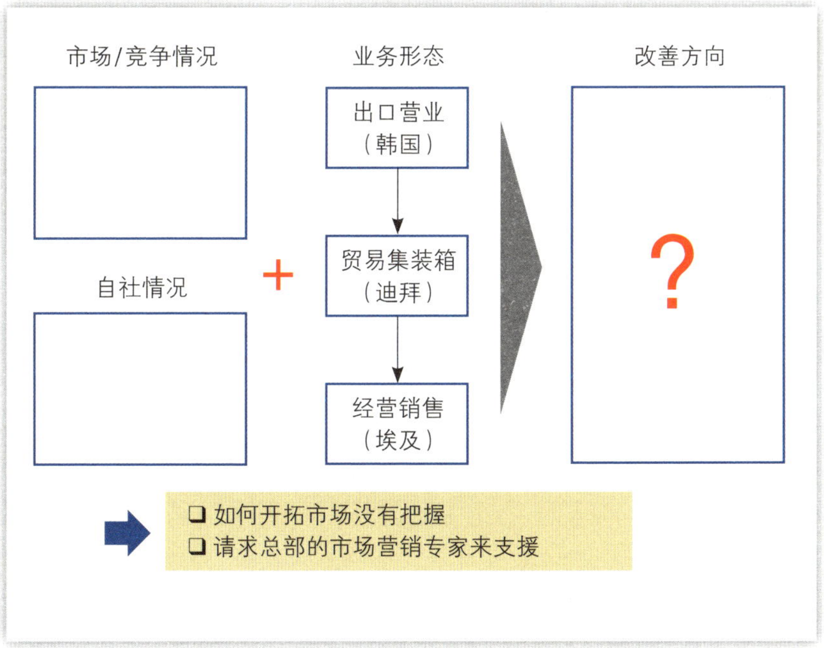

市场/竞争情况	业务形态	改善方向
	出口营业（韩国）↓ 贸易集装箱（迪拜）↓ 经营销售（埃及）	?
自社情况		

➡ ❏ 如何开拓市场没有把握
❏ 请求总部的市场营销专家来支援

市场/竞争环境

❏ 埃及国内有小型经销商，自主进口韩国A公司的电器，然而A公司的竞争对手直接进入埃及电器市场，那么，A公司的渠道竞争力就处于弱势
❏ 日本/欧洲公司没有积极主动进入埃及市场——原因是市场规模小、地域也有问题、不稳定，所以不太重视
❏ 高端和低端市场两极分化，而且低端市场占主流
❏ 没有当地自主品牌和生产制造商，都是通过中间商贸易

A公司的情况

❏ 设立办事处——准备开拓市场，但业务战略还没树立
❏ 合作伙伴的选择计划
 • 甲类合作伙伴：拥有资金和团队，但缺乏经验
 • 乙类合作伙伴：拥有丰富的电器经销经验，但资金和团队紧张
❏ 准备产品进入市场的计划
❏ 职员缺乏市场和渠道管理的经验
 • 对市场和客户的理解低

图3-25 埃及市场状况

埃及市场案例 2/2

　　基于二手资料和当地职员的核实信息,总部的专家通过当地市场考察验证了他的有关埃及市场的假说。在短短三个月时间,用第一手市场调查判断问题的根源,然后再树立战略和实施计划。

　　通过走访批发市场、百货商场和调查经销商,专家发现实际市场情况比当地分公司了解的更糟糕。经验告诉他,渠道合作伙伴提供的只能是片面的消息。亲自访问市场是营销者必做的日常功课。在埃及市场,A公司最大的竞争对手相当活跃,有步骤有计划地在开拓市场,而且时间已经很长了。但日本和欧洲公司对埃及市场没有多大兴趣,所以赢得一定的市场份额还是有机会的。通过实际市场调查后,总部的专家和当地管理者协商建议的改善方向,如图3-26。

市场开拓方案

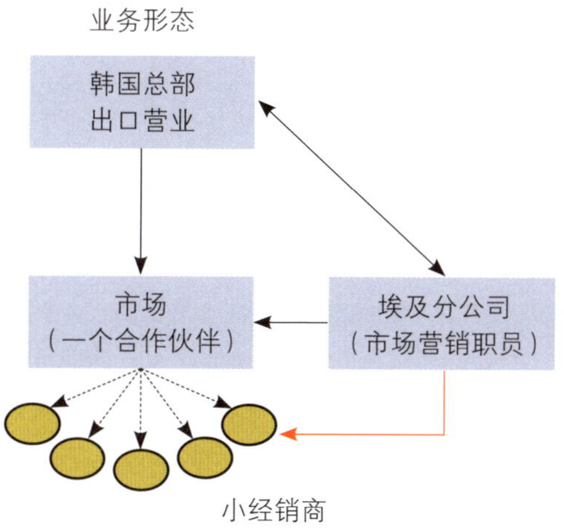

业务形态

```
韩国总部
出口营业
   ↕
  市场          埃及分公司
(一个合作伙伴) ← (市场营销职员)
   ↓↓↓↓↓
  小经销商
```

改善方向

- ❏ 合作伙伴选择
  - 市场初期：选择乙类合作伙伴，有电器产品的经营经验的
  - 中期市场：选择2—3家合作伙伴，市场细分管理
- ❏ 渠道构造
  - 与合作伙伴一起，共同开拓网络渠道和目标受众群
  - 即使在合作到期时，公司自己也积累一定经营经验，可以满足自给自足
  - 针对建好的渠道，定期访问并监管资源
  - 开发联合促销活动，帮助渠道扩展营销影响力，同时获取第一手反馈资料
  - 直接收集市场和顾客的反应，避免偏听渠道或合作伙伴的反馈，确保掌握真实性
- ❏ 产品选择和渠道流通周期配合——考虑竞争情况和季节性。比如分季节引进洗衣机和空调的产品线——冬天（洗衣机）、夏季（空调）、四季（电视）
- ❏ 梳理组织架构和功能
  - 有利于渠道建立，并协助促销分销活动开和差别地域管理

现实情况：

总部专家回国后，社长并没有完全听取专家的建议。他觉得就公司当下的状况，选择甲类的合作伙伴，虽然他们缺乏经营电器的经验，但是有规模、稳定、资金充足，而且合作起来比较容易。

问题在于分公司的职员自身也没有什么营销经验，明显的错误比如在夏天进口通关洗衣机，不容易销售造成库存；然后，又雪上加霜的在冬天进口空调，更没有办法售卖。营销节奏完全打乱，直接导致进入市场的失败。

这时，社长才想起来了专家的建议，改成与乙类伙伴合作，并鼓励职员走访市场和经销商。同时开展和经销商一起促销的活动。经过一段时间的努力，最终成功进入了埃及电器市场。

图3-26 改善建议

> 在市场竞争中，有的时候不是对手有多强大，而主要是自己该做的事情没做好，才给对手创造了机会。

3.2 开发新产品概念

3.2.1 产品概念分析

3.2.1.1 产品概念——三维品牌定位分析

分析品牌定位(Brand Positioning)时主要考量三个维度要素：差异、价格和销量，如图3-27演示。这对公司的运营有很大直接影响。营销者的重要责任之一就是树立品牌形象和确立品牌定位。每个公司的实力和面对的竞争环境不一样，因此，对这三个象限维度的考虑程度也不一样。本书在产品概念章节强调短期评价，于是主要考虑差异、价格和销量。品牌形象和差异是强关联的。差异不仅指产品的差异还包括其他营销活动的体验差异。品牌形象是一个重要的品牌定位因素。要想确立顾客心中的品牌定位，需要长时间持续的品牌建设投入，丰富的营销资源和有创意的想法来建立品牌差别化。

通过品牌定位分析图，一目了然。最理想的定位(红色)：商品很有特色，定价高而且销量也高，这是很难实现的理想位置。这个定位很少品牌能占据并停留住，一般慢慢地向蓝色定位(高价格、高差异、低销量)或者黄色定位(低价格、高差异、高销量)变化。

黄色位置明显可能市场份额大。红色位置最好，一般市场初期，新技术刚出来时可能有这种情况。但是很难保持定位不变。随着技术普及后，很可能走向蓝色路线，比如家电品牌索尼就是这个策略，保持高差异和高价格，但损失了市场份额和销量。当然，也可能走向绿色定位——低价格无差异但高销量。

那么，紫色的位置——没有差异性、却价格贵销量高，这现实中会出现吗？可能。新开拓出来的市场，可能没有其他竞争；还有可能是品牌效益，品牌价值高，即使产品没什么差异性，但是加上品牌就变不一样了。

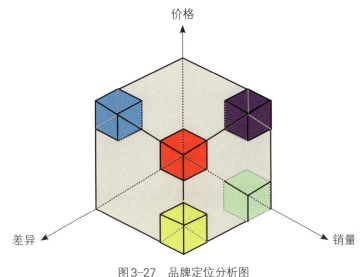

图3-27 品牌定位分析图

3.2.1.2 产品概念——二维品牌定位分析

分别把从两个维度进行比较：价格 vs.销量；价格 vs.差异；销量 vs.差异
- 图3-28：假设差异不变，一般随着价格升高，销量降低，意味着市场占比变小。经营规模小的话，利润就很难提高；
- 图3-29：如果差异变大，定价变高是可能的；销量的高低要看市场的接受程度，有机会卖得好；
- 图3-30：如果产品有差异，价格适当，销量增长，市场份额变大。

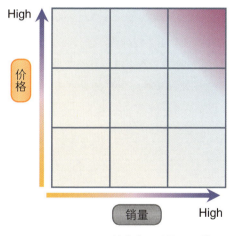

图3-28　品牌定位：价格 vs. 销量

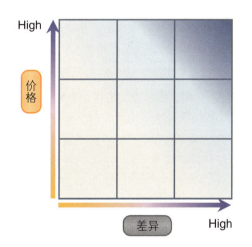

图3-29　品牌定位：价格 vs. 差异

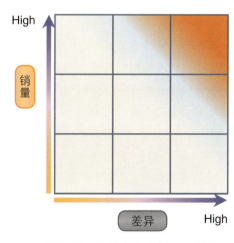

图3-30　品牌定位：差异 vs. 销量

随着市场的成长和成熟，慢慢地差异降低，开始进入价格竞争阶段。这时，品牌要选择定在"蓝色位置"还是"绿色位置"？要么保持高价格、牺牲销量；要么降低价格、赢取销量。顾客会尝试各种各样的产品。但当产品之间没有什么差距时，即产品进入生命周期（Product Life Cycle）的成熟期，顾客购买时主要考虑产品的实际效果，不怎么考虑品牌的影响（除了"铁粉"）。

3.2.2 产品概念创新

3.2.2.1 产品概念——业务发展模式

在第一章提到产品概念的狭义和广义定义：狭义就是核心产品部分的开发；广义是包括从核心功能、到实际产品使用、衍生的产品应用和互联功能，以及购买、交货、送货安装等体验为一体的全产品概念设计。其实，广义的产品概念也是发展业务模式的一部分。在了解顾客需求，自己公司和竞争对手之后，营销者仔细地研究如何开发产品概念。

从规划的角度产品开发的时间和周期有长有短。但随着市场发展，竞争愈来愈剧烈。为了和对手抢夺市场，增加公司的关注度和新鲜度，产品开发也要灵活并且有一定的更新频次。那么，产品开发的概念就要与时俱进，不能仅依靠核心技术和硬件的更新，需要有"变换花样"的办法。除了内部工程师和研发人员的输入，营销者需要了解顾客是如何看待新产品和新体验。以这个方式来开发衍生产品风险会小很多。譬如互联产品的使用过程中会得到很多顾客的使用、体验和反馈信息，利用和分析这些数据发掘新的业务机会。大家都熟悉的手机内置导航应用，在提供定位服务的同时收集了大量顾客使用导航的轨迹。整理归纳这些"行谱"信息，即行为和习惯轨迹，对规划未来新产品和服务很有价值，比如推荐附近餐饮服务。

为了更形象地理解新产品概念，如图3-31说明，彩色五块，硬件、附加功能、设计、软件和云储存/计算中任何一部分改变都是开发新产品的想法。这可以帮助灵活设计产品开发和计划。一般消费者都喜欢新产品，这是营销界的共识。但各个公司对新产品的定义和说法可能不统一。有的产品改善硬件很难；有的功能上的改变更难；有的考虑软件上改善；有的改良外观或内部装饰；有的增加附加功能等。有些尝试和改善在工程师的眼里不算新技术革新，但只要消费者认可就有新的业务机会。能提高产品根本功能性是最好的，而改善外观设计和增加附加功能比开发新技术的费用低且开发时间短。在考虑应对和战胜竞争对手时，可以好好利用这个战略。

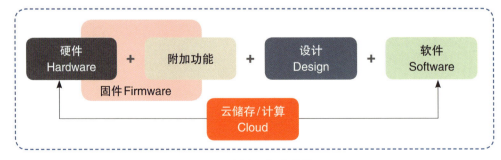

图3-31 新产品概念模块图

3.2.2.2 "新"产品概念和开发周期

如图3-32所示,有些产品的核心部分很重要且比较复杂,需要开发的时间长;其实际产品和衍生产品及体验相对简单,容易开发和更新。因此,在设计产品开发计划时,要考虑产品开发及更新周期与最终面对消费者的产品型谱及上市周期的配合。

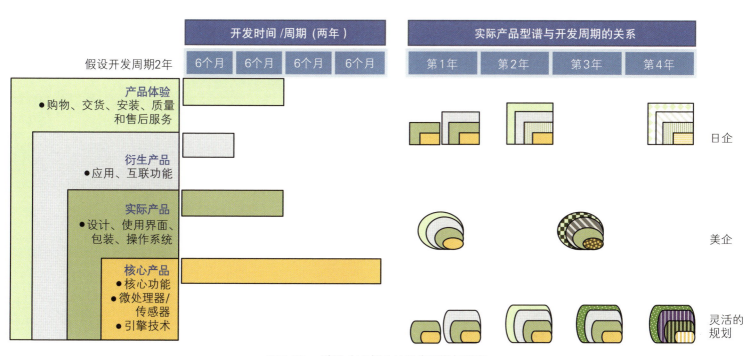

图3-32 "新"产品概念的开发周期与型谱

以汽车行业来说明,通常日本企业开发一个核心技术产品需要三年,在新品上市后次年有外观设计的小改动,以及衍生产品更新或服务升级,让消费者每年总有新鲜感并且关注品牌。譬如新车上市半年左右,推出更便利的互联应用,保持顾客的新鲜度;第二年结合体验、应用和包装再出新;到第四年核心产品更新,同时配合与时俱进的体验将全面领先竞争对手,并稳固市场地位。相比之下,美国汽车企业则严格按照核心产品开发周期来上市新产品,留给消费者的印象则是开发时间长、更新慢、产品更新频次低。灵活的产品规划,比如应用软件的开发,会统筹产品不同层面的更新、升级和改款,带给顾客全方位的升级体验。

在广义产品概念下,通过顾客体验和使用中的反馈来不断改善产品,开发更好的核心产品力是营销者的"生存之道"。在软件和应用开发公司中流行的"黑客"增长就是利用技术和数据,不断找到满足和提升顾客体验从而实现增长的过程。"增长"是衡量软件和应用产品力关键指标。唯有"增长"者才得以生存。

3.2.3 互联产品开发

3.2.3.1 互联概念的产品开发

智能和互联技术使得产品开发拓展到一个新的平台,不仅给现有业务带来飞速增长,还创造新的商业机会,甚至扩展到新的领域。产品开发不再局限于硬件和部品配件的开发,同时像科技"黑客"一样在软件和应用的设计也非常重要。利用智能和互联技术提供的信息和"大数据",营销者对现有产品、服务、体验提出改善计划和增长设想。同时,现有的产品和服务成为顾客体验和反馈的信息渠道,在改善过程中有机会创造未来商业价值和新业务模式。如图3-33。邀请跨界的科学家和不同领域的专家一起,以前瞻的眼光分析判别关键行为因素,共同创造更多未来业务机会。

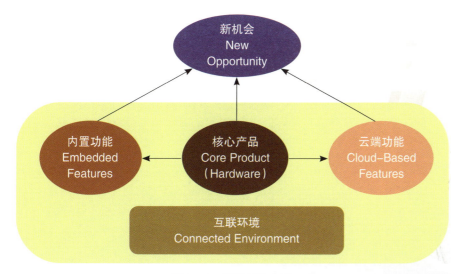

图3-33　互联创造商机

智能手机平台架构——案例

智能手机平台架构是在制造商的硬件基础上搭建起来的,如图3-34。以芯片、感应器、电池、基本功能和键盘为主,同时留有应用程序的接口,并配合外包服务和特别的部件(比如笔)。在这个框架上开发操作系统和搭建内容及供应商接口。设计内容的时候,工程师要考虑本地自带应用和云端应用的分配及配合。特别是一些有特色的自带应用,可以不断优化升级,这代表产品和品牌的差异性。另一方面,这些核心自带应用可能对未来业务有影响。当然,开放给第三方应用开发者也是另一种不断创新的办法。

除了平台搭建,工程师还要考虑和公司内部其他系统,比如CRM,数据库等的对接和配合。

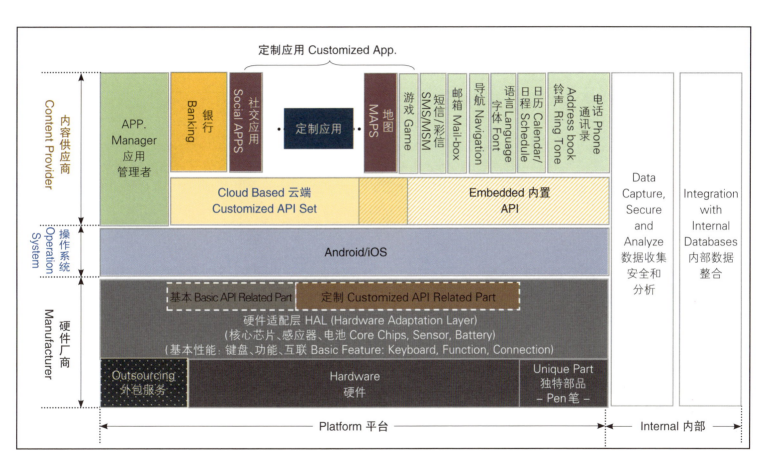

图3-34　智能手机平台架构

3.2.3.2　互联和网络——云端

所谓互联和网络那些事儿（The Internet Thing），就是将已有的产品或服务通过有线或无线的方式与系统平台联系起来，从而满足更多更大的运算容量需求，给终端用户带来原本自身硬件产品单独不能满足的体验，如图3-35。这就有了新产品和新业务的机会。

产品开发者要研究决定本地实现功能与云端实现功能的分布与配合，这都会影响定价策略。除了本书前面提到的"总经济价值"定价法，附加产品和服务也有很多不同定价方法：比如按使用时间收费、计次收费、按使用流量收费，抑或按周期、月租或全天候打包等。新业务的定价和功能分配对消费者购买、使用、体验和喜好度都有很大影响。

以出版物为案例，如图3-36，比如杂志原来都是纸介质的出版物，遵循单一的定价原则。随着科技和网络的发展，现在有电子出版物以及在线阅读。那么，为了迎合最新数码化需求，很多应用软件可以实现平板电子阅读。在定价方面，原纸质出版物有自己的价值和市场定位，电子版出版物定价从成本角度比纸质低，其中在线阅读最低。但单独购买任一项，都不如"打包"混合介质的合算。如果两个（电子和纸质）一起购买的话，定价比纸质稍微贵一点，但是比两个分别购买的价格合起来要便宜多一些，同时赠送官方免费账户权利。这样给阅读者带来方便，多媒介体验且易于分享。另一方面，也会给出版社带来更多新受众群。

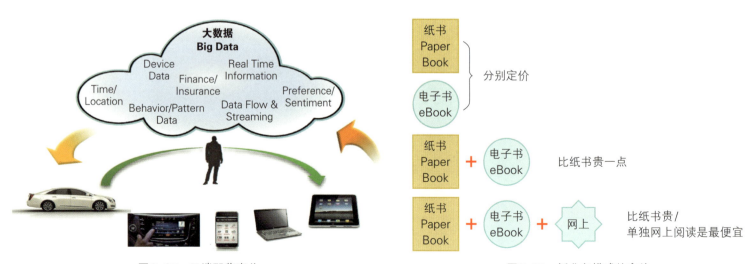

图3-35　云端那些事儿　　　　　　　　　　　图3-36　新业务模式的定价

空白页——产品概念

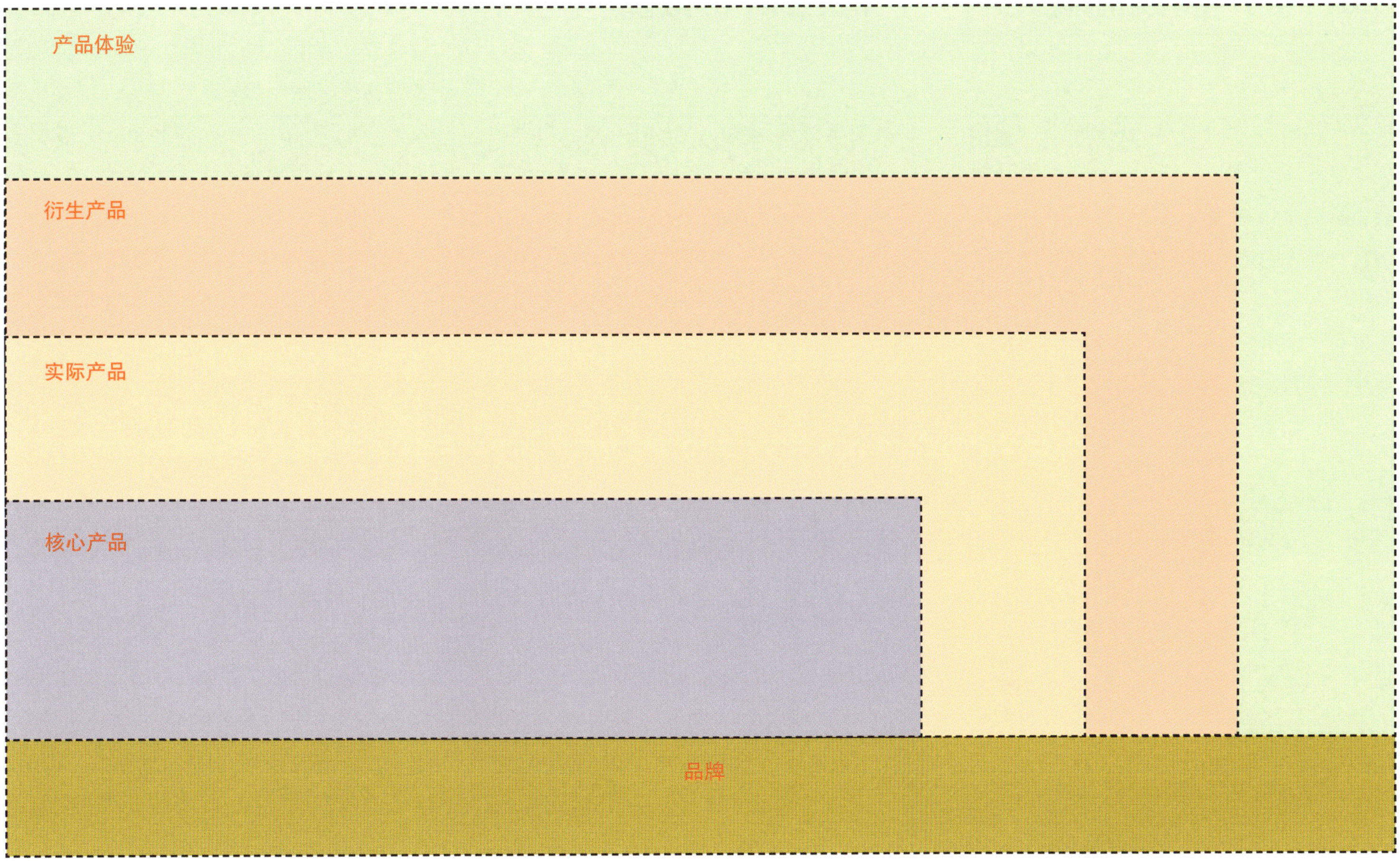

- 产品体验
- 衍生产品
- 实际产品
- 核心产品
- 品牌

图3-37　产品概念

3.3 产品型谱确定

3.3.1 产品概念确定——产品型谱和数量

产品概念确定后,产品规划团队的责任是决定产品型谱(Model Line-up)和型号数量。假设上市很多产品型号(Model)的话,顾客有很大的选择空间,而且渠道里的展示面积也大,好处还是不少的;然而,由于型号多也有可能造成渠道里的库存,原材料及零部件的浪费,影响生产效率和造成重复的开发工作。如果上市几个型号的话,开发生产比较简单,但可能对产品的销售量和市占率(Market Share)不利,而且不能应对顾客的多样化需求。这就很可能给竞争对手创造了"可乘之机"。因此,型谱太窄肯定有问题。

那么,营销者以什么基准来判断型号数量合适呢?

针对刚刚进入新市场的企业来说,可能产品型号少一点,可以降低事业初期的风险,防止过度冒险。同时,观察市场的反应,销售的进展程度和顾客的接受度,然后再考虑增加型谱数量。这样做有助提高事业成功的概率。

针对已经占有一定市场份额的企业来说,结合市场上自身的定位和公司的战略来决定型谱数量是一个比较好的办法。按自身适合的基准来决定型谱数量。"基准"是由销售数量、产品生命周期、产品竞争力和收益率等来平衡决定的。同时,以现有型号和新上市的型号配合一起来实现公司战略。例如,在市场扩展期,为了扩大覆盖率,要暂时放弃效率,追求市场占有率;但如果为了节省开发费用,减少人员投入,提高生产效率,就要开发一个平台(Platform)或框架(Format),利用改变外观,包括颜色、字体、包装或局部变化的"化妆术"来有效地扩大产品线。这也是大型公司经常采用的办法。

如左图3-38所示,销售数量和效率是决定产品型谱数量的主要因素,但是还要考虑以下这几个方面:

(1) 针对竞争对手的型号;
(2) 实现覆盖面的型号;
(3) 为扩大市场,针对新需求的型号;
(4) 树立技术形象的型号;
(5) 测试市场的型号;
(6) 主力销售型号。

实际设计时,结合自己公司的实力和状态。当首次进入市场时,以少数型号先成功打开市场,然后再考虑增加型谱数量。随着产品线的增加,费用和成本也会急速增加的,这会给刚成立的公司带来"生死存亡"的盈亏影响。

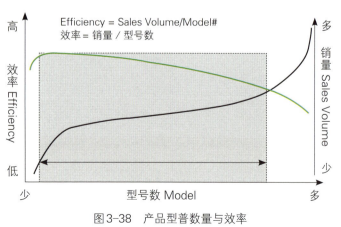

图3-38 产品型普数量与效率

3.3.2 产品型谱数量决定办法

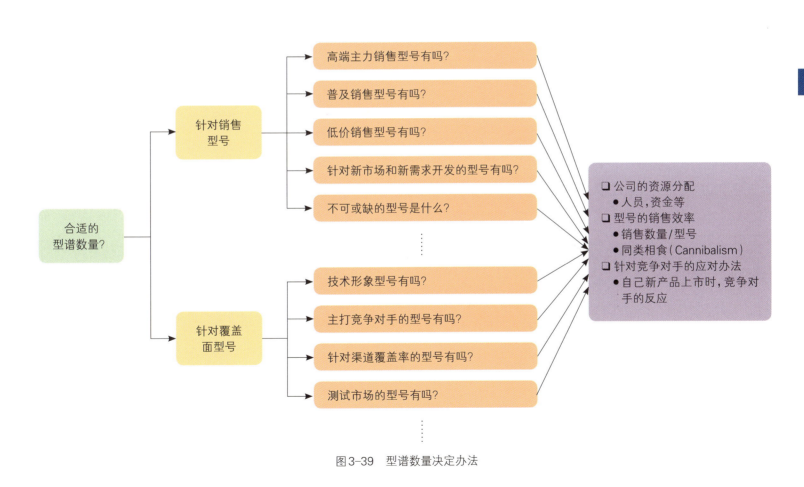

图 3-39　型谱数量决定办法

产品型谱示例——录像机产品型普图和上市规划

借助录像机产品开发作为示例展示:

表3-13:产品开发概念分等级、目标价位、平台和独特卖点来展开。

表3-13 产品开发概念

等级 Grade	目标价格 Target Price	开发概念 Concept
2 Heads	379 459	140 340 • Center Mechanism / • w/o Cover / • Simple Looking / • Size: 360×80×
4 Heads MONO	499 548 698	425 • Slim & Compact / • Simple & Easy (简单VCR) / • w/o Function Door / • Function knob 提高认知度 (Size, Color) / • 韩文显示屏 Digitron / • Size: 360×80×? 440 • Simple Looking – Simple Looking / • 高级 Image / • Jog & Shuttle / • LED Display / • Size: 430×105×? 520
4 Heads Hi-Fi	748 898	840 • Tray Loading / • 高级 Image / • LCD Back Lighting / • Size: 430×105×? 920

同颜色的框:代表同一平台。

表3-14：依据开发的概念，展示产品型号、定价、上市时间以及新旧型号替代的规划图。

表3-14 国内产品线规划图

型号（上市月份）

等级 Grade	目标价格 Target Price		2012				2013			
	2012	2013	Q1	Q2	Q3	Q4	Q1	Q2	Q3	Q4
VCP	299	279				31(10)				32(10)
	348	328	K1(`11.9)◆					2(06)		
2 Heads	399	379	130(02)◆				140(03)			
	459		22(03)							
	499	459			330(09)◆				340(07)	
4 Heads MONO	519	498		420(04)◆			425(02)			
	578	548		430(04)			440(01)			
	649	629	505(03)◆					515(04)		
	698	698			510(08)				520(08)	
4 Heads Hi-Fi		648					AV1(02)◆			
	748	748					830(10)◆		840(09)	
	898	898			910(07)◆			920(08)		
S –VHS		998				S9900(10)				

同颜色的框：代表同一平台。

3.3.3 产品概念确定——开发时间和周期

做产品规划时,时间观念很重要,开发时间的长短与商机息息相关。产品计划的时间和开发周期越长,目标受众就越可能受到周围环境和竞争对手的影响。这会导致产品需求的变化。产品计划初期依据的目标受众的特质和需求与上市时的特质和需求都大不一样了。如图3-40所示,如果出现这样的状况,新产品不大可能成功进入市场,那么不仅销售成长会受阻,且市场份额占比也很难扩大。因此,在条件允许的情况下,尽可能缩短产品规划和开发时间,尽快策划上市,把握市场机遇。这在业务拓展中是十分重要的。

在产品开发过程中,要求补充或添加产品功能是很困难的,会耗费很多时间和资源。因此,产品计划初期就要做好详尽的准备工作,尽可能避免中途随意修改设计和功能。如果想保持一定的灵活性(Flexibility),可以考虑模块化设计。比如IBM Thinkpad就是以模块组装;谷歌的手机也做了模块化设计。其优点是每个模块相对独立、容易安装或重组;缺点是各个部分太过独立并且基本依赖零部件供应商。当技术和部品普及时,公司不容易保持独特的差异性,易被竞品抄袭,最终将落在成本竞争上(看谁价格低)。这样的产品基础不利于搭建品牌资产。软件(Software)和应用(Application)开发公司就相对灵活。当他们推出新产品时,由于产品是互联的,可以通过上市测试版本(Beta Version),让顾客先尝试,分析体验的痛点,寻找增长机会,不断地测试改善,推出更新版本。当然,太过频繁的推新也不行,顾客体验不好。对于硬件产品公司通常是通过售后或顾客使用后的反馈来改善和升级产品设计的,不如软件开发灵活。

目标受众群体其实从来都不是"固定"的一群人,而是动态变化的"受众群"。营销者想要提供"恰好"满足顾客需求的产品或服务是相当不容易的。通常在同一时间开发多个产品型号就是为了尽可能满足多一些目标受众的需求。这好比射击时发射"霰弹"的效果,希望有效提高"命中率"。更复杂的是随着时间推进,顾客的需求和竞争环境也在变化。因此产品开发的人一定要重视并控制产品计划、开发周期与上市时间的配合。

实际产品开发过程中想要变更产品功能是不容易的。可能会遇到要决策的关键点:到底是继续开发、还是放弃?有时,放弃也是正确的决定(尽管这是一个非常不容易的决定)。而且,营销者要做好思想准备,现实工作中会遇到"反反复复"的现象。为了应对动态顾客需求和适应市场环境变化,经营学者研究"灵活产品计划流程"(Flexible Product Planning Process)和"灵活产品开发流程"(Flexible Product Development Process)。即使有了这些指导,"应对"本身还是比较被动的。最好的解决方案是有效地缩短产品计划的时间和周期,有机会随机应变。开发周期一长就不容易调整了。

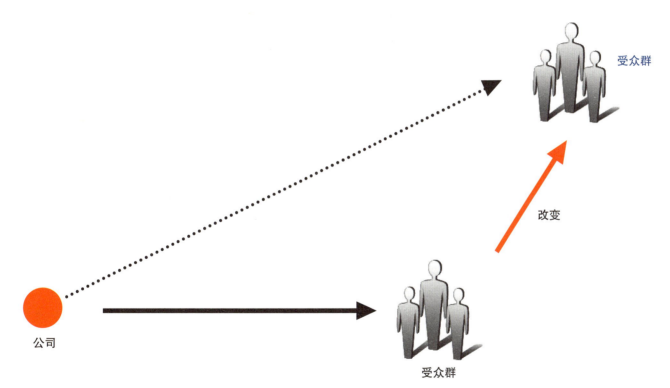

图3-40 目标受众的需求变化

3.3.4 决定目标上市价格

确定产品概念后,目标上市价格是产品计划中另一个重要决策。

从开始产品计划到上市之间有一段不短的时间,竞争环境和市场都可能发生变化,这对定价肯定有影响。因此,即使在产品计划书初期拟定了目标价格,但到上市时需要再次考察并适当调整再决定实际的上市价格。既然是这样,那么产品计划书中的"拟定目标价格"还有存在的意义吗?回答是肯定的。虽然明知最终实际价格可能会变化,但在产品开发阶段,各个部门树立每年的事业计划、预算和运营时,仍然需要参考这个"拟定目标价格"——它不只是一个价格数字,还包括详细的定价过程、考虑因素和协调的部门以及内容。这些都是日后实际调整上市价格时的重要参考,如图3-41。

如果对现有产品的改良,定价会相对比较容易。虽然有一定的参照数据,定价毕竟和公司利益挂钩,所以需要事业部、公司财务等团队一起协商决定。针对首次上市的产品,看起来定价应该简单,但实际并不简单。除了成本和目标利益外,还要考虑市场情况、对产品的影响、可预测的变化等来决定价格。首次上市的产品该如何进入市场呢?需要考虑哪些因素?采取什么策略呢?是像苹果那样,高价位进入市场,占据一定市场份额后再向下(低价位段)扩张吗?如果一开始卖不动、产生滞销怎么办?还是像中国手机品牌那样,以低价位入市,稳定后再慢慢推出中高端升级产品线呢?这都是由公司的利润和战略来决策如何进入市场的。

与此同时,要考虑公司自身的状态:是百年老店呢?还是新兴风投的创业公司呢?自身资金的规模、产品开发的投入对比市场上的投资公司和竞争对手是多少?处在创业阶段,公司的生存是首要问题,这就决定了定价原则。创业公司短时间内产品或服务的销售要达到一定的规模和程度,否则公司的运转可能受到影响。如果销路没有打开的话,从银行或其他金融机构再次融资的可能性不大;在得到顾客和市场的认可之前就夭折了。创业者的信念:所有的伟大源于一个勇敢的开始,但一定要坚持活下来,才能成就伟大。

图3-41 产品和市场矩阵

3.3.5 新产品概念——软件和硬件配合

不管是狭义还是广义的产品概念,以购买者或使用者的立场来定义比较合适。这里着重分析硬件和软件的配合出新,如图3-42梳理,软硬件分别有"已有"和"新的"的组成。其中外观改款算硬件提升;云端功能(Cloud)和互联(Connected)算软件部分。读者也可以借鉴这个分析去开发适合自己的办法。

ⓐ象限:随着技术发展变缓,产品趋于成熟,不再有功能上差异时,通过改善外观造型或内饰设计来提升体验的新产品属于ⓐ象限。

ⓑ象限:当产品技术发展时,会出现有阶段性技术突破和产品进步的情况。比如电脑核心零部件芯片升级变化从386、486、586等;智能手机的L芯片,带动产品的性能提升。复合产品出现,比如手机加照相机功能,突破硬件本身的进步,也是ⓑ象限的代表。

ⓒ象限:当产品在软件功能方面有突破式上升,比如电脑操作系统Windows软件升级,游戏版本升级等。

ⓓ象限:硬件和软件都是新产品,即世界上首次发布的产品。开发这个产品的公司不一定成功。一般成功的企业是第二代开发产品的,会比首发开拓市场的公司产品质量更好。有些首发软件带来颠覆性的体验,比如网购(Internet Shopping),社交媒体SNS等。虽然使用者可能在不同的硬件上、电脑、平板或手机等设备,但是体验是前所未有的。

最近,普通产品被广泛搭载上传感器和软件控制功能后,通过连接云端电脑,得以提升产品的性能、体验和竞争力。其实,把新软件或新应用装载到旧的产品上也有机会创造新的商业模式。

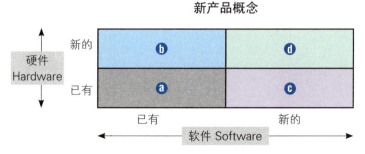

ⓐ 已有硬件和软件的微调—改善产品的外观造型或内饰设计
  ● 电子产品、汽车、生活用品等的新产品
ⓑ 改善硬件功能的新产品
  ● 改善产品的功能、特性和便利性等,比如智能手机改善画面大小或清晰度
  ● 复合产品:智能手机加MP3音乐、拍照等功能
ⓒ 改善软件功能的新产品
  ● Window系列,游戏Game系列等
ⓓ 硬件和软件都是新产品
  ● 世界上首发的产品,比如移动手机、智能手机、电脑、平板、游戏等

图3-42 软硬件配合矩阵

3.3.6 新产品概念确定——市场渗透策略

进入市场(行业、国家、区域等)的时候,营销者根据自己公司的综合竞争力来决定是进入大的市场,还是相对容易占领的市场?对于有竞争力的公司可以首选进攻大的市场,机会大可能对手也多;或者考虑规模小的市场,相对竞争对手少,这样比较容易先进入占领市场,稳定下来以后再不断扩张。另外一个办法是抢先进入一个新的市场并设防竞争对手跟随。市场进入和渗透策略关键在于自己的竞争力和市场的竞争强度。如图3-43所示。

比如三星,在Note 7电池出事之前,作为智能手机里的强者,它的产品渗透战略是A类:从中端进去,再向两边高端和低端扩大。它覆盖所有高中低市场,每个市场用不同的产品品牌:Galaxy Note, Galaxy S7, Galaxy S7 Edge, Galaxy On, Galaxy J。

B类策略是先站稳高端市场,再开发一个入门级型号来帮助扩大市场份额。

而苹果呢,是C类,目前向下扩展有SE中端型号,和6S类似,但是价格便宜很多。

中国智能手机品牌大多是D和E的样子。华为是D类策略,站稳了中低端市场后、研发了中高档的产品。而小米没有中高端的产品却转而向其他行业扩散。E类是谁呢?很多公司有低端产品线,突然出现高端的产品,市场接受度和品牌价值都有问题,所以很少公司成功但也有通过收购高端品牌来实现的。

你能通过图3-43了解其他渗入策略的想法吗?很有趣的。

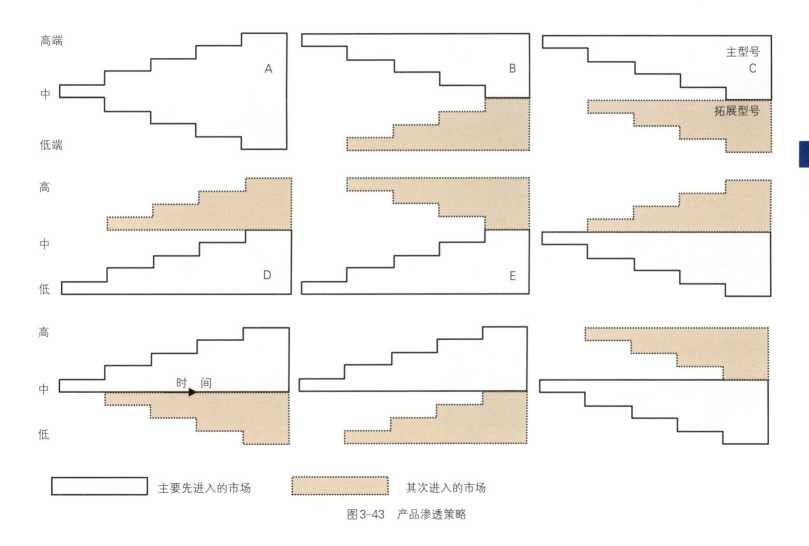

图3-43 产品渗透策略

空白页——市场渗透策略

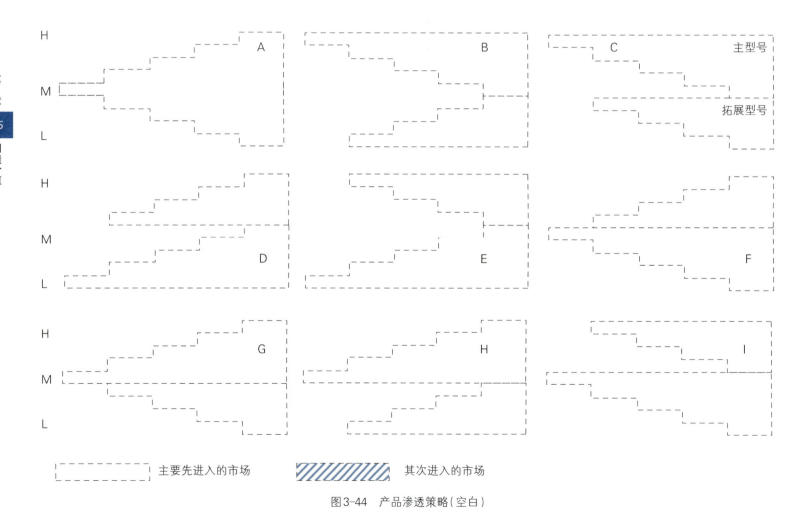

图3-44 产品渗透策略(空白)

3.3.7 新产品概念确定——细分市场、产品型谱与品牌配合

市场细分（Segmentation）除了按受众人群和需求做细分，一般比较务实的做法是考虑产品和品牌的差异性。如果在某一细分市场的产品或品牌彼此没有什么差别，那么这个细分市场对顾客来说就没有意义，对公司来说其实增加了成本且降低了运营效率。因为从产品开发、生产到营销一路发展的过程中，库存增加、费用提高、管理的项目也逐渐增多。

对于市场占有率高并稳定的公司或高端品牌都是覆盖全产品线（Full Product Line-up）。产品从高档到低档普及型号都能满足顾客需求，全方位抵御竞争对手。这类公司再做细分没有什么特别的意思。但是对于新进入一个既有市场的公司就要明确如何进入市场？进入什么市场？覆盖面是从高到低吗？还是寻找特殊的细分市场（Niche Market）呢？进入的市场越广，需要的投资也就越大。如果失败了，可能损失惨重。如图3-45展示，以产品型谱Line-up的角度来说明市场细分化，这是一般汽车或者家电企业为了确保市场覆盖和占有率而经常采用的办法。

再强调一次，市场细分化首先一定要考虑品牌和产品的差异性，其次再考虑渠道。

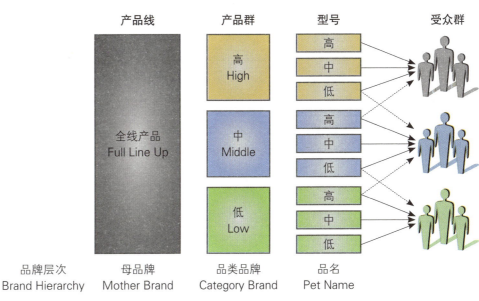

图3-45　市场细分型谱与受众

案例分析——产品规划 1/2

李先生,四十出头,拥有丰富的市场推广经验,在一家市占率第三名的移动通信公司担任计划部部长。当时通讯产品主要是手机,它与李先生以前工作过的家电产品大不一样。为了做好手机的产品规划,李先生从手机的硬件着手理解,还有手机上网、短信息 SMS、开发移动应用(Mobile Application),数据有关的软件功能,甚至移动网络(Mobile Networking)的特点。

对于移动通信公司,产品概念覆盖的面比较广,除了硬件规划外,数据服务(Data Service)等软件产品计划也要开发。李先生非常清楚产品计划流程中**最基本**也是**最关键**的要素就是找**差别点**,不管是硬件还是软件,这决定了日后的市场竞争力。移动通信公司没有自己独立生产的手机,因为缺少产品设计和开发的能力。虽然手机开发能力弱,但移动通信公司仍有一定的产品规划的能力,可以选择自己做产品计划,然后委托开发设计的企业去开发,再外包给制造商 OEM(Original Equipment Manufacture)合作"贴牌"生产,最终以移动通信的品牌上市。也可以和大型制造商合作,一起做产品计划,协商调整产品概念,最终打上"制作商"的品牌来上市。通常情况下,移动通信公司是从手机公司开发制造的产品中挑选适合自己公司的产品。言外之意,移动通信公司的手机产品很难有独一无二的特色。那么,李先生所在的排名第三的移动通信公司在大型手机制造商面前是没有什么讨价还价的能力,所以产品大多数是主流和普通的型号。

凭借多年的营销经验,为了得到好的推广创意和新的产品概念,李先生去走访渠道经销商、商家集散地以及大型先进的百货商场。同时,通过日常生活留心观察周围消费者的行为和亲身生活体验,李先生想到了很多新产品和营销推广的主意。十多年前的一天上班路上,李先生乘地铁观察到很多乘客,有站着的、有坐着的,但是他们的共同特点是人人手持一部手机,专注地看屏幕上的内容,偶尔按键操作。其中一位年轻的女生刚站稳就先从兜里掏出手机,再从包里拿出 MP3 插在耳朵里,然后看手机屏幕上的内容。车里人很多,这位女生带了一个大包,拿着几个东西,不知道她在忙着学习外语?还是听音乐?看起来有些不方便,边听 MP3 边看手机挺复杂的样子。李先生在想有没有办法让她可以轻松地同时做这几件事呢?

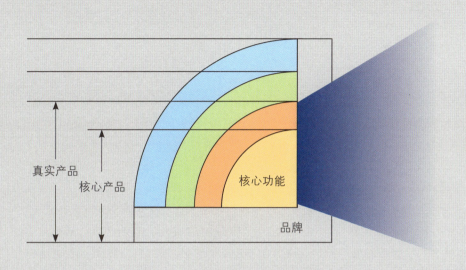

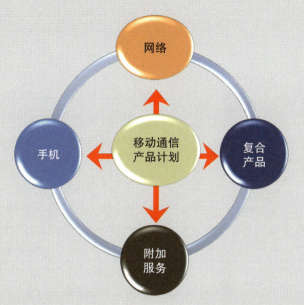

观 察 描 述	引 发 思 考
■ 上下班地铁人流、商务楼午餐人群、周末商城休闲娱乐人们 ■ 背、挎、拎包 ■ 手握：手机、MP3、眼镜、杯子、书报、伞 ■ 耳朵边听MP3，眼睛边看手机	❑ 年轻人追求生活质量、努力把握机会 ❑ 求上进：出国留学、考级、晋升 ❑ 通勤路上努力学习：语言、课程、音乐等
	❑ 不能集中思路，容易被分散，可能错过站 ❑ 最好一次做一件事情 ❑ 集合在一起操作，比较有效率
	❑ 同时操作几个产品挺不方便→能不能有简便一些的办法？ ❑ 手机+MP3播放器

案例分析——产品规划 2/2

作为营销者,像李先生这样,就好比受过训练的医生在路上碰到紧急情况时,会有职业第一反应来判断生命体征和危险程度。营销者对日常消费者的行为就要敏感和发现洞察。如果把MP3放在手机里的话,顾客就不用麻烦带两个机器了。李先生马上找到MP3开发专家了解其核心零部件、芯片大小和价格。根据李先生估计MP3的芯片尺寸小可以放到手机里且成本不到两美金。那么,在给顾客提供方便的情况下,没有增加太多成本,他判断这应该有商业的机会。于是,李先生很快准备了一份产品概念说明,并和其他部门交换意见。但大多数都因过往的失败而反对这个提案。李先生没有那么轻易放弃,继续说服内部并开始跟大型制造商做了共同的产品开发计划。

和大型手机制造商谈判之前,李先生准备了两种MP3开发的办法。一种办法是开发MP3的芯片硬件。这样做的优点:① 可以同时处理多项任务,这是最大的需求点;② 开发时间短;③ 高质量音效。缺点是需要占用手机的空间并增加了成本(估计小于两美金)。另一种办法是以软件开发虚拟MP3应用,即在手机的芯片(Qualcom MSM Chip)上开发MP3播放功能软件。这样做的优点:① 同一个芯片,不占内部空间;② 这是未来发展的趋势,也是手机制造商比较关心的。缺点是:① 不能同时处理多项任务;② 首次开发,可能时间长有风险;③ 音频质量也不高。

基于李先生的经验和判断,他强烈建议第一种办法合作,开发时间短,成本增加也不高,可以抓住市场先机。但是,手机制造商坚持要用第二种办法,并答应开发时间控制在一定期限内且保证开发技术的完成度。不管怎么样用新的技术开发产品比原来计划的时间长,而且很可能出现很多不可预期的问题,比如质量问题,稳定性问题等。与此同时,市场上竞争对手也在虎视眈眈地观望新的市场机会。万一竞争对手开始应对,开发了同样的产品比李先生的公司早一点上市,他们就失去了先机,成功的可能性不大。还有一个不利的因素,就是由于当时芯片运转的速度不快,只能支持单项任务处理,而且音质也损失了很多。结果出人意料的是产品开发完后,虽然上市价格定得贵,却卖得挺好,销售非常成功了。回想起来,李先生也觉得非常刺激,找到独特卖点——提供便捷是这款产品成功上市的关键。

现在大多数智能手机都带了MP3功能。随着技术的发展,芯片处理速度大大提升了,所以能同时处理多项任务。由于芯片处理速度快,软件开发的MP3功能音质也是不错,和原播放器比没什么大的差别。

第四章

转换价值
Convert Value

4.1　开发生产流程 Production Development Process　　/ 104

4.2　生产流程中的"鱼和熊掌" Dilemma in Production Process　　/ 106

顾客价值管理——转换价值

通过了解顾客需求,深入分析3C、FAW宏观环境、技术和竞争者,营销者开发产品概念、设计产品、决定价格,配合公司战略规划产品型普、数量和生命周期。然后,进入价值转换过程,实现设计和开发产品生产流程的环节。

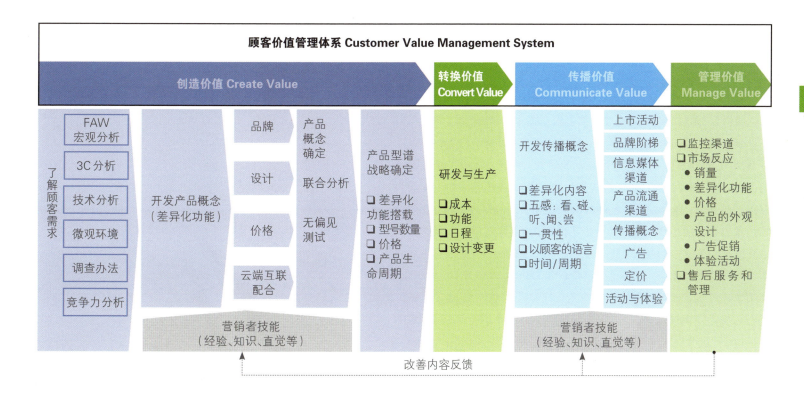

4.1 开发生产流程

开发生产流程是把设计和概念落实实现的过程。如下图4-1展示的，很复杂。不同行业不同产品开发生产流程，时间和周期长短也不同。

有了产品计划提案后，产品计划负责人要和相关部门协商、讨论并达成协议，然后向公司最高领导层汇报。即使方案被批准之后，产品计划负责人还有很多工作要做：把产品计划书转交给功能和外观设计部门，请工程师们深入研发初期的设计。在这一阶段可能暴露出很多问题，需要产品计划负责人来协调、调整并说服相关的工程师完善产品开发，努力按原计划的时间来上市。一般来说，功能设计部门做出一到两个工程打样转交给工程部；由工程部负责按照设计来开发如何制造。特别是在材料、工艺和组装的配合上，工程部不断试验并制成完成品。通过这个试验（Pilot）过程，检查质量、生产、使用及售后维护保养方面的问题。尤其针对互联的产品，除了在研究所和实验室调试以外，一定要在实际网络环境下进行测试后，才能把这个"试验完成品"转交给制造部。制造部会先做预生产（Pre-Production）准备，预测批量生产时会不会在质量、流程、操作以及和供应链配合等方面有什么问题。如果有，就需要找设计部门和工程部门一起研究改善的方案。完善后才开始批量生产。每个公司有自己内部要求的质量基准和目标，也要考虑国家的安全规格要求以及出口目的地国家的规定标准。产品计划负责人综合这些因素考量如何通过批准验收。

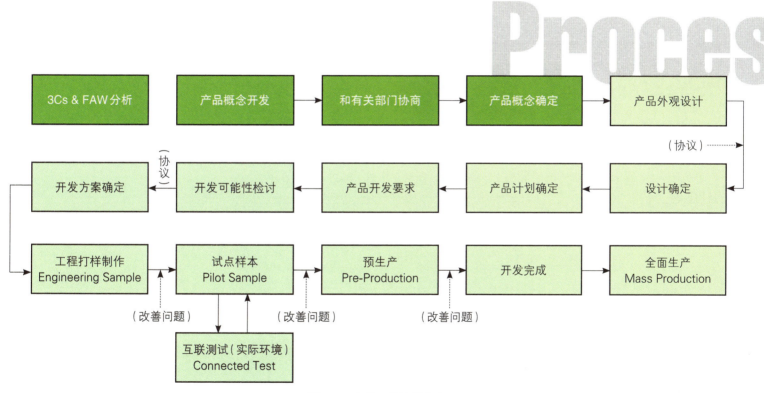

图 4-1　产品开发流程节点

4.2 生产流程中的"鱼和熊掌"

> 生产流程中的每个阶段，功能设计、工程样品、试验、测试、预生产、批量生产等，都有可能发生产品功能和外观设计改善和变更。这时，产品计划负责人就要跟踪每个开发阶段和环节，协商不同的意见，达成目标产品功能和价格，并控制好开发时间和周期。经常会碰到矛盾的情况，比如为了保证上市日期不延迟，需要决定放弃一部分产品的功能。这可能意味着产品竞争力的直接削弱，没有优势和差别特色，会很难被市场接受。做这样重大关键的决定时，要权衡到底是上市时机重要，还是产品功能更重要？切记，一定要从顾客的角度来分析，而不是公司内部，更不是部门间的利益角度来判断！！

这是为什么呢？上市的时机给销售业绩很大直接影响，而且竞争对手和市场环境在不同时机也变化。因此，当"鱼和熊掌"不可兼得的时候，该如何选择呢？保证功能开发吗？还是保住上市时间呢？机不可失，失不再来。进入市场的时间和机遇非常重要，对产品上市初期的销量成长有很大的影响。因此在产品计划中，寻找合适的上市时间是上市成功的决定因素之一。不管是内部直接生产或者委托外部生产，满意的产品质量、满足需要的供应量且可以配合上市时间是生产环节最重要的考量指标。

回顾——重点提醒（敲黑板）

回顾产品计划流程：从顾客调查开始，产品计划、生产、到上市是一个复杂而耗时的过程。为了缩短开发产品周期，产品计划部门要和相关部门一起合作，找到共同的解决方案。这样的方案同时在各个部门内决定和批准会缩短决策时间。这就是并行工程模式（Concurrent Engineering）来实现缩短开发周期和加快决策的办法。营销者不断发掘优化的产品开发流程和窍门是挺重要的，同时结合自己公司情况和特点，调配最合适的流程。

在生产环节，内部直接生产比外部委托生产更便利可控，但也有不配合的因素存在，比如工厂、设备、员工、IQ认证等各个状态不匹配。这时就要看公司的优势是在设计上还是在生产上来决定是否"外包"生产。决策会直接影响产品的质量和供应量。对于新兴创业公司来说，决策内部生产还是外部委托主要看产品的特点和公司的战略方向；对于已有经营经验的企业来说，主要由产品质量、运输和生产量的配合，以及上市时间来决定。

关于新产品进入市场的时机分析，即找到最佳上市时间，将在后续上市计划中详细说明。在这里，只简要地强调三个重要因素：① 产品销售的旺季（销量季节性分析）；② 自己公司对渠道内流量的把握力；③ 销售从起步达到平均目标销量的时间周期，换句话说，就是从上市开始销售到稳定的目标销量需要花多长时间。综合这些因素和分析，从销售成长期、渠道疏通时间并结合旺季推波助澜来选择上市日期，然后倒推出产品开发的周期。做产品计划的时候，我们都知道最关键是上市的日程。有过这样一个故事，某知名电子企业投资中国市场，想和南京的一个录像机厂谈合资。中外双方为了各自更好的利益，谈判来来去去花了很长时间，当最终达成合资厂协议时，市场已经发生了变化，从录像机产品转成了影碟机VCD（Video Compact Disk），并且DVD的市场也处在萌芽阶段。合同是可以签了，但是市场机会已经没了。

产品生命周期随着竞争和市场的变化，可能从半年到几年不等。有"民间"传说产品生命周期大概是一年左右。这可是个误区，不具普遍性。还是要因产品而异。

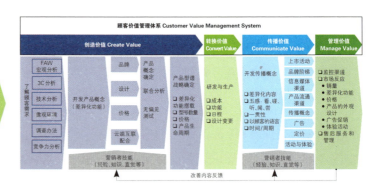

小结回顾产品计划——注意事项

1. 产品上市后是否畅销是对产品计划好坏的最终评判

即使产品的技术含量高,外观设计美轮美奂,而且配有满意的工程解决方案,但是如果销售不好,就是消费者和渠道经营者不满意的意思,没有赢得市场认可。

2. 产品计划本身并不简单的,其核心是一定要有差异化竞争力

在实际市场环境中,不可能只有一个品牌存在。一般都有竞争对手或者潜在的替代品存在。因此,开发产品计划时一定要考虑在竞争中如何取胜。这不仅是产品单一功能方面的竞争力或优势,而且在广义的产品概念中如何体现独特竞争优势,包括衍生产品,零售交货体验和互联应用等方面。

3. 响应顾客的需求(Job Need to be Done)

打个比方,每个人通常都觉得最了解自己的身体状况,但生病时,不一定能判断哪里出了问题,于是就去看医生或专家门诊。一般医生可以根据测量指标来判断病因并处理;但老专家不仅能找到病因,而且考虑病人的自身情况,年龄和生活环境,提出最适合病人情况的处方和改善建议。产品计划负责人和营销者就像专家医生一样,从顾客需求出发,提供适合的解决办法,不断地改善产品设计,并满足消费者的需求。

4. 均衡的产品型谱

工程师开发产品时,目标是提高技术的完成度;外观设计师的目标是提高产品艺术性;对营销者的目标是容易销售,比如"价廉物美"不仅便宜还带很多功能的产品。每个部门都有自己不同的目标和想法,产品开发负责人要平衡各个部门的追求,激励他们的开发动力和兴趣,同时把顾客的需求放在第一位作为衡量标准。

产品型谱设计的多样性:有提高销售的型号;有提高技术形象的型号;也有体现艺术形象的型号等

5. 协调各部门的"利己主义"现象,把握以顾客和公司利益为主的开发方向

参加产品开发团队的各个部门代表,一般首先考虑自己部门的利益和责任;同时,产品开发负责人要求参与者对公司和顾客创造价值的整体过程负责,从客观的立场来最大化顾客的利益。

6. 不断地追求比现在更好的改善办法

流水不腐,营销者经常考虑如何比现在提高,有效地改善来满足顾客的要求。参照其他企业做法和对标好的产品开发,经常研究如何实施、反馈、找到更好的办法。这是很重要的。

模拟产品计划报告目录

模拟一份产品计划书的简要核心目录,仅供参考。(注:这是简要版,完整内容要放在附件中以便说明理由和初衷)

1. 产品型谱数量和名字
2. 产品生命周期说明
3. 主要的性能和外观设计
4. 目标价格
5. 上市日程

附件:
- FAW宏观环境、3C(顾客、公司和竞争者)以及先进技术趋势
- 竞争对手4P分析
- 品牌定位对比分析
- 目标受众的描述和偏好

一般的产品计划按本书前面介绍的内容都要按部就班地仔细整理到报告中。

第五章

传播价值
Communicate Value

5.1 上市活动 Launching Event　　/ 118

5.2 品牌等级阶梯 Brand Hierarchy　　/ 129

5.3 信息媒体渠道 Information Media Channel　　/ 143

5.4 产品销售渠道 Product Distribution Channel　　/ 151

5.5 传播概念 Communication Concept　　/ 166

5.6 广告 Advertising　　/ 171

5.7 定价策略 Pricing Strategy　　/ 180

5.8 活动与体验设计 Event and Experience Design　　/ 191

顾客价值管理——传播价值

产品计划流程是为顾客创造价值并转化价值,这一章主要说明如何把价值传达给最终顾客。通过传播,顾客认可的价值比品牌价值可能增值或贬值。这其中关键的是内容的创意性,采用顾客易懂的语言和表现形式,对顾客感官的刺激以及不同传播渠道的一致性。从新产品的上市活动开始说明;详尽品牌阶梯的概念和品牌定位;然后剖析信息传播渠道和产品流通渠道;为了更好的宣传,梳理如何开发传播概念,并以广告为例说明传播概念的落实;再次强调定价策略的重要性,且其本身也是传播的核心信息;最后,详细介绍活动和体验的设计开发流程。有关体验营销将在第七章顾客体验管理(Customer Experience Management)里全面展开。

顾客价值管理体系 Customer Value Management System

创造价值 Create Value → **转换价值 Convert Value** → **传播价值 Communicate Value** → **管理价值 Manage Value**

创造价值 Create Value

了解顾客需求：
- FAW 宏观分析
- 3C 分析
- 技术分析
- 微观环境
- 调查办法
- 竞争力分析

开发产品概念（差异化功能）：
- 品牌
- 设计
- 价格
- 云端互联配合

- 产品概念确定
- 联合分析
- 无偏见测试

产品型谱战略确定：
- ❑ 差异化功能搭载
- ❑ 型号数量
- ❑ 价格
- ❑ 产品生命周期

营销者技能（经验、知识、直觉等）

转换价值 Convert Value

研发与生产：
- ❑ 成本
- ❑ 功能
- ❑ 日程
- ❑ 设计变更

传播价值 Communicate Value

开发传播概念：
- ❑ 差异化内容
- ❑ 五感：看、碰、听、闻、尝
- ❑ 一贯性
- ❑ 以顾客的语言
- ❑ 时间/周期

- 上市活动
- 品牌阶梯
- 信息媒体渠道
- 产品流通渠道
- 传播概念
- 广告
- 定价
- 活动与体验

营销者技能（经验、知识、直觉等）

管理价值 Manage Value

- ❑ 监控渠道
- ❑ 市场反应
  - • 销量
  - • 差异化功能
  - • 价格
  - • 产品的外观设计
  - • 广告促销
  - • 体验活动
- ❑ 售后服务和管理

改善内容反馈

创造价值与传播价值的关系

公司创造的价值传达给最终顾客,通过传播可能得到升值的认可;也可能只得到贬值的认可。为了最大化创造的价值,营销者设计有创意的市场活动并彻底地贯彻执行。通常高档品牌(Premium Brand)传播的价值比本来创造的价值高;廉价品牌传播的价值比创造的价值低,如图5-1。

传播的核心是把创造的价值有效地、高保真地和有创意地传达给目标顾客。有的公司可以实现传播价值比实际创造价值高,就享受着高端价格,同时顾客也愿意付出额外的价格来购买该公司的产品和服务;而有的公司创造的价值没有好好地传播给目标顾客,得不到认可,顾客不愿意付出额外的价格购买其产品和服务。因此,创造价值固然重要,但营销者和公司管理层最为关心的是传播给最终顾客后是否得到认可同等价值。如果顾客对产品和品牌认知高端,对公司形象和利润都有益处。然而,有时认知可能受到其他因素影响,比如品牌的原产国或公司首席执行官CEO的名气:德国的车子、瑞士的手表和巴黎的香水,还有亚马逊的CEO杰夫·贝索斯(Jeff Bezos)、苹果的前CEO乔布斯(Steve Jobs)。那么,营销者要把握机遇,通过调控重要影响因素达成业务目标,并不断提高品牌形象。影响品牌的关键因素是产品、公司自身形象还有市场营销的累积效果。这是一般的"定式"规律,类似于可套用的公式。只是建立高端品牌形象不是短期行为可以达成的,需要长时间的营销投资和努力。在现实环境中,不可控因素是一直存在的。营销者要抓住并掌握可控因素,使其最大化,也就相对减小了不可控因素的影响。如果靠运气或其他不可控因素达到了高端价值效应,虽然公司盈利暂时表现好,但是日后管理业务目标会有问题。假如继续提升的期待建立在不可控的因素上,当目标不能达成时,也找不到原因,无法提升改善。因此,营销者依据可控因素设计营销方案并累积经验和效果比较好。

图5-1 创造价值与传播价值对比

顾客认知价值

创造的价值因顾客的认知度不同，而被认可的程度不同。假设顾客的购买行为比较理性，会看中产品本来的价值；如果顾客的购买行为变感性，会更看中附加价值和差异化，如图5-2。这些因素会影响顾客的认知，那么得到认可的价值也不一样。考虑品牌的市场定位，营销者在主动传播时努力提供信息满足顾客理性或感性购买时的需求。作为高档品牌，在宣传时如何打动消费者？如果是低端实用品牌，又该如何传播更有效呢？

在市场营销方面，如果品牌地位尚不清晰，营销者应尽可能提供正确和详细的产品信息，引导顾客做出理性的购买决定。对于有一定品牌忠诚度的顾客，用感性的手段来传播也是可以的。特别当产品本身的差别化很难区分，在新产品上市时就要侧重如何传播"扩大"附加价值，并且继续为顾客发掘差别化因素。随着附加价值的重要性增加，产品本来的价值相对就没那么重要了。在市场上有各种各样的顾客，传达价值的时候，要考虑受众的特点来开发传播活动。

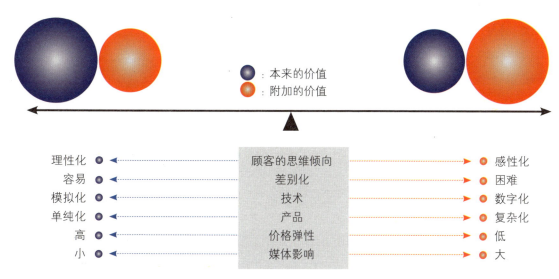

图5-2　顾客感性与理性认知对比

顾客是业务的核心

一般在工作中容易进入的误区是把"公司的老板"放在首位,以此来决定工作,而不是把顾客放在工作流程的中心。这个现象在任何公司都会出现,且或多或少暴露了组织结构中缺乏信任和信心的问题。短时间内这样的运营可能给公司带来某方面利益,但长期会由于"内部的政治"限制公司的发展,忽视顾客需求且耽误人才成长。如何做到"三赢"——顾客满意、公司发展和个人成长?当公司和顾客的利益相冲突,尽管有一定的风险,选择以顾客的角度来判断决定。因为长远来看,以顾客为中心是对公司发展最好的协助同时也是成长业务的捷径。

如图5-3所示,当前(As-is)业务流程只在开始的时候接触到顾客、收集顾客的讯息,然后大部分工作都是内部流程,与顾客没关系,直到产品上市销售时才再次涉及和顾客接触。在这样的工作流程中,不知道顾客的想法和反应,好比"闭门造车",也不能及时调整和改善。因此,需要一个未来(To-be)业务流程,全程围绕顾客的利益,调动公司资源实时调整满足顾客并确保竞争力和公司利润。随着技术发达,公司可以和顾客做到真正的一对一营销传播。那么,让顾客参与在业务流程中比以前容易很多。

通过目标消费者的参与和反馈,公司能尽早渗透和影响顾客,从而赢得他们对品牌的喜好同时更理解产品和品牌。最终,营销者为顾客创造最好的品牌体验。

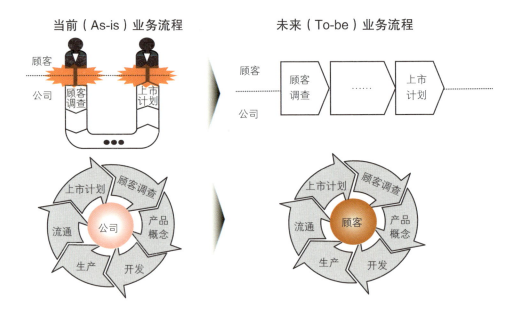

图5-3 当前和未来业务流程对比

以顾客为核心——产品生命周期和营销组合一览表

如何在产品生命周期（Product Life Cycle）的每个阶段开展营销活动如下表5-1建议。不用盲目相信"产品生命周期"理论，仅作为参考就好。在实际工作的时候，重点是如何有效率地利用这个概念达成业务目标。

市场营销业务的核心是顾客，如何增加产品使用的频度？如何让顾客更多理解产品？从冲动型购买转变成理性购买？近几年顾客受网络Internet和移动Mobile的影响，购买行动和生活方式都有很大变化。因此，营销者经常关注的核心是顾客的购买行为、消费模式（Pattern）和生活习惯，即顾客的生活方式。在刚进入市场策划上市活动的时候，受到产品生命周期的影响会很大，需要考虑产品的成长和成熟发展。

> （笑话：妈妈出门前对孩子说'看着猫吃鱼了没有！'等妈妈回来后，孩子高兴地说：'猫吃鱼了！'当妈的头上三条黑线。此处有台词：不是光'看着'，要采取行动——阻止猫吃鱼！）对营销者也一样，观察和洞察是很重要，但更重要的是因此采取了什么行动！

表5-1 产品生命周期特性与营销组合策略

生命周期	特性					目标	营销组合方向				
	销售	原价	利润	顾客	竞争对手		产品	价格	渠道	广告	促销
导入期	低	高	赤字	核心先锋者（Innovator）	少	提高产品认知度和引导试购买	基本产品	原价基础的价格	有选择地进入渠道	针对早期购买者和渠道形成产品认知度	为了引导试购买促销活动
成长期	迅速成长	平均	利润增加	早期购买者（Early Adopter）	增加	市占率极大化	扩大产品线保证售后服务	渗透市场的价格	扩大渠道覆盖面	大多数受众提高认知度	增加体验式营销活动
成熟期	最高水平	低	高	大多数（Majority）	停滞或开始减少	收益极大化保持市占率	品牌和型号多样化	对应竞争对手价格	再扩大渠道覆盖率	品牌差别化产品效益浮出水面	增加防御竞争对手进攻的活动
衰退期	减少	低	利润减少	落伍者（Laggard）	减少	效率化	没有竞争力的型号淘汰	诱人价格（降低）	选择性撤出渠道	对忠诚的顾客宣传	感谢忠诚的顾客

5.1 上市活动

公司通过新产品上市活动（Launching Program）把创造的价值首次传达给顾客。新产品说明会的精彩内容对顾客购买意愿产生影响。但每个新产品型号都做独立上市活动的话，一方面造成资源浪费，另一方面传达给顾客的信息可能过多、重复、彼此干扰会让顾客糊涂。而且，太频繁的过度传播也有对品牌不利的作用。因此，营销者要平衡好适当的频率。以智能手机苹果和三星为例，一般以一年为周期出一款新产品。可能根据对手的日程来对应微调自己的计划，但仍然保持一年一款的频率。今后随着智能设备竞争加剧，可能一年一次新品上市不够，还要参考顾客的需求和喜好变化，再调整上市日程安排。

创业公司（Start-up Company）准备上市活动时，主要考虑目标受众和竞争对手的产品；成熟的企业策划上市活动时，除了这两方面，还要考虑对自身已有产品的影响。那么，为了开发有竞争力的上市计划，营销者要如何策划？重点包括什么内容呢？回顾一下前几章介绍过的办法：3C、主要购买因素分析、4P分析等，帮营销者"知己知彼"；同时本书强调多次—终极目标是找到最合适自己公司的合理有效分析办法。借鉴参照大多数公司和成功企业做法，可能受到很好的启示，但是不是适合自己的情况就要看实际业务结果了。要抱着怀疑的态度，挑战固有的做法，不断批评并推陈出新。有可能经过一番折腾，还是回到以前的办法。但可贵的是这个历练的过程，锻炼判断力、挑战精神和推翻自我的勇气。就像蚕蛹破壳而出时，一定要经历折磨，才能蜕变成美丽的蝴蝶。

策划上市活动也是一样的。那么，最基本的核心内容有哪些呢？由于项目的覆盖范围广和影响关系复杂，所以不能说某一些特定因素就是最重要的。但是，首先要明确准备上市活动的目的和目标。

> 上市活动的目的是……
> 新产品的诞生和新生儿的诞生有类似的地方。上市活动为宣布新产品，引起各方渠道、媒体和顾客的关注及兴趣，提高认知，最终演绎成深一层的品牌和产品体验或购买行动。

5.1.1 上市活动内容

明确了上市目的后,首先考虑上市时间。在介绍产品开发时强调过上市时间的重要性,这里就不重复。古语云:机不可失,失不再来。"抓住时机"可不是把时间表排一排那么简单,接下去几页会详述如何策划上市的时机。上市时策划的内容还有渠道,包括产品流通渠道和信息传播渠道。营销者应该对目标顾客的渠道偏好及原因已经把握清楚,然后策划为了达成的目标、信息传播渠道传达的内容以及方式。比如邀请顾客参加活动,通过与产品和品牌接触,希望给顾客有趣的、愉悦的、有价值的体验。和竞争对手对比,差异点在哪里?独特的创意是什么?

如果设计的活动能让参与者同时感到"有趣""有自豪感"并"愿意自发再传播",设计者就是天才!上市成功可能性大大提高。要实现让顾客沉浸在享受品牌和产品的体验就需要前面这些要素一起配合:明确的目的,优选的时机,充沛的渠道和有创意的传播内容。一个做不好,即使体验设计的再好,整体上市效果也不会理想,如图5-4所示。

> 除了这里强调的内容以外,还有很多因素营销者也要考虑:
> - 上市活动是一次性执行的,还是不同的内容可重复实施利用?
> - 建议观察竞争对手是否对本公司的上市活动作出反应。如果有应对,那要考虑是否需要调整自己上市活动的时间和频次。一面考虑战胜对手,另一面要顾及受众的接受程度,避免引起混淆。还有预算是否充足?有没有好的创意?
> - 设计活动以最终消费者为主,即购买产品或服务的顾客。其实渠道运营商和经销商在某种程度上也是公司的"顾客"。对品牌来说不同层面的客户,需求和想法也不一致,活动设计时很难均衡。

图5-4 上市活动的核心内容

5.1.2 策划上市时机

决定上市时间（Launching Time）首先分析顾客购买习惯和行为规律。具体到顾客什么时候需要和使用产品？去哪个渠道购买产品？营销者就是要竭尽全力在顾客想买的时候、想买的地方，提供给他们想要的商品。因此，产品计划首先根据顾客行为习惯预测上市时间。然后以这个时间为目标，倒推出整个前期产品设计、规划、生产和制造的整个流程周期。所谓"天时"就是在顾客需要的时候，产品上市并出现在顾客喜欢的渠道。从产品计划初期，营销者就开始策划，顺应顾客的需求和购买习惯来决定推出新产品的开发流程。

营销者如何把握顾客到底什么时候愿意购买某产品呢？除了烧香拜佛外，有很多办法可以调查。最简单的就是直接问顾客本身："你什么时候想买某产品？"只要运用合适的调查办法，有足够受众样本量，可以收集整理出最接近的购买时间和渠道。另一个办法是请教专家，即专门研究消费行为的研究者。还可以分析公司内部销售数据或行业内数据（批发数或零售数）来梳理季节性规律，比如销量高峰期、顾客购买的时间和复购周期等。从不同的维度来看，数据可能显示每个产品有不同的季节性，也相应描述了产品的受众群、其购买时间、频次和渠道等。同时比较发现群与群之间的差异性。依据电商的大数据容易统计出时间规律。得出结论之前，营销者要保持冷静和客观地看待分析的资料。数据是否能代表市场和顾客的情况。比如利用公司内部销售数据时，要参照下公司的市占率做判断。如果市占率仅占3%—5%，那么公司的数据不能代表行业、市场和顾客特征。需要找行业或主要零售端口的数据来分析。

那么，只要确定了顾客意向的购买时间，是不是就能决定上市的时间了呢？回答"是"只能给70分。虽然顾客的行为习惯对决定上市时间有着重要的影响，但其他关键因素不能完全忽略，要确保顾客在"想买"的地方可以看到商品。因此，营销者要确认从生产线下线到渠道终端是否疏通顺畅？如果涉及进出口和运输，预留运输和通关的操作时间。从厂家到达批发仓库，再到零售端的物流时间是多长？这个过程不全由厂家控制。每个产品的渠道特点不一样，而且渠道的渗透率和覆盖率也有自己的指标（深度和广度）。这更多受到渠道内现有库存的影响。因此，新产品到达终端零售渠道的时间预估起来并不简单，需要考虑达到一定终端渗透率和覆盖率的时间。销售的成长和稳定下来也需要一个过程。另外，商品旺季时上市比淡季的成功可能性大，销量也增长更快。比如冬天上市取暖产品比风扇更容易销售。缜密地考虑和综合地评价来决策上市时间。

梳理一下，为了决策上市时机，营销者先分析顾客的购买习惯规律，推算进入零售店面展示的日程，再预计产品从开始销售到达到平均销售水平需要的时长，例如具体从一台销售发展到年平均销量需要花多长时间。这个时间的长短会受到广告宣传和促销力度的影响。通常公司期待是越短越好。当然太短了，可能出现供货不足，反而产生负面影响。

5.1.3 理想的上市时间安排

以笔记本电脑为案例来梳理上市的关键时间节点。首先通过分析找到最佳上市时机，以这个时间为目标倒推准备的时间。假设笔记本电脑在美国销售旺季是九月份，销售成长到正常水平需要两个月（七到八月份），产品的渠道流通需要一个月（六月份），那么产品一定要在五月底生产完成进入仓库。根据生产时间和产能推算，产品起码要在四月份之前开发好，并测试完成生产线的准备工作。

> 图5-5表现的是从公司到零售店，全面准备上市工作一般需要3个月，同时制作上市用的宣传物料等。在零售终端销售正常化，需要2个月的时候，产品的理想的上市时间如何决定的呢？如图。根据上市时间的需要，来管理已有产品的生产、疏通和清库。同时为了新品销售准备，确保渠道流通舒畅，撤换旧的型号。

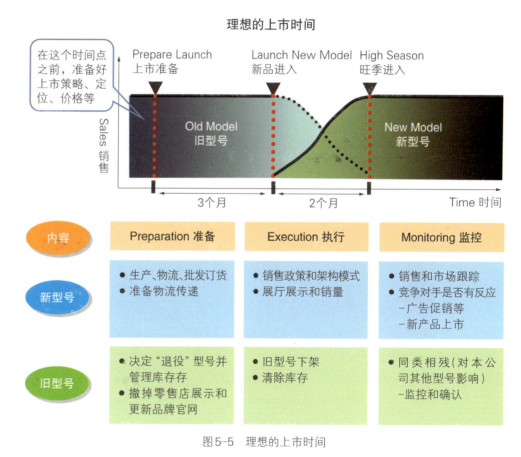

图5-5　理想的上市时间

空白页——上市时间安排

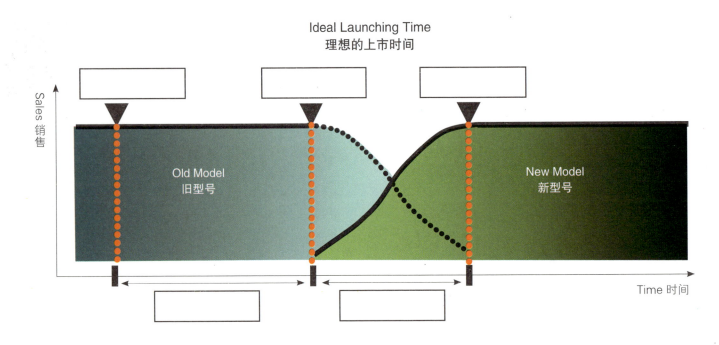

图5-6 理想的上市时间(空白)

5.1.4 分析季节性趋势

当公司经营几个品牌和产品时，营销者考虑季节性和产品上市时间的配合。譬如冰箱的上市季一年一次在春夏（如图5-7）；电暖器一年一次在秋冬。像三星这样的综合品牌公司，旗下有手机、电脑、电视、照相机和洗衣机等品类，资源分配和彼此配合很重要。有的国家为了反媒介垄断，对公司的媒体覆盖率有上限要求。一般大公司由广告部统一来管理，可能顾及不到每条产品线。广告资源和曝光对产品上市的支持是很重要的，所以营销者要与公司广告部合作确保有足够资源支持上市活动。同时，营销者也要考虑同期当地、全球，或国家有没有大型的活动，比如奥林匹克、世界杯、国庆，或百年纪念日等。这类活动会对消费者日常生活造成影响。结合整体策略和计划，营销者要决定是借助这样的机会上市，还是避开这个时间段的干扰后再上市新产品。图5-8展示新车上市后销售稳定期的表现。

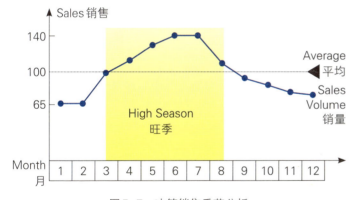

图5-7 冰箱销售季节分析

图5-8 新车上市后销售趋势

注意 Attention：
❑ 分析季节性时，零售数据比批发数据可靠
  ● 如果只有批发，显示的"旺季"可能比实际旺季提前2—3个月，这表明渠道在备货
  ● 如果自己品牌或产品的销售数据不足以支持分析（市占率太低）建议采用行业或细分市场的数据
❑ 为提高分析的准确性和可靠性，建议至少对2—3年的最新数据进行分析

注意 Attention：
❑ 去除任何大型事件、灾难或危机可能带来的影响，比如金融危机、海啸
❑ 不含任何特别促销、打折或支持销售的特殊措施
❑ 季节性越明显，对销售从无到稳定的增长影响越大

空白页——季节性和趋势

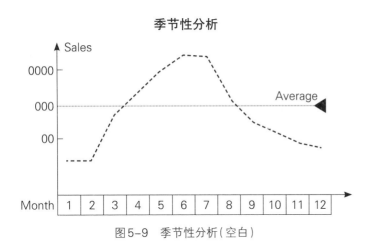

图 5-9 季节性分析（空白）

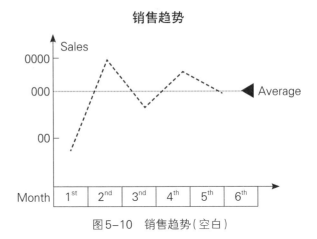

图 5-10 销售趋势（空白）

5.1.5 上市流程总览示例——4P+1P

表5-2 上市流程总览

Process	开发和生产	上市准备 ▼D-前3个月	销售实施 ▼D-day上市日	监控 ▼进入旺季
时间 Time	产品开发时间/周期	3个月	2个月	1个月
产品 Product	• 明确有差异功能的产品概念 • 开发日程和规划	• 管理旧型号的库存 • 管理新型号进入渠道，包括零售终端物料 POP（Point of Purchase）	• 清库旧型号、撤换下架 • 保障新型号供应量 • 培训售后服务团队	• 质量问题 • 产品生命周期管理，自相蚕食（Cannibalization） • 竞品对新品的反应
价格 Price	• 定价 • 考虑市场变动和竞品	• 确认定价 • 旧型号价格对策	• 宣布零售价格 • 颁布运营政策（或修改） • 旧型号清货	• 监控实际销售价格 ——标价/打折
渠道 Place	• 选适合产品定位的渠道 • 谈判进入渠道的条件	• 展示的位置 • 展示概念和布局 • 促销品开发和制作	• 强化目标渠道展示 • 新产品样机展示到位 • 扩大新产品销售	• 进货/出货/库存管理 • 渠道覆盖率和渗透率 • 与经销商开发联合活动 • 检查展示效果
促销 Promotion	• 确定促销概念，挖掘更有竞争力的推广想法	• 公关PR配合 • 开发传播策略，制作广告宣传的物料 • 准备促销活动	• 渠道合作伙伴和经销商新品发布会 • 为提高新品认知，开始广告、PR和店内活动推广	• 第二波公关热点 • 提高销售的广告 • 分析促销活动的效果
人才 People	• 选择负责人，安排工作内容 • 准备培训资料	• 产品和营销计划内训 ——促销员 ——销售代表	• 访问零售店（销售和价格） • 引导经销商兴趣点 • 观察对质量和设计的反馈	• 考核营销政策执行和业绩

产品上市排期示例

新产品在全球推广时,安排上市排期时要考虑进出口国家先后顺序的配合(图5-11)。

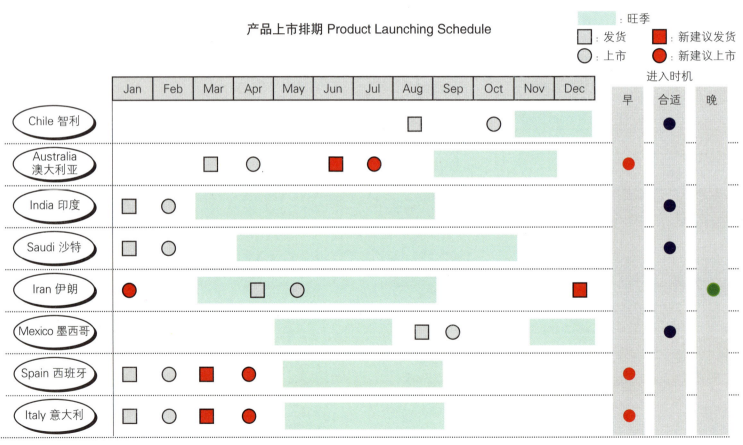

☞ 选定最先上市国家地区来做营销测试

图5-11 产品上市排期

5.1.6 上市活动——目标设定

上市活动的目标应该是即使在恶劣市场环境下也必须达成的目标。这样的目标关系公司的存亡，员工的工作和股东的回报。如果市场环境变好，目标顾客青睐上市的产品和服务，有可能超过设定的目标。

不管市场环境和顾客的偏好，营销者严格地考核上市是否成功的唯一标准就是达成销售和利润目标。除了销量和利润，上市活动也有关于品牌体验、渠道覆盖率、预算控制、价格管控、市场份额、品牌形象等多样的目标值。在设定目标过程中，尽可能的细化和量化，比如销售目标分产品型号，按月销量考核等，如图5-12。这样一来，可以清晰跟踪进度，迅速找到差距和问题点，及时发掘解决办法。

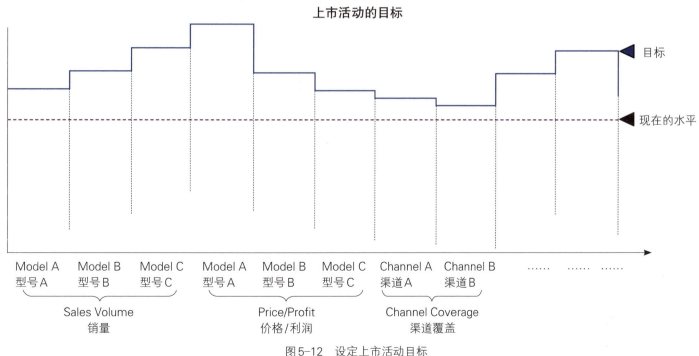

图5-12　设定上市活动目标

5.1.7 上市销售目标

有关上市新产品的目标，一般不是营销者自己独立完成的，需要和内部几个部门协商共同承担。特别是制定销售和盈利目标时，对公司经营效率有很大影响，需要计划部门、战略部门、销售部门和运营部门等统筹协商决定。计划和战略部门倾向设定高目标而销售和运营倾向设定合理或低目标，这样容易达成。然而，市场营销的费用是与销售业绩相关联的。一旦销售目标确立好，公司统筹部门就有了宣传推广预算的大概范畴。如果提出增加销售数量或提高销售利润的话，营销者可以协商要求多一些的预算用来推广。

与销售目标息息相关的是渠道。渠道的覆盖率至关重要，它代表短时间内可以接触到多少目标顾客群，比如覆盖

销售　　　　渠道

80%的受众人群喜欢的购买渠道，这就相当有信心。覆盖率细分时会按地域和区域的划分、分布和配合考虑，然后逐一设定渠道的目标。能否达成细分销售目标还靠渠道渗入的程度、数量和在渠道内的竞争力，彼此非常紧密且成正比的关系。因此，设定渠道目标要慎重全面考虑并结合整体销售目标来制定，不能按平均值均摊。

 Vs.

> 因为重要，再强调一次！上市后短时间内，增加销量的办法是：第一，扩大产品的型谱数量；第二，增加进入的渠道数量。可能有读者建议更直接的办法——通过降低价格来在短时间内增加销售量。然而随着时间的延迟，降价效果消失，销量会回到原有水平，但这个做法可能损害品牌的形象。因此，在新品上市时很少用这个办法推动销售。对于旧型号、准备下线或清库存的产品可以考虑降价来完成短期销售或清货的目的。

5.2 品牌等级阶梯

品牌是上市策划中的重要影响因素之一。虽然上市活动本身大多是短期宣传体验，不一定对品牌建设造成本质的改变，但是可能给品牌喜好度加分或减分。首先，先了解下实际工作中遇到的不同品牌等级：一级是公司级的品牌（Cooperate Brand），二级是产品类别的品牌（Category Brand），再有三级产品型号的品牌（Model Brand），简称品名（Pet Name）。比如，汽车行业里大众汽车（Volkswagen）就是公司级品牌，桑塔纳（Santana）和高尔夫（Golf）是其旗下的轿车车型品牌。在分析品牌等级阶梯时，参考树状图5-13，母品牌（Mother Brand）代表全系产品，有时和公司名字一样；子品牌（Sub-Brand），即产品类别名，和产品品牌（Product Brand），即型号名。每个公司的品牌策略和侧重不同，不一定三级品牌都有、彼此强弱关系也不同，各有千秋。这一部分主要来分析品牌的建设。

营销者经常会接触到品牌等级阶梯，其实不用太担心，除了创业公司，一般企业都是继承沿用已有阶梯。随着新技术发展和顾客生活习惯的改变，沿用过往品牌等级可能不适应新时代的需求，那么公司就要重新策划品牌阶梯。通常营销者负责类别或型号品牌，在配合公司战略发展的同时做相应调整。品牌建设和形象树立需要长期营销投入和培养，不是任何单一产品或型号来完成的，需要全业务链的配合和多方位打造。

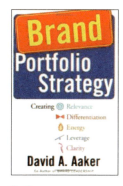

" 品牌和广告有着密切关系，并且给产品销售很大影响。关于品牌的重要性，很多教授和经济学者发布了相关内容。其中，David A. Aaker 的著作 *Brand Portfolio Strategy* 和 *Building Strong Brands* 很有代表性。"

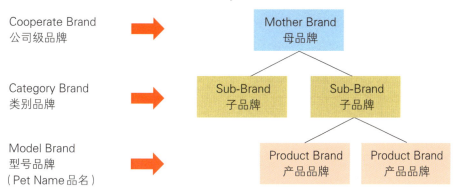

图5-13　品牌等级阶梯树状图

5.2.1 品牌等级强弱类型

各个公司不同品牌等级有强有弱,整理如图5-14,四类主流品牌等级。

A类品牌等级:这类公司不强调母品牌,而主推产品类别品牌和型号品牌建设和发展。一般这类公司可能母品牌在市场上已经挺有名,不用再强调;或者母品牌形象和产品类别形象不太适合,企业更愿意投资类别品牌,比如通用汽车公司(General Motors)就属于这类品牌策略。到目前为止,通用的高档品牌凯迪拉克(Cadillac),中档别克(Buick),普及品牌是雪佛兰(Chevrolet),各个品牌独自运营自己的业绩。优点:品牌认知度比较广。当新产品出来的时候,基本延用现有的三个类别品牌来推广,有一定新鲜感但不会突破高中低档的区隔。

B类品牌等级:这类公司强调母品牌和各个产品型号品牌之间的联系。一般这类企业母品牌形象和偏好度都好,所以公司想利用母品牌来带动各个产品品牌的发展。在汽车业比较有代表性的是大众汽车(Volkswagen),在日用快消品业代表品牌是宝洁(P&G),还有苹果(Apple)也是借助母品牌的形象和认知度来带动产品品牌。对于新创业公司也可以考虑这个品牌策略。优点是节省投入的营销

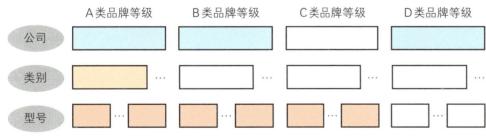

注释:有颜色代表有优势意思

图5-14 品牌等级类型

预算，母品牌和产品同时更好传播，让受众容易认知和了解。随着业务发展和扩大，再考虑其他办法增强。这类品牌策略还有一个不容忽视的优点：可以给目标受众新鲜感、新产品、新品牌推广。然而，如果太过频繁地出新品会让顾客糊涂，造成审美疲劳，分不清彼此的差别，反而会损害母品牌形象。而且使得市场投入过多，效率自然不高。

C类品牌等级：和B类有类似之处，但母品牌比较弱，只强调产品品牌的建设。一般零食类企业采用这个等级策略比较多，重点发展产品品牌的认知度，直接对销售产生影响。对于时间、精力和资源都有限的公司可以采取这个策略。在成功地树立了产品品牌后，再通过产品品牌来建设母品牌形象，这就转型成B类品牌等级。然而，现实中市场和竞争情况不一定能尽人意，母品牌的建设也变数不定，很难有累积的效果。一旦某个产品品牌的销售不好，缩减产品线的同时所有营销投入就白费了，也没有留下任何资产，品牌的建设要重新开始。

D类品牌等级：这类公司只强调母品牌的存在，并利用母品牌直接和顾客沟通。很多咨询、证券、银行、保险公司提供无形产品或服务的企业常用这类等级策略。当产品细分过多时，投资产品品牌不合适，因为投入过大且过于分散，那么就采用这个策略比较好。最近，在社交网络发展的企业采用这个品牌建设的办法，比如领英（LinkedIn）、脸书（Facebook）。

其实品牌等级的强弱有各种各样的情况，营销者只要牢记最核心的一通过有效的传播方式把好的产品传达给顾客。品牌建设不是一朝一夕就完成了，要考虑短期投入和长期培养。不过再强调一次，不管多好的品牌如果没有可靠的产品质量为基础，就好比在沙滩上建城堡、地基不牢、岌岌可危。

5.2.2 品牌屋和户型图——品牌建设策略

建设品牌就好比搭建房屋。这个描述非常形象贴切，也易懂。那么，如何建筑"品牌屋"（Brand House）？盖房子，要打好地基，搭好栋梁和支柱。在房屋建设过程中不同等级的品牌起着不同支柱的作用，以图5-15的"标配户型"为例来介绍。首先"房顶"代表顾客，品牌建设就是为了赢得目标受众。最基础的毋庸置疑是产品。从本书一开始介绍产品计划就说明这是公司业务发展的核心。产品的差异化和质量都决定了"地基"的状态。产品不好，品牌屋不会长久稳固的。产品之上是母品牌，代表全系产品和公司的名誉与形象，也是重要的契机。子品牌和产品品牌扮演着房子的主要支柱角色，来撑起顾客群屋顶。这个标配户型图很理想和稳健。

实际工作中，营销者要结合市场和竞争情况来判断自己的品牌屋的状态，没有绝对的对与错或永远的好与坏。标配户型虽然完美，但对于刚刚创建的公司，如果以这个为目标，可能在"品牌屋"呈现雏形之前就没命了。即使有实力打造完美品牌屋的公司仍然要关注市场和时间的变化，洞察品牌架构有没有老化、哪里需要补充和加强，才能真的为顾客撑起品牌屋。

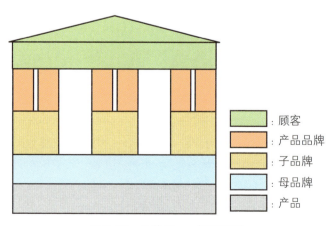

图5-15　品牌屋——标配户型

图 5-16 展示了几种不同的户型：1、2、3 和 O 型。

- 直观观察户型-1 就不稳定，问题的根源在产品上。这样的品牌建设一定不持久；
- 户型-2 产品打下扎实的基础，各个支柱子品牌和产品品牌建设也不错，但母品牌虚弱。这类公司当下最重要的是加强母品牌建设，巩固品牌屋的稳定性和积累品牌资产；
- 户型-3 的特点是产品和母品牌都打下良好的基础，但子品牌和产品品牌发展不完善。这样的品牌屋撑不住这么大的顾客屋顶，有向一侧倾倒的危险。这类企业的当务之急在开发和培养产品品牌和有力的子品牌（类别品牌）；
- 稳固的结构并不意味着千篇一律，就像户型-O 品牌屋，一样稳固但它没有发展子品牌，直接在母品牌基础上建立产品品牌。宝洁（P&G）就是 O 型的典范。

在营销的江湖上，根据实际市场和竞争情况，营销者选择适合自己公司发展的品牌等级策略和稳固的架构来建设品牌屋，并不断改善、扬长避短。

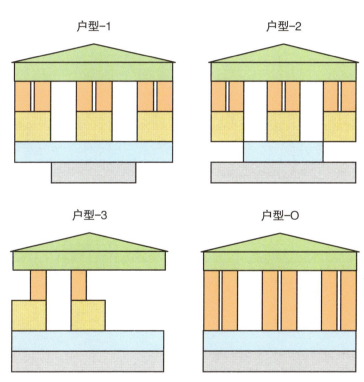

图 5-16　几种品牌屋户型图

5.2.3 市场细分化概念

在进一步展示品牌屋示例之前,先说明市场细分的概念。这是营销者根据公司实力和资源来判断是否建设子品牌或产品品牌的关键。图5-17展示了一般典型市场细分化概念。这个细分的办法适合那些在产品开发和生产时投资不大的企业,而且产品变更相对容易的产业。如果产品开发的前期投入很大,且开发成败对公司盈利影响巨大的产业,都不适用这个细分办法,因为会大大增加投资风险。当然,如果公司进入的市场或国家很小,也没必要做细分,整合产品和品牌营销全面覆盖就好。那么,当新创业公司进入一个成熟市场,可以用"拳头"产品找准某一个特殊细分市场(Niche Market)竞争突破后再考虑是否要展开细分市场;如果成熟企业面临市场饱和,可以考虑重新定义细分市场,从而有增加销售的机会,比如洗衣粉细分为手洗洗衣粉、机洗洗衣粉、滚筒洗衣液等;如果产品功能复杂有差异性,比如电脑、汽车等,营销者要考虑如何细分,产品和品牌如何配合?不同产品同一品牌?还是采取不同型号品牌?

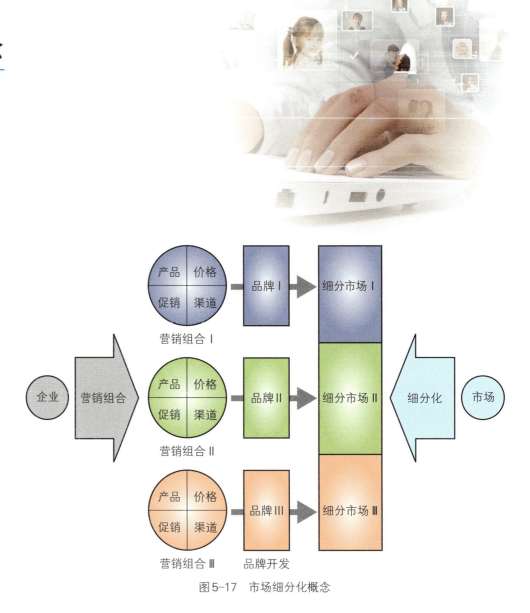

图5-17 市场细分化概念

品牌屋分析示例

决策市场细分时,如果产品和品牌没有差异性,那么细分毫无意义,而且会让顾客糊涂。理想的市场细分化办法是产品、品牌(含传播概念)和渠道都完全地按细分市场分开。然而在实际市场和竞争环境下,有效可行的细分办法是在公司实力允许和业务发展需要的情况下,跟随产品和品牌的差别化。产品和品牌之间关联性很深并且是顾客购买时最关心的因素。通常母品牌是公司层级的战略,营销者一般负责管理子品牌和产品品牌。因此,在市场细分时要分清并规划好产品和品牌关系。以下以实际公司和品牌为例,通过四类品牌屋形式来分析其品牌建设策略,供营销者参考。

品牌屋——甲:母品牌非常强,基本没有子品牌,细分市场根据产品品牌来分。美国福特(Ford)汽车公司就采用这种办法,生产的轿车都贴福特商标和车型的品牌,比如福克斯(Focus)。大众(Volkswagen)和三星(Samsung)也是这类品牌屋。

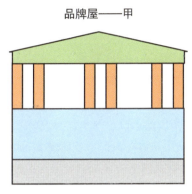

公司范例:福特、大众、三星

图 5-18　品牌屋——甲

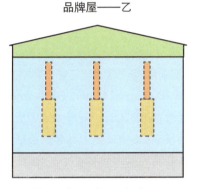

公司范例:苹果、宝马、奔驰

图 5-19　品牌屋——乙

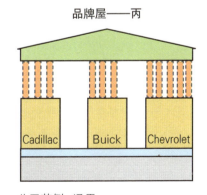

公司范例:通用

图 5-20　品牌屋——丙

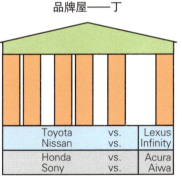

公司范例:丰田、日产、本田

图 5-21　品牌屋——丁

品牌屋——乙：在市场中树立强有力的母品牌形象，而且是唯一品牌，没有子品牌和产品品牌，产品型号只是系列名字。德系汽车公司宝马（BMW）和奔驰（Mercedes-Benz），还有美国电子公司苹果（Apple）都采用这个品牌策略。这是高档品牌建立的办法之一。

品牌屋——丙：品牌建设强调子品牌，可能按高中低档分类或按细分市场类别，但母品牌弱化。美国通用（General Motors）汽车公司采用这样的战略：高档品牌凯迪拉克（Cadillac）、中档品牌别克（Buick）和普及品牌雪佛兰（Chevrolet）一起来扩大市场增加利润。在这类品牌屋中，会出现高档品牌低配置型号和中档品牌高配型号的重复，比如凯迪拉克的低配车和别克的高配车很接近，但配置本身凯迪拉克的低配比不上别克的高配功能，且定价也是别克的高配高于凯迪拉克的低配。这是应对细分市场顾客需求的有效办法。

品牌屋——丁：代表企业日本的汽车公司，丰田（Toyota）、日产（Nissan）和本田（Honda）。通过母品牌建设来引导市场并带动全线产品品牌。在引导市场过程中，为了占领高档类细分市场，采用完全独立的品牌和产品来打开豪华市场。同时，为了节省开发成本，高档产品借助于大众产品的平台开发。比如丰田对应豪华品牌雷克萨斯（Lexus），日产对应豪华品牌英菲尼迪（Infinity），以及本田对应豪华品牌讴歌（Acura）。企业考虑自身品牌定位和竞争情况，为了更全面的产品型谱和扩大市占率，补充不同档次的产品品牌。再举个例子，日本电子企业索尼（Sony）本身的品牌定位很高端。曾经为了扩大市占率，且阻碍竞争对手进入细分市场，索尼保持全球音乐爱好者喜欢的Walkman为高端小型磁带播放机品牌，同时引入中低端品牌爱华（Aiwa）来运营扩大市场份额。

市场细分化以产品和品牌明确差异化为出发点。仅利用不同产品来对应细分市场，不但会给顾客造成糊涂混淆，而且内部各营销团队独立运作也会出现自相蚕食（Cannibalization）现象，即自己打自己的品牌和市场。

品 牌 屋——甲 示 例

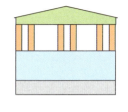

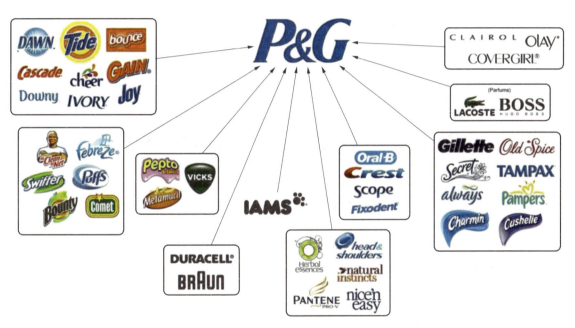

图 5-22 品牌屋——宝洁

图 5-23 品牌屋——大众

Go Further

Cars
- 2018 FIESTA — Starting at $14,205[1]
- 2018 FOCUS — Starting at $17,950[1]
- 2018 FUSION — Starting at $22,215[1]
- 2018 C-MAX — Starting at $24,120[1]
- 2019 MUSTANG — Starting at $25,845[1]
- 2018 TAURUS — Starting at $27,690[1]

SUVs & Crossovers
- 2018 ECOSPORT — Starting at $19,995[1]
- 2018 ESCAPE — Starting at $23,940[1]
- 2018 TRANSIT CONNECT WAGON — Starting at $25,900[1]
- 2018 EDGE — Starting at $29,315[1]
- 2019 FLEX — Starting at $30,575[1]
- 2018 EXPLORER — Starting at $32,140[1]

Trucks & Vans
- 2018 TRANSIT CONNECT — Starting at $23,215[1]
- 2018 F-150 — Starting at $27,705[1]
- 2018 TRANSIT PASSENGER WAGON — Starting at $35,100[1]
- 2018 SUPER DUTY — Starting at $33,150[1]

Hybrids & EVs
- 2018 C-MAX HYBRID SE — Starting at $24,120[1]
- 2018 FUSION HYBRID SE — Starting at $26,340[1]
- 2017 C-MAX ENERGI SE — Starting at $27,120[1]
- 2018 FOCUS ELECTRIC — Starting at $29,120[1]
- 2018 FUSION ENERGI SE — Starting at $31,400[1]

图 5-24　品牌屋——福特

品牌屋——乙示例

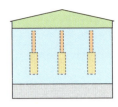

图 5-25　品牌屋——宝马

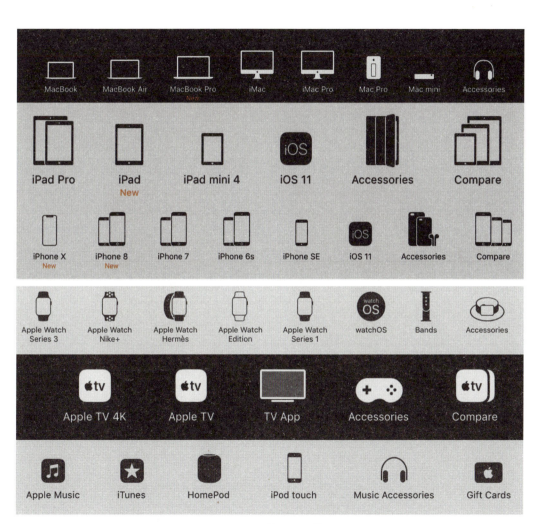

图5-26 品牌屋——苹果

空白页——你的品牌屋

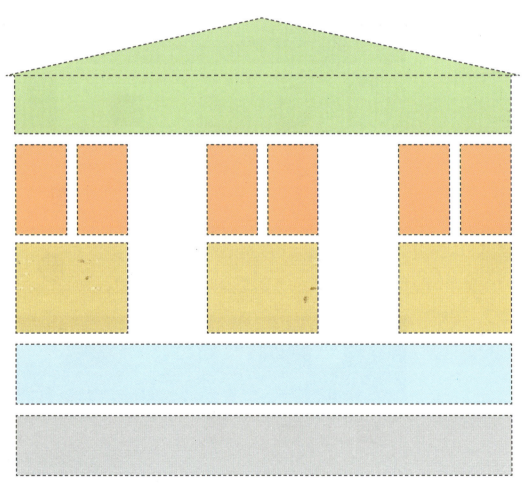

图5-27 品牌屋(空白)

5.3　信息媒体渠道

在传播价值过程中，了解了上市活动的重要性和品牌阶梯以及建设的策略后，我们要从顾客的角度出发，分析消费者是如何得到信息和购买产品的？信息传播渠道和产品购买渠道是不同渠道。随着互联网和移动技术的发展，为了顾客方便，越来越多的传播媒体和购买渠道重合。为了更好地理解媒体的变化，首先来剖析信息媒体渠道。

展开分析信息传播的媒介和路径之前，我们先梳理一下与顾客接触的各个渠道。比如实际购买地点（Point of Purchase）的环境特点、零售店面展示的位置、体验的方式和介质、销售员的数量和位置、以及配备的设备（显示器、平板、VR眼镜、手机等）。另外，顾客接触到的媒体，除了传统的传媒（电视、报纸杂志、户外、楼宇等），还有网络和移动媒体。消费者7×24小时都置身于媒体中，营销者在策划时要考虑信息传达的时间与上市的配合，同时维持日常传播，促销节奏和热点跟踪来"赢得"顾客的注意。除了媒介和时间外，信息传播的内容本身越来越重要，表现形式也更多样化，有虚拟与现实的结合，也有增强现实（Augmented Reality, AR）的体验，来加深顾客的感受。传播内容将在传播概念部分中详细说明，新一代消费者更趋向于接受画面和视频，配简洁文字或图标的宣传。

在互联网和移动通信发达之前，信息传播渠道相对简单。营销者策划传播内容和诉求点，决定传播对象，比较容易管理和控制。上市时根据新产品传播概念开发内容，通过广告公司，媒介公司，活动公司一起策划营销组合和媒体搭配传达给目标受众。互联网出现后，消费者就不止接收到营销者制作和传播的信息，还收到专家、渠道经销商、其他顾客等在社交平台（微博、微信、博客、BBS等）上发表的信息和评价。因此，很可能顾客收到的信息和营销者设计的传播内容不一致。换句话说，营销者不能管控顾客接收的信息。互联网信息对顾客的购买行动有很大影响。

营销者设计信息渠道时，不仅覆盖传统的传播渠道，还要考虑新兴的移动互联多媒体渠道，把握好渠道和顾客的特点并策划渠道的搭配。特别是现代移动互联技术，可以做到一对一的营销（One to One Marketing），不仅消费者和产品互联、产品和制造商互联、消费者和品牌公司也互联了。因此，营销者有机会设计直接和间接搭配，不同深度的信息传播，考虑把产品本身作为信息渠道实现直接和客户沟通。

5.3.1 信息传播渠道——偏好与实际对比

借助顾客调查,营销者了解消费者的媒体习惯,即通过什么媒体渠道得到什么信息资料。同时,监测目标受众的媒体实际使用情况、参考借鉴行业、对手的媒体计划,把握自己公司媒体和信息传播渠道的优劣势,并不断调整完善。

如图5-28显示,顾客的倾向偏好和实际使用的信息传播渠道明显依靠社交网络和网络购物评价比较多,因此本公司在这两方面应需要加强。对于评估网站,顾客表示需要这方面的信息,但实际使用率并不高,而公司自身却投入很多。这样看来,有关这个渠道的资源也要调整一下,要不提升顾客的利用率,或相对降低在这方面的投入,把资源和精力投入其他两个信息渠道。

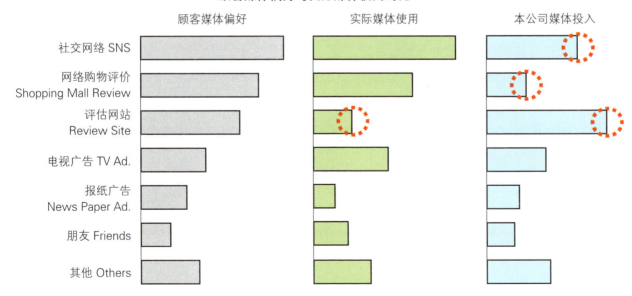

图5-28 顾客媒体偏好与使用行为对比

5.3.2 新兴媒体和互联网的影响

在顾客购买决策的过程中，不同媒体对顾客选择产品和购买决定的影响程度和广度各不相同（如图5-29）。传统媒体赶不上朋友和家人推荐的影响。在搜寻信息和评估备选阶段，互联网起了很大的作用，顾客可以主动搜索、提问、查询和对比第三方提供的对标信息进行判断。而且在购买后，消费者分享整个购物过程、体验、产品使用的评价和感受，对其他顾客的购买决策起着更真实和更大的影响作用。

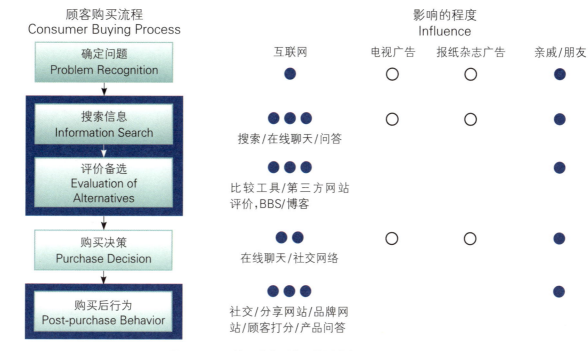

图5-29 互联网对购买流程的影响力

5.3.3 信息渠道的覆盖分析

营销者把握目标受众的媒体习惯、偏好和期待是非常重要的。通过调查研究,可以收集整理这些信息,如图5-30,对信息渠道的广度和使用深度分析。但调查的方式方法需要推敲研究,单纯询问顾客想象中的传媒,肯定和顾客实际习惯有偏差。而且,一般消费者很难想象新兴的媒体,这需要专业的内容创作者把新媒体呈现到顾客面前。

在调查时,如果让顾客自由联想喜欢的媒体,可能得不到几个答案。为了收集不受任何"暗示"干扰的顾客自然想法,可以保留这个"自由联想"的题目。然后在问卷上给出几个提示的选项,供顾客评价,这样就能比较全面地调查。有时,营销者为了深入研究顾客媒体细分偏好,非常理想化地对媒体进行区隔。这样做很容易让顾客糊涂。因为分得太细,即使有分析的结果,实际应用起来也很不好管理。为了避免这样的状况,调研时应尽可能接近实际生活场景来得到顾客的偏好数据。

设计这类调研时,最困难的是减少偏差。有时偏差可能是心理因素产生的,比如被调查者不好意思承认自己不知道或不了解什么媒体,从而选了某个答案。那么,这个结果就是营销者"作茧自缚"在问卷设计时考虑的不周全了。

从顾客的角度来看,不同媒介渠道,内容形式也不同,当然对顾客产生的影响也有深浅,比如社交媒体、第三方垂直购物网评对消费者影响远远高于企业的官网或产品手册。

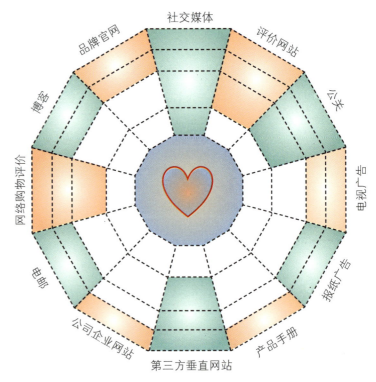

图 5-30 信息渠道覆盖率分析(广度和深度)

空白页——需求与现状

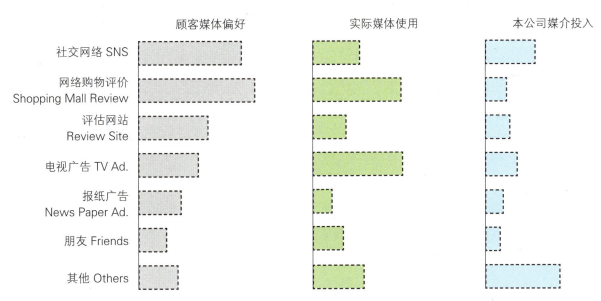

图5-31 顾客媒体偏好与实际媒体使用对比(空白)

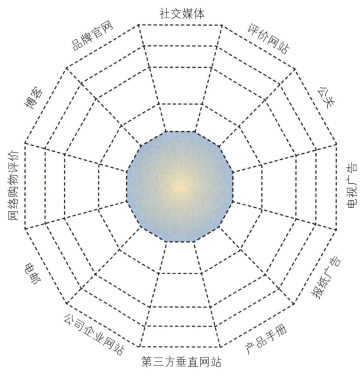

图 5-32 信息渠道的覆盖分析(空白)

5.3.4 信息传播渠道类别

随着多媒体和互联网的发展,消费者被媒体信息包围着。不管是传统的"线下"媒体,还是新兴的"线上"数码、移动或社交渠道,顾客与品牌、顾客与产品、顾客与顾客之间都互相联系起来。传播的内容有通过付费渠道(Paid Media)制作的信息,也有通过自有媒体(Owned Media)原创的信息和通过赢得媒体(Earned Media)赚来的口碑好评,如图5-33。营销者设计传播计划,使得受众对产品和品牌的感知和认可更饱满、更生动、更全方位。

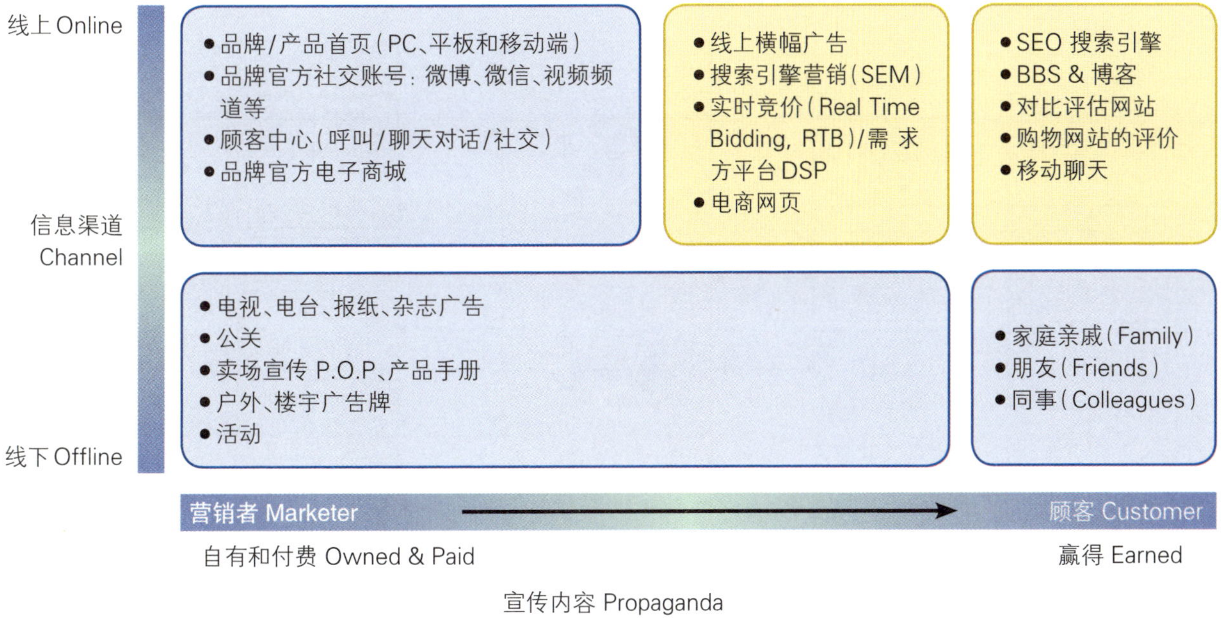

	自有和付费 Owned & Paid		赢得 Earned
线上 Online	• 品牌/产品首页(PC、平板和移动端) • 品牌官方社交账号:微博、微信、视频频道等 • 顾客中心(呼叫/聊天对话/社交) • 品牌官方电子商城	• 线上横幅广告 • 搜索引擎营销(SEM) • 实时竞价(Real Time Bidding, RTB)/需求方平台DSP • 电商网页	• SEO 搜索引擎 • BBS & 博客 • 对比评估网站 • 购物网站的评价 • 移动聊天
信息渠道 Channel			
线下 Offline	• 电视、电台、报纸、杂志广告 • 公关 • 卖场宣传 P.O.P、产品手册 • 户外、楼宇广告牌 • 活动		• 家庭亲戚(Family) • 朋友(Friends) • 同事(Colleagues)
	营销者 Marketer ──────────────────→ 顾客 Customer		

宣传内容 Propaganda

图5-33 信息传播渠道的类别

5.3.5 后互联网时代的媒体变化

如下图5-34展示公司主导的传统信息渠道,和新兴互联网信息媒体一起同时为顾客提供信息服务。顾客的实际媒体环境比这个更复杂。营销者策划传播时就是想以合理的市场资源分配赢得目标受众的关注。市场资源包括人员、创意、想法、费用、时间、制作,以及传播的覆盖率(广度和深度)。在创意和广告制作完成后,为了扩大影响,公司的传播资源侧重在媒体投放上,包括投放的区域、频道、频次等。

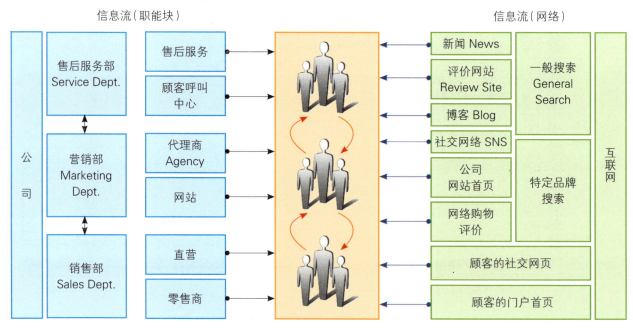

图5-34 后互联网时代的信息流

5.4 产品销售渠道

营销者首先把握好信息媒体渠道并树立相应的传播方案,然后着手产品销售渠道的布局。为了赢得顾客的认知(Mind Share),设计信息媒体传播策略和媒体匹配;为了占有市场份额(Market Share),规划产品销售渠道,进入主流零售终端并占据优势地位。这两个Share是营销者最基本的关键考核指标KPIs(Key Performance Index):Mind Share认知率和Market Share市占率。

> Market Share = Channel Coverage + Winning Rate
> 销售市占率 = 渠道覆盖面率 + 产品终端销售竞争力

为了提升市场份额(Market Share),最重要的是做好渠道的覆盖率。当产品的型谱数量(Model Line-up)已确定,对市占率影响最大的就是渠道覆盖率,以及产品在终端销售的竞争力,而不是广告。广告并没有想象的那么重要,但是一定要布局好产品流通渠道。假设产品本身很有卖点,即使没有广告,也可以销售得很好,因为有竞争力的渠道带来基本的客流。

为了扩大销售,尽可能多进入一些渠道。这是对的方向,但同时渠道的建立需要投入资源。那么,在布局渠道策略时要考虑渠道覆盖率的广度和深度。究竟建立渠道时需要什么投入呢?假设在已有的实体建筑或已承包的租赁场地内设置渠道,首先有人员的配备:销售员、促销员、渠道管理经理、协调员等,员工的工资、奖励以及配套办公硬件等;其次还有装饰装修、展示产品、展台、多媒体设备、卖点物料等投入;再次日常运营中,为了展示效果、曝光机会和时效性,设定的投放和提供特惠样品;最后库存备货管理也需要公司和品牌投入。设定渠道覆盖策略时,营销者要求销售部门协助疏通零售终端,并协调管理和监控。不仅在上市初期需要销售团队的鼎力协作,而且日后日常管理也息息相关。让销售理解零售终端的设置、公司期待、职责和关键考核指标KPIs,对渠道管理和销售增长至关重要。

产品销售的渠道,不管是线上(Online),还是线下(Offline),有各种各样的存在形式。线上指的是有了互联网后通过电商完成销售,其形式有自主电商(即品牌的官方网店)、加盟电商卖场(比如在京东、1号店销售),或借大型电商平台设立品牌专卖店(比如天猫Tmall里开的品牌旗舰店)等。线下指传统零售实体店,有专卖店、大卖场、百货商店、大型超市等形式。不管哪种形式的渠道,设计渠道覆盖策略时要决定是否进入这类渠道,进入的产品分类和数量,展示位置(或页面)和定价,促销活动内容、周期、促销员配备等。除了这些基本的内容,营销者要注意与渠道关系的紧密程度也绝对影响销售。在传统的零售店面,特别是大卖场,零售商最关心的就是单位面积的销售额和利润额,即每平方米的销量和回报率。为了和零售终端建立良好的关系,营销者主动开发或配合店内营销活动,让销售转起来并带动客流。这样,零售商才愿意提供显赫的展示位,如进店"必经之路"的位置。电商卖场也一样,首页最显赫的位置都是品牌必争之地,营销者努力提高单位曝光回报来推动双赢的合作。

> Winning Rate就是进入渠道后的产品终端销售竞争力。为了扩大销售、确保终端竞争力,营销者需要
> ● 尽可能占据零售终端最有力的展示位置/页面、搞有创意的营销活动、配备最优秀的人员
> ● 最大化产品展示和摆放的面积(实际面积或曝光页面)
> ● 有效地投资市场营销活动,包括品牌主导和零售商卖场主办
> ● 增加自己品牌"专卖"的渠道,即独家渠道终端,屏蔽竞争对手进入的机会
> ● 巧妙设置阻碍竞争对手渗入品牌已进入的终端渠道

5.4.1 渠道覆盖率与市占率的关系

图5-35演示了非常有用的分析渠道的覆盖率和市占率(M/S)之间关系的办法。从本公司独有渠道和在混合竞争渠道里的占比来推算出本公司的市场占有率表现，即独家渠道的销量+"混合竞争"渠道的销量。

进入渠道和管理渠道都需要很多市场投入，营销者可以依据"二八原则"来决定最适合的渠道覆盖率。

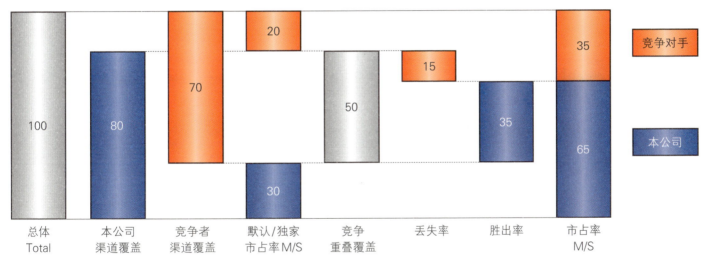

图5-35 渠道覆盖率与市占率的关系

- 本公司渠道覆盖=独家渠道+混合竞争渠道
- 竞争者渠道覆盖=竞争对手的独家渠道+混合竞争渠道
- 胜出率=混合竞争渠道的产品终端销售竞争力胜出竞争者

资料来源：麦肯锡公司分析 McKinsey & Company。

空白页——你的渠道覆盖率与市占率

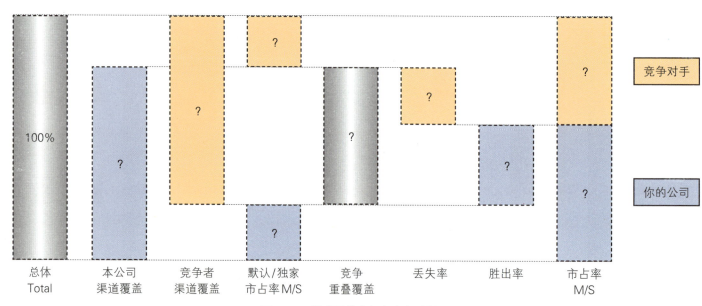

图5-36 渠道覆盖率与市占率的关系

5.4.2　渠道覆盖率分析和规划

在实际工作中,如何监督检查渠道覆盖状态呢? 当然是本章一开始强调的原则——以"顾客"为中心。营销者一方面要理解顾客喜欢的购物渠道、实际购买的渠道、理想的渠道以及选择渠道的动因等;另一方面分析对比自己公司渠道现状,从而找到差距并梳理原因,然后设计渠道布局改善方案。

以一家家电公司的电视销售渠道为例。顾客对购买电视的渠道有偏好,而且随时间变化,偏好也改变。到现在电视的主流渠道是直营店,但很快被价格便宜、选品多样且比价方便的电子商街和连锁店所替代。当家用车普及且交通便利,"离家近"不再是选择零售店的优先考虑因素。唯有百货商店相对稳定。基于这些信息,营销者如何准备渠道策略呢?

如图5-37所示,虽然顾客对直营店的偏好减弱了,但它仍然是主流的渠道。为满足顾客在购买前希望比较产品的需求,品牌应该在直营店内准备和竞品产品对比的目录或清单,甚至做成看板或动画来生动展示。

在电子商街,品牌要竞争好的位置,不断吸引顾客注意。不管是直营,还是通过代理在商街销售,品牌都要考虑利用户外广告和特殊展示来吸引客流。有时利用空包装箱子本身展示来达到一定的传播效果,同时暗示库存充足和销量大。为了创造顾客与品牌亲密接触的机会,营销者可以设计互动活动来吸引周围消费者参与,从而扩大影响。

对于超市这样特殊的渠道,可以通过产品型号的差别性来增强终端销售竞争力。利用"化妆术"(Cosmetic Change)控制开发的成本,推出不同颜色或简单外观调整的特殊型号。这样做对主流型号和渠道的影响也最小。

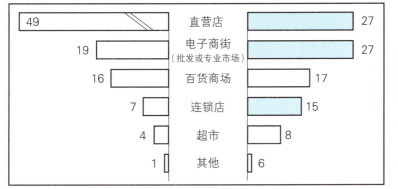

图5-37　顾客渠道选择和偏好调查报告

5.4.3 产品渠道种类

5.4.3.1 产品渠道种类和效率

在产品开发和上市阶段,作为公司和营销战略非常重要的一部分,营销者要不断努力最大化渠道效率。

在了解目标受众的渠道偏好并掌握各类渠道的特色后,结合公司和产品情况,营销者设计规划进入渠道的种类。例如,百货商场作为传统的零售终端看似已经过季了,但其展售品牌和产品种类繁多,吸引相对固定的目标客户,因此这个渠道在客流和销售品类上有自己的特色,营销者要判断是否合适自己公司和品牌的情况。对于非主流渠道,配合完善渠道战略,营销者要考虑是保留、扩大或缩小。与此同时,还要关注竞争对手的渠道策略和推广的促销活动,以便开发对应的方案。经过一段时间的观察,营销者可以洞察对手的活动和促销规律。在设计自己的渠道拓展时,就能预测短期内竞争对手的反应,争取"百战不殆"。

流通渠道本身,作为消费者购买产品的场所或场景,帮品牌和公司传达很多信息和体验,与品牌建设也息息相关。随着顾客生活方式的改变,渠道的种类和形态也会变化,且各有自己的特色。选择不同种类的渠道和匹配覆盖策略的办法很多,但营销者找到合适自己公司的才最重要。譬如十几年前零售终端的规模都不大,单独经营两到三个店铺是比较普遍的现象。随后渠道中出现了全国范围的大型连锁店。那么,在设计渠道布局时,营销者要考虑公司的策略和渠道的战略来选择进入渠道的种类、优先级和彼此的配合。大型连锁渠道的规模效益是很吸引人的,特别是全国连锁。但是,公司自身新产品准备好进入全国网点了吗?产量和物流能否供应得上?品牌有能力和资源在各个区域进行推广吗?传播预算可以覆盖全国吗?还是有的放矢地重点突破部分地域。在这些地域成熟后,再推广到全国范围。地域不同,顾客对渠道的偏好也有差异。选择目标受众偏好的渠道是关键。当选择渠道合作伙伴时,营销者对其能力和优劣势都要有一定的了解。这样在谈判时才不被动。越有规模的渠道,在谈判时越不灵活。如果完全依赖规模型渠道来开拓销售,短期内会见到规模带来的益处,但这不一定符合品牌发展的策略,所以营销者要平衡公司对渠道竞争力的把控。

综上所述,在了解顾客偏好的购买渠道后,公司决策渠道覆盖的目标,同时设计产品与渠道的配合方案。营销和上市的关键业务指标KPIs就是达成销售和利润。在新产品上市时,选择最合适的渠道进入后,充分展开零售终端活动,尽快把销售提高到一定的平均水平是达成销售目标的重要保证。

5.4.3.2 产品渠道种类和发展前景

实际规划渠道种类和最大化渠道效率时，不仅观察顾客渠道偏好变化，努力预测渠道发展趋势，这对未来发展市场营销活动有很大帮助，如图5-38，左图按渠道种类罗列，依次评价发展的可能性和战略重要性；右图演示了从品牌到顾客的流通渠道模式的转变，特别中间批发商的角色变换，以及电商给品牌创造的"直销"通道。

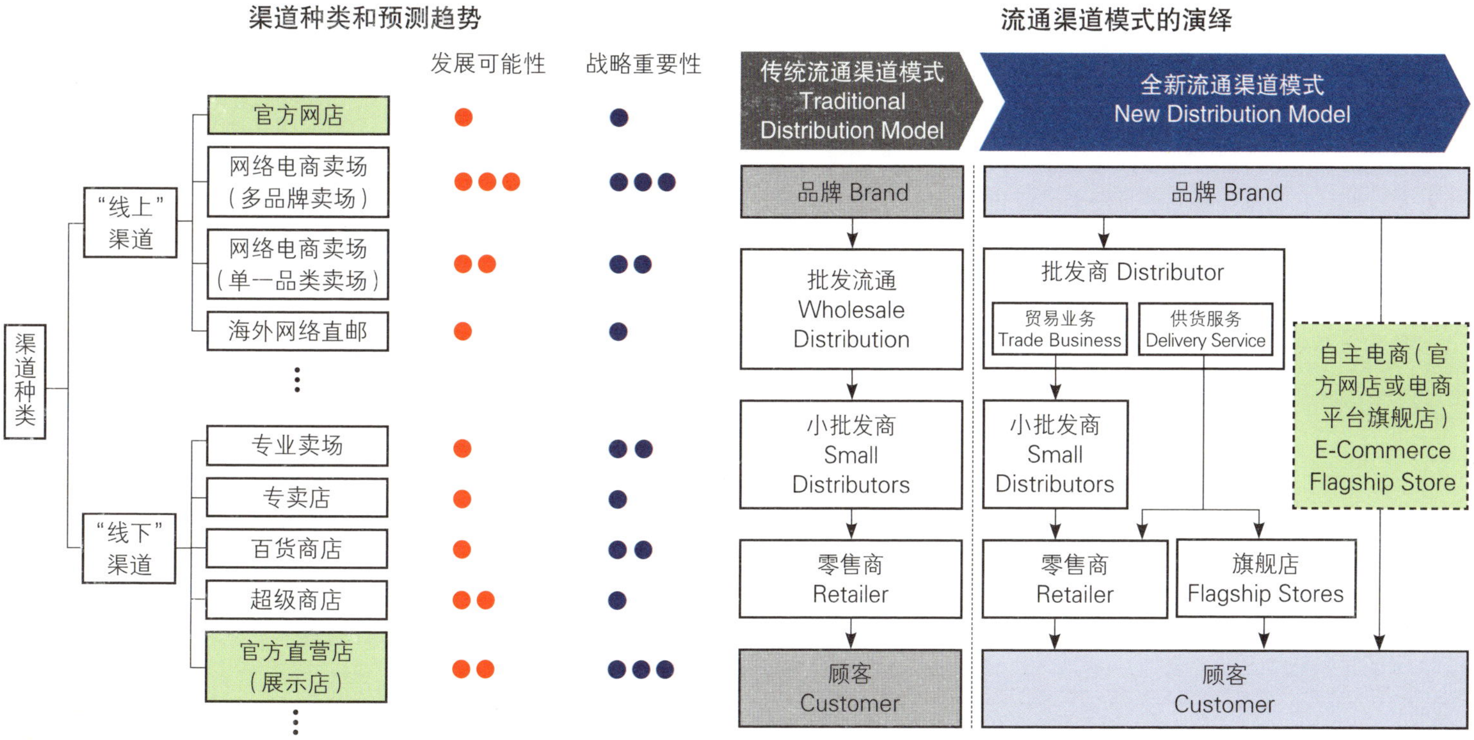

图5-38　渠道种类和发展趋势演绎

5.4.4 扩大市占率的矩阵分析

上市活动的核心目标是扩大产品的销售和增加公司的利润。产品上市时,决定成败的最重要因素是销售渠道的选择和进入。如右图5-39分析产品与渠道的配合来扩大公司市场份额。在实际工作中,参考右图,找到自己最合适的矩阵(Matrix)——为了扩大市占率,扩大产品交易的终端和界面,给顾客更多接触机会和更大接触面。开发多样的信息传播渠道也帮助提高和顾客接触机会。不过,归根到底,好的产品或服务、超过顾客的预期才是最重要的市占率决定因素。

图5-39 产品与渠道矩阵分析

5.4.5 渠道新趋势

5.4.5.1 渠道新趋势——线上和线下的配合

随着互联网和无线通讯技术的发展，渠道架构正在发生变化。当通信成本急剧下降，消费者习惯了无时无刻不在线。线上零售起初以价格便宜来吸引顾客，引导客流到网上购物。但现在喜欢网络购物的顾客越来越多。它给顾客提供了更大的便利，全天候24小时、7天"不打烊"。消费者可以随时随地、想买就买、价格和库存都实时显示，下单后产品送到顾客指定的地方。特别方便那些不喜欢在实体店讨价还价的顾客；也满足想逃避"假货"的顾客，可以直接选择官方正版网店交易。与此同时，也有顾客担心网购的颜色、号码或款式不合适自己，不方便接收寄送而宁愿去附近的零售店取货；自提的顾客可以避免在店内花时间逛却找不到喜欢颜色和号码的尴尬购物体验。营销者可以充分利用线上和线下渠道的特点，开发有差异性的渠道配合来满足顾客需求，如图5-40。

图5-40 信息和交货实施矩阵

资料来源：MIT Sloan Management Review, Fall 2014 and "How to Win in an Omni-channel World" by DAVID R. BELL, Santiago Gallino and Antonio Moreno 2015.

这种为满足顾客需求和方便而设计的线上和线下渠道配合,成就双赢:不仅线下的店铺是线上交易的交货地点;同时线上帮助线下商店带来额外的客流。图5-41分析顾客网购选择自提和送货时关心的差异,供营销者参考。

Pickup 自提		关心点		Delivery 送货
高		关心点		低
高		价格		低
高		品质差异		低
新		品牌		已购买过
高		售后服务		低
需要		安装		即插即用
特殊商品		产品		日常用品

图5-41 顾客关心的差异对比

5.4.5.2 线上线下的配合策略

在设计线上和线下渠道搭配时,营销者也依据消费者的体验和方便的角度来考量。有的产品适合线上交易,有的却线下成交更好。像DVD播放机,价格不贵,即插即用,顾客没什么担心安装,直接网购送货。类似智能手机这样的产品,很多软件功能相对复杂,价格比较贵,在首次购买时顾客总希望有"店员"的协助安装、设置、备份文件等;对于高档的服饰,顾客也更愿意试穿、和店员或朋友沟通后再做购买决定。这类产品建立自己的展厅、直营旗舰店、有零售终端的触点比较好,方便顾客挑选和试用产品。为了加强顾客对品牌的认识和体验,很多品牌建立自营品牌店或体验中心,长期有效地进行品牌宣传。营销者在决定这样的投资之前,除了预算,要考虑周全日后运营、人员、配备及长期的投入和管理。再如笔记本电脑,如果在网上购买提供在零售店提货,这样店员可以顺便帮助顾客安装操作系统并确保一些基本的设定对顾客最方便。苹果就深刻理解顾客拿到苹果硬件产品后对操作安装的顾虑,于是在全球推广远程安装服务。不管在哪里购买的产品,顾客都可以和客服中心预约由苹果的产品专员在家庭网络的环境下帮助顾客设定设备。类似需要"安装"的产品还有空调、洗衣机、无线路由器等,上门安装是品牌交货体验的一部分。

了解了渠道的种类和特点,营销者策划在有效的市场投资内最大化渠道的竞争力。要想做到这点,需从以下几个方面定期考量,然后改善。首先,以销量和价格维度来区别渠道的定位,并跟踪其达成预期目标的情况;其次,检查品牌战略和渠道发展方向是否匹配;最后,渠道的发展趋势以及区域覆盖率是否能支持品牌和销售目标。举例,为了巩固品牌定位,进入高档渠道;为了达成销量,进入主流渠道等。同时,营销者要注意零售网点是否太过集中,即在一指定区域内分布是否平衡,从覆盖率和密度两个维度考察,如图5-42为例。

图5-42 区域覆盖率和密度

产品渠道战略方向分析示例

以电视机亚太市场为例,如图5-43,在梳理好公司的市场营销战略和销售方向后,决定渠道的进入优先级,以及详细措施。读者可以结合自己公司或品牌实际情况,找到适合的"解决"办法。

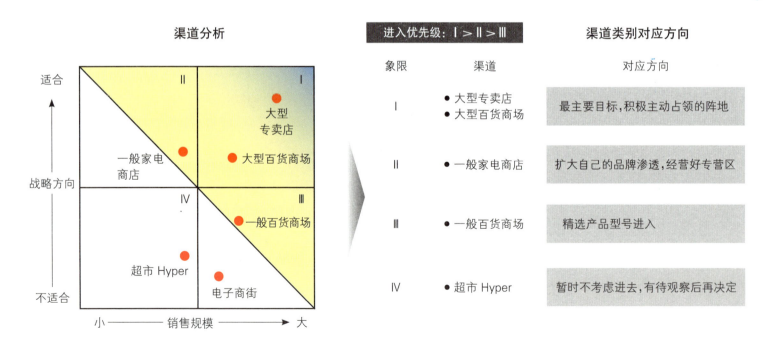

图5-43 产品渠道战略方向分析

产品渠道定位分析示例

通过评估零售终端价格和销量之间的关系,来判断渠道的形象定位和终端竞争力,再对各个渠道策划展示宣传策略和投入方案。在理想的情况下,市场营销资源丰富,树立渠道内最顶级的品牌形象——展示在最好的位置、最好的装修、并展出全系列的产品。图5-44 冰箱零售端展示案例供参考,结合自己的公司和业务找到更适合的办法。有新的想法可以发送邮件给raynwang@yahoo.com 来讨论。

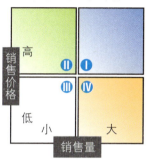

渠道形象定位评价

展示宣传策略

位置	进入方向	配备宣传演示材料								
		a	b	c	d	e	f	g	h	i
Ⅰ	• 最高级演示配置 • 提升品牌形象 • 确保卖场面积 • 全型号系列展示	●	●	●	●	●	●	●	●	●
Ⅱ	• 管理品牌形象 • 高级演示配置 • 高端型号为主	●	●	●	●	●	●		●	
Ⅲ	• 为了保证渠道覆盖率,选择性进入	●	●		●	●			●	
Ⅳ	• 为了扩大销售,确保卖场面积 • 主力型号为主	●	●		●	●			●	

宣传演示材料:海报、"易拉宝"、看板、横幅、手册、单页、气球、彩带、iPad等形式

内部展示　　外部展示　　Stand展板

图5-44　产品渠道定位分析

案例——家乐福和百货商店的故事

故事1：

家乐福（Carrefour）作为大型连锁超市在中国市场发展得非常成功。

有一家家电品牌的洗衣机在家乐福店内核心位置展示，却卖不动。家乐福的采购总管觉得这个品牌没有带来单位面积利润，想要求退款并把剩余100多台洗衣机拉走。于是找来品牌方负责人张总。终端的货没有周转张总早就发现，而且常常来店内暗访，所以心里已经准备好一套方案。张总答应退款并把货拉走，但要总管再给他一次机会：在一个月内张总派促销员进店在展示位推销，同时每销售一台由品牌来配送促销品。另外，张总在暗访时发现顾客反馈的顾虑：因为家乐福不负责安装，顾客担心付款后回家安装不好不能用怎么办。于是，张总对总管要求，在这个月内销售的洗衣机由品牌的物流公司负责送货和安装。如果一个月内，还不能销售出去，张总就全额退给家乐福并把货拉走。采购总管答应了，反正对家乐福没有什么风险，也就一个月的时间。

结果怎么样呢？一个月到期，库存的洗衣机一销而空。采购总管非常高兴，把张总请来想要求继续进货。然而却被拒绝了。

这葫芦里到底卖的是什么药呢？在面临退款和退货的双重压力下，为了不造成渠道内过大的损失，张总想出一招来帮家乐福清掉了库存，同时，证明找到的顾客"痛点"和解决办法是对的，不是产品本身的问题。通过渠道运营的改善是可以达成销售的。但这毕竟给公司经营带来额外的成本。而且比较各个渠道洗衣机销量，大型超市明显不是受众顾客偏好的购买渠道，电器专卖店才是最大的销量贡献者。因此，继续投入也不一定有效果。这就是为什么张总拒绝了家乐福总管的再进货要求。

故事2：

早在20世纪90年代中期，中国大型城市里空调还不那么普及，零售渠道基本以空调专营店为主。为了开拓市场，北京空调总负责人老王建议空调进驻百货商店，以扩大销售。百货商店在当时零售领域是非常主流的渠道。但是卖空调？这让空调厂厂长大跌眼镜，怀疑老王的业务能力是不是靠谱。

但是老王自有道理：百货商店对空调来说是新渠道，而且各个百货商场的客流、定位和销售能力都不一样，有的吸引喜欢品牌、高端产品和"爱面子"的顾客；有的拥有相对固定喜欢经济实惠的主流顾客群。那么到底该选哪类百货商店合作呢？首选老王根据行业内零售数据来筛选想进入的百货商店、数量、位置和定位。再参考在当时麦当劳都进驻了的百货商店来印证自己的判断。这又是为什么呢？零售业最关键的是位置和客流。商场和快餐虽不同行，但是麦当劳的目标受众也是有质量的客流。所以，麦当劳选中进入的百货商场的客流有价值。再比如在美国，星巴克（Starbucks）咖啡店附近总能找到酷圣石（Cold Stone）冰激凌店，也是为了同样的客流。老王带领团队通过谈判，最终决定把空调带入百货商店。

对于百货商店自身，它有自己特有的固定客流和消费群体，比空调专卖店的客流广且目标受众多。为了更好地服务这群顾客、增加粘度，百货商店也愿意扩充产品线，提供送货和安装等服务。而且，这些附加服务是同大型家电和家具公司一起共享和分摊成本。

事实证明了老王的空调上市新渠道策划完胜，从此空调厂长每次见面就对老王竖起大拇指，甚至渠道专卖店老板也找老王要求带他们一起进入百货商店。

5.5 传播概念

5.5.1 传播概念——核心信息

传播概念（Communication Concept）是上市计划中非常重要的部分，如图5-45展示其核心内容。针对大多数目标受众开发的传播信息应该是简明扼要、容易记住并易于再传播的产品或品牌诉求。设计时，从吸引顾客的角度出发，创造有新鲜感、有趣的、有意义的、代表爱心关怀的且易于传播的内容。营销者为此可能聘请专业的创意公司来设计关键诉求点。经典的如苹果的Mac Air的广告，以一个美国普通黄色信封来装Mac，展示其轻薄。创意很重要，应该从产品开发初期开始，贯穿市场开发策略，随着环境和受众的变化而与时俱进。最终为有效地达成业务目标，营销者推敲演绎出核心传播内容并推广，而且持续不断地创新。

在为顾客开发传播概念时，要注意简洁、易懂和容易沟通与复述；配合图片或图表，更直观，容易留下深刻印象。

目标受众人群每天接触很多媒体信息，如果没有抓住他们的注意和兴趣，传播的内容则完全被忽略。现实生活中，每个人都被铺天盖地的资讯情报包围着，营销者想要抓住顾客的兴趣点和注意力非常不容易的——需要有创意的想法，再配合新颖的媒介传达方式。

另外，传播不仅限于看和听的形式，闻、尝、触碰等其他感官都可以被调用起来感受和体验品牌。

日常营销者养成习惯留意目标受众关心的内容、需要、沟通方式、喜欢用的语言、短语或说法等。只有这样才能把独特的核心诉求传达给顾客，让其"听"进去并引起兴趣和关注。

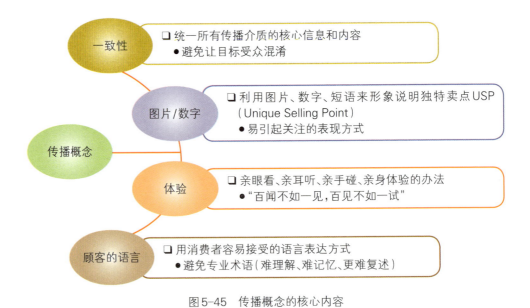

图5-45 传播概念的核心内容

5.5.2 传播概念——开发宗旨

不管是跨渠道、跨平台、跨媒介、还是跨区域，开发传播概念时的首要原则是一致性和一贯性。并且<u>以顾客易懂和喜欢的表达方式来传播，而不是工程师的专业术语</u>。很多企业采用"专家证言""国际大师"推荐等来表达技术或专业诉求点，然而消费者需要花时间去理解"术语"或"指标"，甚至要刻意记住才能复述。这样顾客的再传播成本就高了。营销者应尽可能利用图表和数字来翻译"专业术语"，让顾客一目了然，秒懂品牌传达的内容。尽管运用比喻增加创意和新鲜感，但要小心太过弄巧成拙，目标受众反而不能了解初衷了。在设计传播时，充分利用不同感官来触动顾客，创造近距离接触产品的看、摸、碰、尝试操控等实际的体验机会。随着移动通讯，互联网媒体和网络传播的发展影响，图片视频配简短文字越来越流行。

其实传播的内容是从目标受众的需求差距出发的。在产品开发初期，找到顾客不满意的部分，即差距，从而发掘顾客的需求，那么传播的初步概念就有了。但是，从产品计划开发到最终产品上市是有一段时间差距的。在上市时要再确认，顾客的需求、信息渠道偏好以及媒体行为等有没有发生图5-46演示的变化。

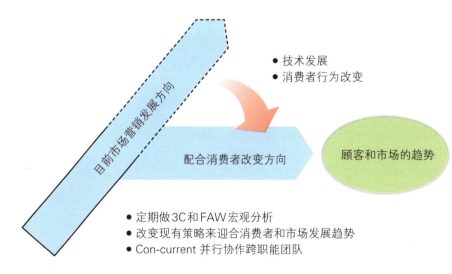

图5-46　顾客和市场趋势的改变

传播概念示例——冰箱

一家家电公司推出新款冰箱,其主要差别卖点是冷气从冰箱门散出。这样的设计使得冰箱前后的冷却程度均匀,而传统冰箱靠近门的部分温度会比内壁高,造成冰箱内部温度不均匀。因此,为突出差别的卖点,简单、明了、易懂并且容易记住的传播概念开发如图5-47。

传播概念:

差异功能,让顾客"一目了然"地理解的核心传播概念

卖点:

- 突出彰显差别的功能
- 以顾客的收益为直接表现
- 利用可视图表化,一目了然
- 容易识别并认知的独特卖点

世界首发

Door Cooling

冷空气从冰箱门均匀散出。

Cooling Speed–Double!
制冷速度——加倍!

Freshness–Double!
保鲜度——加倍!

Even Cooling 均匀制冷

Exclusive Technology 独家技术

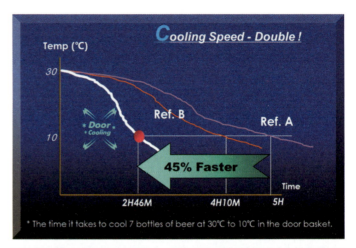

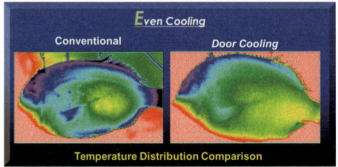

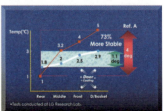

传播中用的图表,说明独特卖点

图5-47 传播概念示例——冰箱

传播概念示例——吸尘器

吸尘器在英国开拓上市时的传播概念(图5-48)。突出强有力的吸力,并带出顾客的受益——"连床上的螨虫都可以被吸走",易于顾客的再次传播。

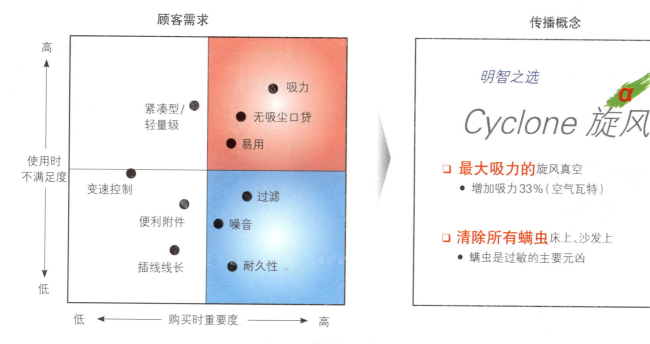

图5-48 传播概念示例——吸尘器

* 资料来源:英国市场调研。

传播概念示例——汽车

美国汽车品牌在沟通车联信息遇到挑战,如何更形象化,更直观地让消费者感受到车联带来的好处。品牌借鉴互联网和移动应用流行的iCon图标来表达(图5-49)。

顾客需求

我只要打开手机,就可以随时查看车辆情况,远程控制
我可以随时与客服人员保持联系,解决车况和导航问题

我不需要用手机开热点或者到处找WiFi,我和同车乘客可以共享高速稳定的车载网络

我不需要开车时拿起手机操作
我可以专注于驾驶,同时享受无缝手机功能链接

我不再需要数据线
我为手机无线充电

图5-49 传播概念示例——汽车

5.6 广告

5.6.1 广告的作用

"打广告"是上市推广中的办法之一。它和品牌定位、传播概念都息息相关。但究竟为什么广告会对我们的意识和想法产生影响呢？著名心理学家，丹尼尔·卡尼曼的"系统1"和"系统2"的理论可以帮助回答这个问题。特别是在认知放松的情况下，反复的体验、清晰的示范、可预知的想法配合自然好心情就很容易让人感觉熟悉、真实和良好，从而信服、认同，并产生感情和关系（图5-50）。"广告"就是这样影响我们的意识和想法的。

回顾业务的流程，通过产品计划创造价值，以"有形"的产品或"无形"的服务体现，这都和广告有很密切的关系。为了区别广告和其他信息传播渠道的关系，把价值传达的过程，如图5-51，再详细说明一下。

图5-50 广告的作用

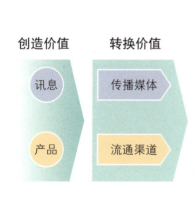

图5-51 信息传达详细说明

5.6.2 媒体的受众、特色和排期

上市活动的主要目的就是在短时间内迅速扩大销售，并影响消费者长期的购买行为。这依靠有创意的媒体信息传播，它甚至对整个产品生命周期长短有影响。为了提高投资回报效率，营销者要不断改善比现在更好的办法，优化循环。

首先，分析广告投放的时间。通常报纸杂志等印刷媒体要考虑发行排期。营销者有意识关注报纸广告和公关的排期，因为这和受众的媒介阅读习惯有关。虽然广告主可以决定广告投放日期，但没有被受众看到，效果自然打了折扣。用日报举例，一般周一上班后报纸阅读率特别高，还可能被传阅，那么广告的曝光率就高，这时广告投资回报率才好。电视节目也受排期影响，但主要看这个节目的收视率和观众群是否符合品牌的目标受众描述。因此，选择电视广告为传播途径时，先从目标受众喜欢的、收视率高的节目中筛选，再根据上市时间来选择排期。当然，假设这些都是在既定预算范围内。公关发文也是同样的。尽管努力周五下班前发稿，但是受众收到可能也是周一了。

其次，在互联网时代，追踪和分析消费者媒体行为更方便。比如下页图5-52展示了哈佛商业评论在2015年发表的有关消费者社交行为的分析，帮助营销者理解人们在社交网站上分享的动因，最主要的原因是寻求朋友意见。分享时以"温暖""幸福""欢悦"的情感为主，而不是幽默。特别值得营销者关注的是"超级分享者"，他们贡献了超过五分之四的分享内容。同时，社交网络上的视频在"头两天"被分享和转发的可能性最高，每周三是黄金分享日，周四和五也不错。

最后，不同媒体各有特色。营销者应该结合媒体特色、时间和内容来匹配不同媒体的组合。譬如，在电影院投放的广告，因为场所的专业音视频设备，比其他媒体的效果都更震撼；而且广告的内容和片长可以比60秒电视广告长，打造动人情节。周刊和月刊杂志都有自己的受众群体，主要被相关内容吸引。那么，在选择品牌的目标受众与杂志吸引的读者相吻合时，可以考虑投入推广。

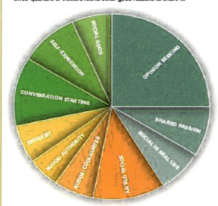
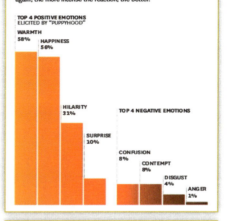

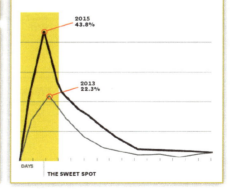

图 5-52　社交网络分享洞察

资料来源:《哈佛商业评论》,2015 年 9 月。

5.6.3 媒介计划示例——报纸

以一个实际例子来说明如何决定报纸广告投放的时间。在产品开发阶段根据市场和季节分析决定上市日程，也就可以推算出合理的推广时间。假设上市和旺季配合，品牌决定提前两个月预热市场。每月的四周中，消费者一般是当月25—31号发工资。假设顾客领到工资后容易有购买冲动，同时营销者要参考消费者做购买决定时需要考虑多长时间呢？假设一周的话，那么最佳的投放时间就是当月25号减去7天，即当月18号。结合报刊的发行和阅读习惯（周一阅读率和曝光率最好），报纸广告投放一定要在18号当周的周一出来。如下图5-53所示。

这个案例只展示了一种媒体投放决定时需要考虑的因素。在同期多媒体多受众群体情况下，投放配合和排期会变得复杂。大企业聘用专业的媒介公司代理。营销者日常通过了解顾客生活方式，尽可能"不择手段"地收集顾客购买行为和媒体偏好习惯，但不要迷失方向和目的。中国有句古话"珠玉三斗，串成为宝"，意思是一坨珍珠或宝石没什么意思，要串成项链或编成艺术品才有意义。营销者不断积累对营销有用的信息和情报，从复杂的数据中能梳理出有用的洞察。

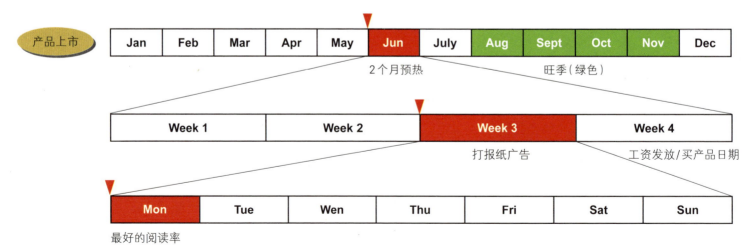

图5-53 报纸广告排期

5.6.4 媒介偏好的变化

对于购买复杂的产品，比如汽车，消费者选购的时间长，做购买决定相对慎重。在购买决定前三到六个月，顾客开始收集讯息，如图5-54。TNS调研公司做了一个调查发现在一个月内买车的顾客对不同媒介的偏好，与两个月内购买车的顾客不同。换句话说，在接近购买决策的不同阶段，顾客的媒介倾向也不同：初期，为了了解产品和功能，顾客通过官方渠道和网络查询；到接近购买决策时，顾客更关注第三方专业车评网、朋友推荐、比较价格配置；最终，考察经销商的服务和方便性来决定交易地点。

如图5-54，左图演示在一个月内意向购车的顾客倾向利用价格比较网站来确认品牌价值，同时听从独立专家的推荐；右图演示在两个月内意向购车的顾客在做了一定调查后，愿意听取朋友和亲戚的推荐。接近购买决策时，倾向利用比价网站来确认品牌价值，并通过品牌官网了解最新信息。

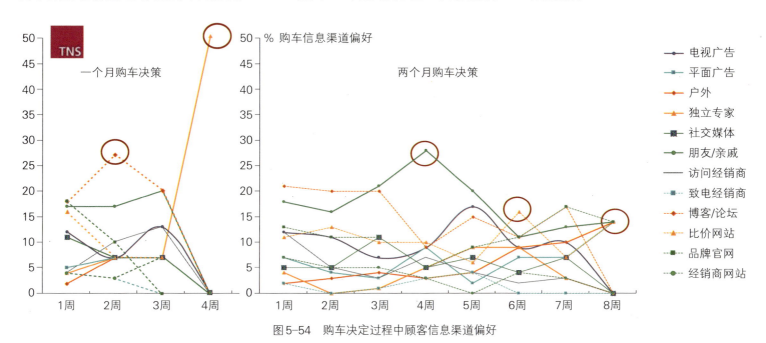

图5-54 购车决定过程中顾客信息渠道偏好

5.6.5 广告部门

广告,因其管理范围广和投资费用多,在公司组织架构中,一般独立存在,并和营销部一起协作,如图5-55。而营销部从自己负责的品牌和产品线出发,与广告部协调优化,并配合其他媒介和推广来最大化传播效果。

大部分公司的广告部是管理公司级的品牌,并直接管理广告创意和代理公司,有专业广告知识。比如有的国家会规定限制品牌做广告的时间、形式、语言和媒体预算的上线等。通过广告代理公司也可以了解一些竞品和顾客的信息。营销部负责产品品牌或者子品牌,需要和广告部紧密地协调合作。营销者对目标受众最理解,与广告部一起商量,配合上市时间,在顾客偏好的媒体和关键的时刻安排充足频次的曝光。这对影响受众群体是挺重要的。相对广告部同事,营销者不仅负责上市、时间、媒体、渠道、覆盖率的配合,还要结合产品差异点,将其转化呈现为广告的诉求点。为了提高宣传效果,营销者可以借助新颖的媒介形式、手段和表现方式。广告,最重要的是创意性和独特性。

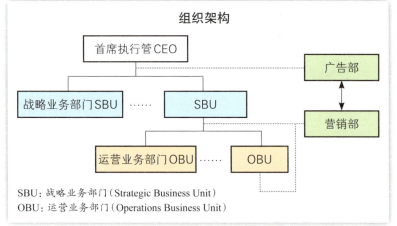
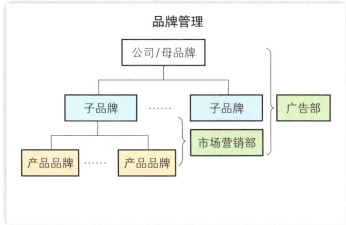

图5-55 组织架构和品牌管理

5.6.6 广告的投放效果

广告公司会建议并制作有创意的广告内容。产品开发时一再强调要有独特性，差别于市场上其他竞品；打广告也面临同样的挑战，甚至更难的挑战，因为顾客每天被纷繁复杂的讯息包围着。在这样的情况下，期待顾客记住品牌广告宣传的产品，那么，在传达内容，表现形式，呈现道具各方面有独特的差别性才可能给顾客留下一定的印象。

为了提高新产品认知度或者改善品牌的形象，营销者需要大笔投资预算。因此，广告一定要有差别性。以此赢得顾客的注意力，在其心里种下一颗关于新产品或品牌的种子。图 5-56 说明的广告投放和效果的关系。

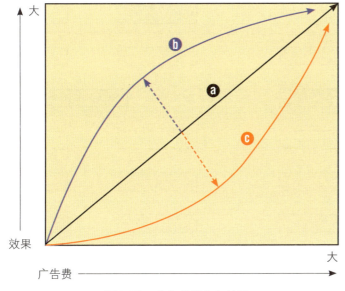

图 5-56 广告的投入与效果

> 一般来说，广告的投放费用和效果是成正比的，如图 5-56 中 ⓐ 投资越多效果越大。为提高产品和品牌认知度，很多快销品的牌投入大量广告费用。但是，如果广告没有创意和差异化，投入的广告费和效果就产生延迟效应，类似以下凹曲线 ⓒ 弯曲了；反之，有独特创造性和差异化的广告，投入和效果比率成上凸曲线 ⓑ，意味着更好的回报。如图所示，营销者和广告代理公司要不断努力，寻找创新和差别的办法。
>
> 注：按广告的差异性和创新性不同，曲线弧度和弯度也不一样的。

ⓐ：一般的关系，广告投资和效果成正比关系
ⓑ：有创意的广告投资和效果的曲线关系
ⓒ：没有创意的广告投资和效果的曲线关系

5.6.7 广告投放时间配合产品上市

新产品上市前后广告投放、媒体宣传和传播节奏的配合，如图5-57所示。在上市之前，为了引起市场和受众的兴趣与关注，通过公关、媒体和网上预览透露部分信息来预热。时间和排期上的配合与把控很重要。预热时，主打内容是产品突出的差别点和新技术，并提及新产品正式上市时间。如果时间太早了，效果不好，失去了"预热"的目的，甚至对旧型号的清库造成压力，使得顾客有"等新品出来"的心态；如果时间太接近上市，也达不到新品替代旧品的目的，对销售和渠道衔接造成不良影响。因此，这个传播的时间节奏很关键，需要全面考虑自己的营销能力和对产品渠道的掌握能力来决定。

在正式上市时，隆重推出产品的广告，并配合整体营销达到最佳效果。在媒体选择和排期上，最好是和上市的日期同一天。但由于某些媒体的特质，不是天天有，可能变成隔了1—2天后曝光。营销者和媒介公司合作尽可能安排接近的日期排期（图5-57）。

核心传播内容不是一成不变的。随着上市期和销售成长期，广告和公关的内容也随着改变。在上市前，主要宣传产品的特点、独特新技术等；在上市后进入旺季之前，侧重传播产品质量的好评、实际顾客的满足度、销量的增长、产品获得的奖项等给潜在顾客可以信赖的信息，从而扩大认知度和接受度，并刺激顾客的购买冲动。

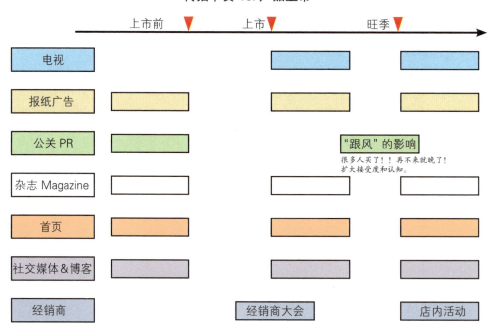

图5-57 传播节奏与产品上市配合

整合市场传播上市计划日历——示例

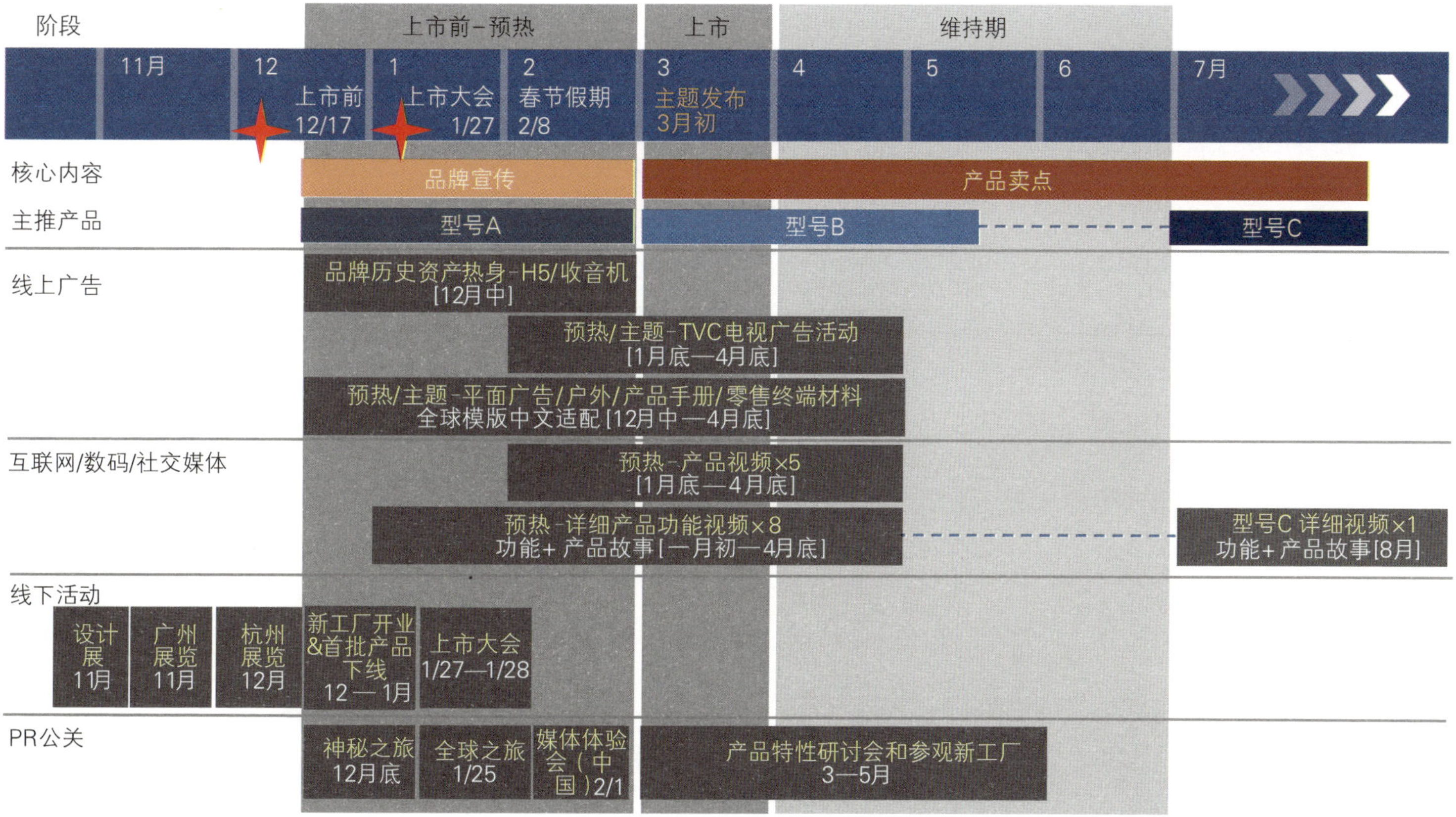

阶段	11月	12	上市前-预热 1	2	上市 3	维持期 4	5	6	7月	
		上市前 12/17	上市大会 1/27	春节假期 2/8	主题发布 3月初					

核心内容	品牌宣传	产品卖点
主推产品	型号A	型号B　　　　　　型号C

线上广告
- 品牌历史资产热身-H5/收音机 [12月中]
- 预热/主题-TVC电视广告活动 [1月底—4月底]
- 预热/主题-平面广告/户外/产品手册/零售终端材料 全球模版中文适配 [12月中—4月底]

互联网/数码/社交媒体
- 预热-产品视频×5 [1月底—4月底]
- 预热-详细产品功能视频×8 功能+产品故事 [一月初—4月底]
- 型号C 详细视频×1 功能+产品故事 [8月]

线下活动
- 设计展 11月
- 广州展览 11月
- 杭州展览 12月
- 新工厂开业&首批产品下线 12—1月
- 上市大会 1/27—1/28

PR公关
- 神秘之旅 12月底
- 全球之旅 1/25
- 媒体体验会（中国）2/1
- 产品特性研讨会和参观新工厂 3—5月

图5-58　整合市场传播上市计划日历

5.7 定价策略

5.7.1 价格的设定

产品计划是创造价值的过程,通过生产制造出有形的产品或无形的服务,然后决定价格,即产品的价值。当然这是公司决定的价值,还要看市场和受众消费者是不是认可和接受这个价格。这一点很重要。为了保证市占率,关键是增加产品型谱数量和扩大渠道覆盖率;**然而影响公司经营利润的最关键因素就是价格——而且是得到顾客认可的商品价值。那么,决定价格直接影响创造价值的最终结果。**

另外,在决定价格的过程中可能出现新的业务模式,如图5-59。因此,定价时营销者要全方位的考虑。特别是数码和通讯类产品,结合顾客的生活方式、习惯和需求的变化,灵活多样地定价,可能创造出新的业务模式。

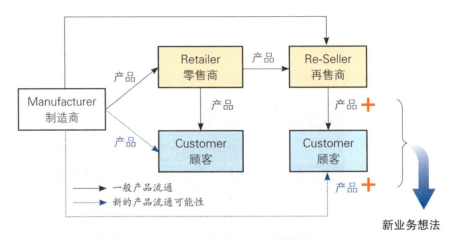

图5-59 定价与新业务模式

5.7.2 价格的构成

在决策价格前,营销者至少要先了解一般价格的构成,如图5-60所示。

基本价格是由原材料成本、人工成本、一般费用和制造商利润构成的;税收(Tax)在每个国家的情况都各不相同,不由公司控制;对于进口产品,价格中还要考虑运输费用、保险费用和陆运费用以及关税。通常情况下,不同产品在各国征收的关税也不一样。这就构成发货价格。最后,再加上零售终端或经销商的利润部分以及增值税(Value Added Tax, VAT)就构成了零售价格。

为了增加制造商的利润,有很多因素可以调控,但影响最大的因素就是零售价格(Retail Price),即被认可的商品价值。

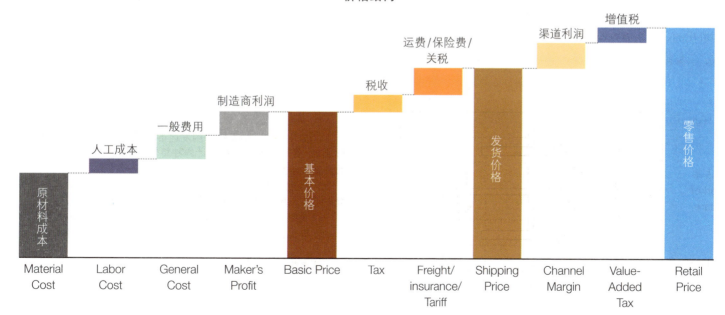

图5-60 价格结构

5.7.3 价格决策矩阵——市占率和利润

在决定产品的销售价格时，营销者追求市占率和利润都最大化的平衡点。但现实往往是骨感的，纠结在"鱼"和"熊掌"不可兼得之间。其实，能做到一个指标最大化已经不容易了。依据图5-61的矩阵来分析：

ⓐ象限代表利润高销量大的市场：开拓全新市场时的情况；抑或优秀的企业以绝对胜出的产品竞争力和品牌偏好打造的市场；**ⓑ象限**代表名牌的产品市场：比如手表、化妆品、贵金属或酒类等有很多高档品牌的品类市场。随着生活繁荣和经济发达，市场规模慢慢地扩大，趋向ⓐ发展；**ⓒ象限**代表典型的"薄利多销"市场；而**ⓓ象限**代表大多数企业生存的市场，竞争尤为激烈。按照产品发展周期，这里主要是成熟期或进入衰退期的产品和品牌。ⓓ象限中的企业可能向ⓐ、ⓑ、ⓒ象限发展，但也可能被淘汰。这主要靠企业提高自身的竞争力和定价策略来决定。

整体来看，ⓐ象限是一般开拓新市场、进入新细分市场后，成功企业会停留一段时间的状态；但由于这个市场的魅力和诱惑，吸引了很多竞争对手进入，产品差异性降低，开始价格竞争并不断扩大市场占比，于是慢慢地变成ⓑ象限，名牌市场，或者ⓒ象限，"薄利多销"市场。一般能保持在ⓐ象限的品牌极少，这是营销者梦寐以求的市场地位，就像苹果在手机市场的位置。

> ⓑ象限的企业随着经济的发达市场规模变大。为了保持品牌形象，企业一般追求外观设计的独特性或高档化。当质量和认知都没有大差别的话，就会落到ⓓ。
> ⓒ象限企业一般通过上市多种类的产品，不断提高品牌认知度来扩大市场份额。如果做得不好，也可能掉到ⓓ象限。
> ⓓ象限企业因为竞争激烈，在保证成本的竞争力前提下，通过产品差异化提高品牌形象，努力转移到ⓒ象限。经营不好就会被淘汰了。
> 读者想一想可能从ⓓ到ⓑ吗？怎么做？

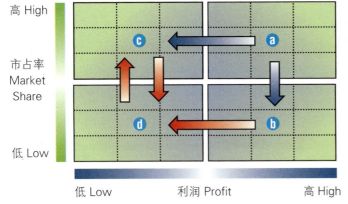

图5-61 定价趋势矩阵

价格决策矩阵示例——智能手机

利用价格决策矩阵(利润和市占率对比关系)来分析智能手机品牌的市场发展变化。在开始分析预测之前,营销者首先要检查企业发展环境有没有外在不可控因素造成规模性影响,比如金融危机、地震海啸、战争等灾害。在基本正常的经济环境下,利用图5-62的矩阵简单分析:

苹果从 ⓐ 象限转移到 ⓑ 象限,即保持高利润但市占率减小;三星则从 ⓐ 象限向 ⓒ 转移的可能性高,以牺牲部分利润来扩大市场份额;索尼目标 ⓑ 象限,为脱离竞争激烈的市场致力于提高利润,但市场份额变小;而中国自主品牌当中一部分产品计划和营销做得好的公司有机会转移到 ⓒ 象限;LG电子如果调整好定价策略,有希望转移到 ⓒ,但也可能停留原位;ⓓ 象限的企业在激烈的竞争下一部分会被市场淘汰的。

智能手机定价时还要考虑移动通讯公司给消费者的补贴,比如年约话费绑定手机的促销,这对顾客选择品牌有很大影响。由于"补贴"的优惠,顾客的品牌偏好可能和平时不同。但是当移动通讯公司为改善其利润空间而取消优惠政策时,对高档手机品牌影响大,同时价格便宜的品牌销售会迅速增加。

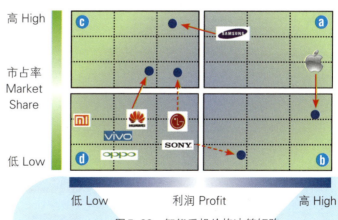

图5-62 智能手机价格决策矩阵

图5-63 智能手机中国市场销售排名

空白页——价格决策矩阵

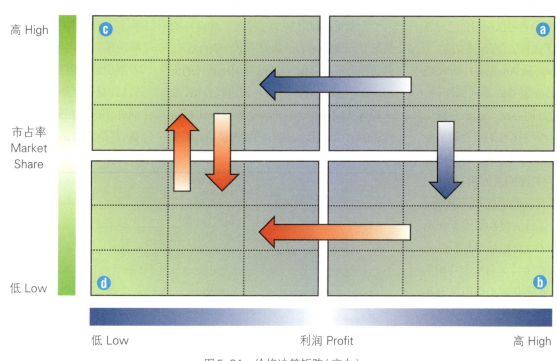

图5-64 价格决策矩阵(空白)

5.7.4 品牌价值

定价时一定会参照品牌的价值。在前面研究"关键购买因素"时介绍过掌握"带品牌的相对价值"和"不带品牌的产品绝对价值"的办法。其中简单、科学也容易操作的办法是联合分析（Conjoint Analysis）和无偏见测试分析（Blind Test）。营销者可以根据自己对各个调查方法的理解来选择适合自己的办法。

联合分析（Conjoint Analysis），研究消费者对某独立产品或服务的不同属性（特性、功能、效益）偏好的办法。这个分析可以帮助营销者判断哪些属性的组合对消费者的选择和购买有最大的影响。首先确定顾客购买产品时的关键购买因素（KBF），其次把自身差别于竞品的功能和品牌分别输入到电脑中，然后将关键购买因素和品牌匹配组成调查卡片，再把品牌和产品差异功能匹配组成调查卡片。每个卡片相当于一个产品组合，彼此非常类似但又有足够差异，被认为相互可替代。让被访者按自己的喜好顺序来排列卡片，然后依次输入到电脑里。联合分析软件会对所有被访者的选项进行分析，从而得出结论：关键购买因素（含品牌）之间的相对重要性、效用和品牌价值。联合分析可以帮营销者确认顾客认可的产品独特功能价值和品牌价值。这个价值参照将指导营销者如何定价才能赢得市占率和利润最大化。

无偏见测试分析是在遮盖品牌商标的情况下，让被访者自己体验多个产品的差异，然后评价其对产品的偏好，并明确认可的价格；第二步对产品的差异功能进行介绍，要求顾客实际操作之后再表达愿意付出的价钱；最后，公开揭示品牌，再要求被访者明确表达愿意为此产品付出的价钱。这样调查下来，营销者可以了解顾客的品牌偏好度和愿意付出的价值，从而分析出替换品牌时的价格差拐点。比如价差超过100元，顾客就考虑替换品牌。这是决定价格时常用的办法。

定价的主要目标是为了利润最大化和扩大市场占有率。核心依据是产品本身的价值。参考与竞争品牌的比价、消费者的购买意向、产品绝对价值等综合因素来判断决策。营销者把握好自己产品和品牌的差别价值最重要。简单讲就是贴上品牌标签后，是帮产品提升价值，还是贬值？如前面介绍价值创造过程时，价值可能通过传播、营销活动、品牌建设等产生升值。

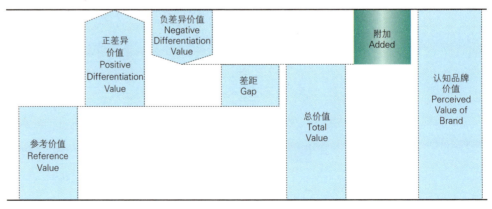

图5-65 品牌价值分析

差别功能价值示例——冰箱

通过对墨西哥零售店铺内销售员(行业专家)的调查,营销部了解顾客对新功能冰箱的接受度和可能的价格反应。调查的结果给营销者策划新产品和新功能时参考,主要考虑的策略:① 定价比旧型号高,提高利润;② 借助新功能的竞争力来赢得更多市场份额。最终提案新功能仅在高端的型号出现,这样既提高了价格,又提升了销量(图5-66)。

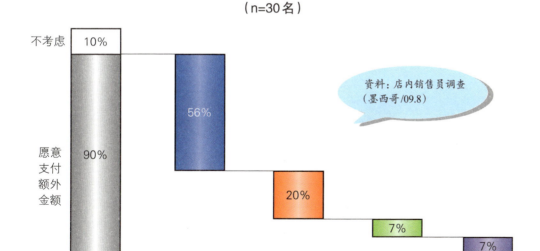

图5-66 差异功能价值示例——冰箱

差别功能价值示例——洗衣机

利用无偏见测试为澳大利亚洗衣机的新功能定价。品牌设想价格在1 400—1 600澳元之间。无偏见测试先仅演示设计和功能,得到顾客的基本价格期待;然后说明新功能并实际演示,让顾客操作后再次评价价格。如图5-67价格期待,增加132澳元;最后再公开揭示产品的品牌,结果顾客评价降低了94澳元。因此,定价时要综合考虑自身品牌价值和功能议价。

另外,还要考虑市场定位和竞争对手的情况。虽然通过无偏见测试了解自身品牌价值和功能议价,但是在定价时,要考虑市场上现有竞品的定位和价格,如图5-67价格定位。因此,澳大利亚营销团队建议增加两个上市型号:一个在1 299的价位,另一个型号在1 499的价位,如图5-67定价提案,以差别竞争对手并增长利润和市场份额。

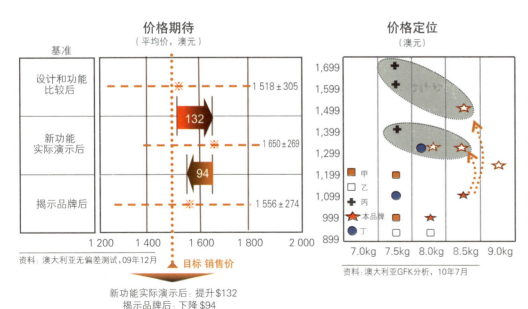

图5-67 差异功能价值示例——洗衣机

5.7.5 产品类别——多样化定价策略

不同产品类别定价的策略也不同。可以根据产品的性质和特点来划分，制定单一的价格策略，或者多样的价格部署，也可以对产品功能微调后再进行多样化区隔。产品一般分为独立产品（Stand-Alone Product）；寄生和衍生产品，比如软件、数码应用；消费类服务，如图5-68说明。

即使独立的产品也有产品本身和耗材捆绑销售的可能性。比如钢笔和墨水、打印机和墨盒、剃须刀和刀片，还有游戏机和游戏软件等。如果定价策略设定产品和其附属品分开销售，产品本身以有竞争力的价格来占领一定的市场份额；同时，附属品或耗材标价高些以确保整体的利润。在保证合理的利润下，产品和附属品可以"打包"价格销售。很多互联产品的云端附加服务或应用都可以采用这个定价策略来拓展新的业务和盈利机会。为了体现固有硬件产品的增值和推广互联软性服务，业务初期提供免费试用。当增长到一定规模，顾客养成一定行为习惯时，互联云端的附加服务开始升级并收费；可能是一次性费用、也可能是按使用量和频次来收费。独特的互联体验可以增长成品牌的差异卖点和新的利润来源。

有的产品可能同时以"独立产品"和"衍生产品"的形式出现，比如一本书可以以纸书、电子书、有声读物、在线阅读等不同形式存在。这类产品如何定价呢？读者有兴趣可以搜索一下。

通常先决定单个产品的价格，然后再决定打包价格。"打包价"比单独产品的价格之和要低，但仍有利于整体利益扩大。有很多业务模式对公司利润影响很大，但是，业务本身首先有存在的价值，即给顾客带来利益，并成长到具一定规模和活跃度才有发展的可能性。

产品类别

分类	独立产品 Stand-Alone Product	寄生和衍生产品 Parasitic Product	消费类服务 Consumer Service
定义	• （插上电源）可以发挥自身功能的产品	• 需要依靠设备、介质帮助才能发挥功能的产品或服务	• 一般通过人员在一定时间和空间提供的服务
举例	• 手机 • 汽车 • 电视 • 个人电脑 • DVD播放机 • 洗衣机 • 音响 • 手表 • 等等	• 电影和视频 • 音乐 • 游戏软件和网游 • 在线浏览（音乐、视频、书、游戏） • 移动应用（Application）	• 用餐服务 • 乘务服务 • 美容服务 • 医疗服务 • 律师服务 • 咨询服务 • 心理服务 • 售后服务

图5-68 产品类别——不同定价策略

5.7.6 定价决策的流程

营销部主管制定价格,过程中要和其他很多部门协商后才能确定批准定价。如图5-69梳理的价格决策流程图,核心部门是市场营销部门。通过战略计划部门输入商品的原成本,分析材料费用、劳动费、管理费以及销售渠道管理费,并考虑税收把控好总成本。在计算目标价格时,市场部考虑竞争对手的产品价格和竞争情况,初步拟定销售价格,并倒推公司的利润,考虑各种上税后整理与"战略计划部"协商。战略计划部门,即SBU(Strategy Business Unit)是企业级的计划部门,负责管理年度事业目标,包括销量和利润。因此,一定要和这个部门协商后再决定目标价格。那么,协议后的价格方案转给总管商品销售的运营部门,即"运营计划部门"。通常销售运营计划部门首选考虑销售数量和市占率(Market Share),因此该部门本能地倾向"价廉物美"的产品(易销售)。假设与运营计划部门协调得不顺利,需要再和战略计划部门协商,把价格方案调整后再与运营计划部门商量。协调好之后,市场部给事业部和公司最高领导层审批确定价格。

批准后,市场部把这个定价,产品的上市日程,简单的营销计划以及与竞品对比的优劣势材料都准备好,通告其他相关部门,并做好执行和配合工作。

在这个关键时刻,有的公司IT团队介入会把新产品和核心信息在公司级业务软件(Enterprise Business System, EBS)里设定好。这样各个部门才能登录进行运营操作,下订单、付款、物流管理、设立目标和日后业绩管理分析等。

价格决策的流程

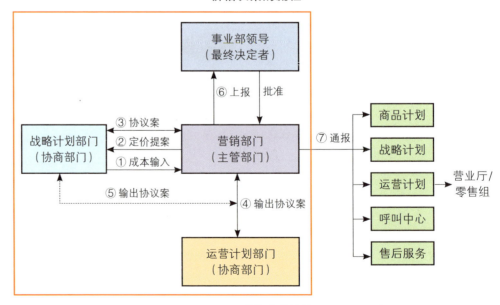

图5-69 价格决策流程

5.8 活动与体验设计

5.8.1 活动体验设计的评价

上市活动本身是上市策划中的重要环节,就像"新生儿"派对一样,营销者向市场宣布"新产品"的诞生。近些年面向媒体、渠道合作伙伴和最终消费者的大型上市活动设计得越来越具表演性和娱乐性。活动的形式、类型、规模、目的和设计都各有特色,在第七章顾客体验管理会详细地介绍有关体验设计目的、创意、制作和活动流程。从传播价值的角度,先介绍评估有创意的活动想法的办法。通常营销者可以通过"头脑风暴"来征集各种好主意和有创意的想法。如图5-70演示,首先从普及性和效果两个维度圈出好的想法,即普及性高而且对受众影响效果强;然后再从紧急性、对业务影响的程度、持续效果、适合的渠道种类来评价,选出品牌优先开发的活动。

活动体验设计的评价

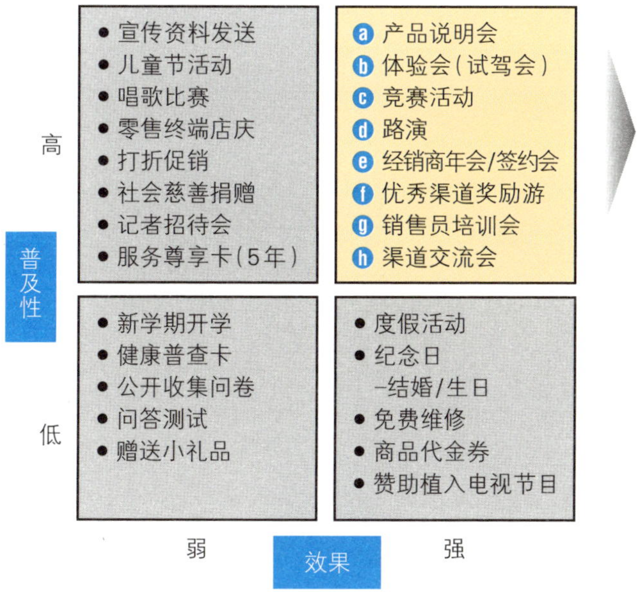

普及性高:
- ⓐ 宣传资料发送
- 儿童节活动
- 唱歌比赛
- 零售终端店庆
- 打折促销
- 社会慈善捐赠
- 记者招待会
- 服务尊享卡(5年)

- ⓐ 产品说明会
- ⓑ 体验会(试驾会)
- ⓒ 竞赛活动
- ⓓ 路演
- ⓔ 经销商年会/签约会
- ⓕ 优秀渠道奖励游
- ⓖ 销售员培训会
- ⓗ 渠道交流会

普及性低:
- 新学期开学
- 健康普查卡
- 公开收集问卷
- 问答测试
- 赠送小礼品

- 度假活动
- 纪念日
  - 结婚/生日
- 免费维修
- 商品代金券
- 赞助植入电视节目

效果:弱 → 强

区分	紧急性	对业务帮助度	持续性	适用渠道		
				大型超市	百货商场	专卖店
ⓐ	H	M	M	L	M	H
ⓑ	M	H	H	H	H	H	✓
ⓒ	M	H	H	M	H	H	✓
ⓓ	L	H	M	H	M	L
ⓔ	H	M	M	H	H	L
ⓕ	H	M	L	H	M	M
ⓖ	L	H	H	M	H	H	✓
ⓗ	M	H	H	H	H	H	✓

H——高、M——中、L——低

图5-70 活动体验设计的评价

5.8.2 大型活动准备流程

活动的想法确定后,开始着手准备。图5-71展示了大型活动准备过程中的关键时间节点,帮助营销者及时确认活动准备状况:展品、促销、物料制作、邀请等运营细节。在产品发布会后,各个渠道都会需要一定的营销资料配合,形式和介质不限。随着多媒体和技术的发展,演示的科技也不断推陈出新,从2D到3D、从单向演示到互动、从现实到虚拟、甚至增强现实等有多种多样的演绎方式。

图 5-71 大型活动准备流程

空白页——活动准备流程

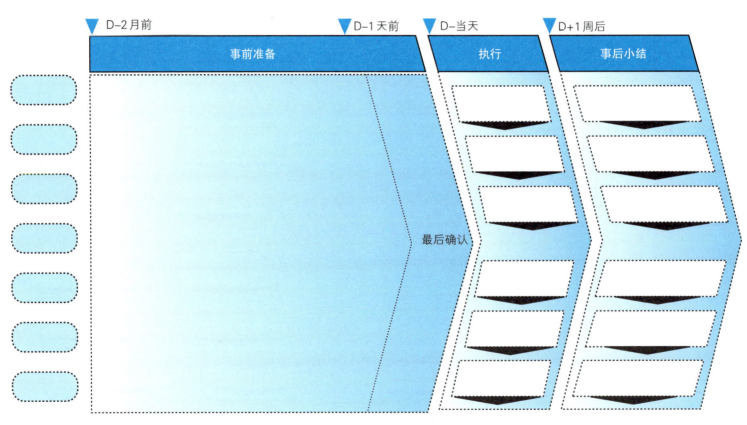

图5-72 活动准备流程(空白)

促销材料开发流程示例

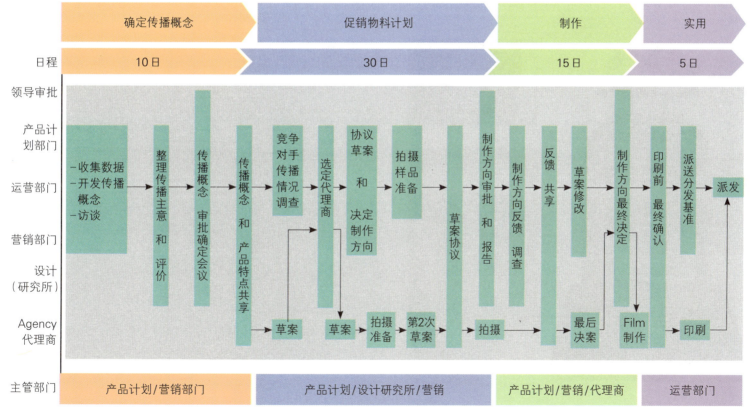

图5-73 促销材料开发流程

零售端展示材料示例

以LG电子的洗衣机零售端展示为例（图5-74）。

展示材料

营销宣传材料就绪状态

项 目	种 类	语 言	备 注	
产品演示材料和视频	1种	英语	已完成	
产品目录	1种	英语/西班牙	已完成	
销售指导手册	1种	英语/西班牙	3月底	
❶ 立牌 Stand	1种	英语/西班牙	已完成	
❷ 正面 P.O.P	2种	英语/西班牙	已完成	
❸ 地台架	1种	英语	已完成	
❹ 地垫	1种	英语/西班牙	创新	NEW
❺ 动力演示 P.O.P	1种	英语/西班牙	创新	NEW
❻ 充气棒	1种	英语	创新	NEW

图5-74 零售端展示材料

上市流程——全景图

> 整理一下到目前介绍过的上市活动的流程。

Process	开发和生产	▼D-前3个月 上市准备	▼D-day上市日 销售实施	▼进入旺季 监控
时间 Time	产品开发时间/周期	3个月	2个月	1个月
产品 Product	• 明确有差异功能的产品概念 • 开发日程和规划	• 管理旧型号的库存 • 管理新型号进入渠道，包括零售终端物料P.O.P（Point of Purchase）	• 清库旧型号、撤换下架 • 保障新型号供应量 • 培训售后服务团队	• 质量问题 • 产品生命周期管理，自相蚕食（Cannibalization） • 竞品对新品的反应
价格 Price	• 定价 • 考虑市场变动和竞品	• 确认定价 • 旧型号价格对策	• 宣布零售价格 • 颁布运营政策（或修改） • 旧型号清货	• 监控实际销售价格 —标价/打折
渠道 Place	• 选适合产品定位的渠道 • 谈判进入渠道的条件	• 展示的位置 • 展示概念和布局 • 促销品开发和制作	• 强化目标渠道展示 • 新产品样机展示到位 • 扩大新产品销售	• 进货/出货/库存管理 • 渠道覆盖率和渗透率 • 与经销商开发联合活动 • 检查展示效果
促销 Promotion	• 确定促销概念，挖掘更有竞争力的推广想法	• 公关配合 • 开发传播策略，制作广告宣传的物料 • 准备促销活动	• 渠道合作伙伴和经销商新品发布会 • 为提高新品认知，开始广告、公关和店内活动推广	• 第二波公关热点 • 提高销售的广告 • 分析促销活动的效果
人才 People	• 选择负责人，安排工作内容 • 准备培训资料	• 产品和营销计划内训 —促销员 —销售代表	• 访问零售店（销售和价格） • 引导经销商兴趣点 • 观察对质量和设计的反馈	• 考核营销政策执行和业绩

图5-75　上市流程全景图

空白页——上市流程

Process	开发和生产	上市准备 ▼ D-上市前x个月	销售实施 ▼ D-上市日	监控 ▼ 进入旺季
期间	产品开发时间/周期	x个月	x个月	x个月
Product 产品				
Price 价格				
Place 渠道				
Promotion 促销				
People 人才				

图 5-76 上市流程全景图(空白)

第六章
管理价值
Manage Value

6.1 监控的核心内容 Core Content of Monitoring / 202

6.2 选定监控渠道 Selection of Monitoring Channel / 203

6.3 上市后的监控 Post-Launch Monitoring / 204

顾客价值管理——管理监控价值

　　从价值创造的产品概念开始,随着生产开发转换价值,最终通过传播和渠道传达到消费者。那么,目标是不是按照计划达成了呢?产品得到顾客和市场的认可吗?这是评价营销者的最终杠杆。这一章着重介绍营销者应该如何收集、管理顾客对价值的反馈并调整。

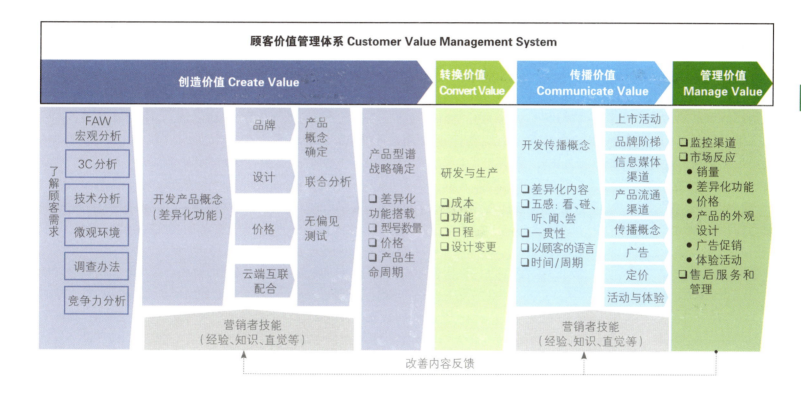

6.1 监控的核心内容

营销者负责营销战略的实施和实现计划目标。如果目标没有达成,那么营销者要考虑在战略和实施方面如何改善。为此,需要监控一些关键业绩指标(Key Performance Index):销售数据、品牌指标、渠道渗透率和覆盖率等,以判断营销效果。那么,该如何及时准确地获得市场的反应?通过内部数据、行业报告、还是顾客调查呢?特别在上市初期,急需了解短时间内顾客和竞品的反应,从而调整和改善营销计划。显然让调查公司调研是不现实的,即使费用不是问题,时间也耽误不起。

短期最直接的反馈办法是选择主要的20—30家渠道来监控。营销者首先选择有代表性、不同类别、特色和区域的主要渠道;然后安排每周的定期走访或电话询问;跟踪确认顾客、经销商和渠道本身对产品和营销活动的反馈及意见。全盘分析渠道并决定是否修改原上市推广策略;或者建议进一步深入调查后,再设计日后发展策略。可能有读者奇怪通过跟踪销售数字就知道是否达标,还要"监控"什么呢?去走(guang)访(jie)市场有意义吗?在渠道,即使带着福尔摩斯的放大镜又观察什么呢?在挖掘未达标的原因时,营销者要问:上市前准备工作做到位了吗?渠道进货新产品了吗?展示产品有吗?展示位置在哪?够吸引眼球吗?库存怎么样呢?现场的宣传促销材料有吗?展示出来或派送了吗?等等。

首先,为了监测上市效果,如何挑选主要的20—30家渠道来监控呢?① 考虑渠道的地域特点,比如在市中心、还是市区外面,主导客流是追求高档品的顾客、还是喜欢物美价廉的顾客;② 考虑渠道的分类,比如百货商场、零售专卖店、超市、特殊商店、电商旗舰店、或经销商门店等;③ 特别关注那些和竞品共存的渠道。针对被监测的渠道,品牌可能提供一些特殊的"待遇",比如优先提供样品,支持特别展示试点等。对渠道最好的"感谢"就是给更多的支持资源。

其次,安排定期的访问,跟渠道销售经理或店长多沟通,并听取他们有关产品、价格、销售、顾客反应、广告、促销、竞品活动的反馈;同时不失时机地观察终端购买产品的顾客行为。为此,访问之前准备一份要确认的内容清单,便于整理收集的信息:比如确认顾客对新产品的价格、功能和外观设计的反应;对广告促销的反应;对售后质量方面的反馈?还有竞争对手有没有调整价格、增加广告和新促销活动来应对等。

最后,营销者要关心零售终端直接面对顾客的销售员或导购员,以及他们对产品和顾客反应有什么想法,详细了解最核心和直接的内容。为了和一线销售搞好关系,营销者可以准备一些"小礼物",但有时提供更多促销品或奖品资源有助于销售员的工作,也是表达感谢的一个办法。与一线员工建立良好的工作和个人关系比监测数据和调研报告都更直接和及时。

6.2 选定监控渠道

如图6-1示例挑选监控渠道时考虑的内容,仅供参考。读者可以根据自己公司或业务的情况自行挑选。

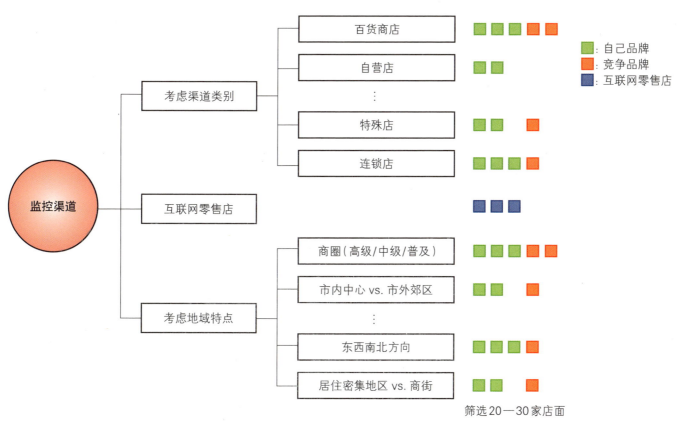

图6-1 监控渠道筛选办法

6.3 上市后的监控

新产品上市2—3个月后,如果没有达到正常的销售水平,要检查市场环境和上市策划时的有没有差异。为了扩大销售和提高利润的新产品,如果销售还不如旧产品,首先考虑顾客的生活环境和宏观经济是否发生变化,其次竞争对手是否推出新产品,另外市场上是否出现新的替代品。当确认外部环境没变,然后再分析品牌内部自身原因,部门间的冲突暴露出来。如果销售不好,销售和渠道都会先找产品和价格的问题,然后再要求降价和更多的促销活动;而生产部门会认为产品没有问题,一定是经销商和销售的能力问题。作为品牌和产品上市的营销负责人,要客观分析新品上市的全过程,挖掘核心的问题原因并提出解决方案。产品开发完,给销售最大影响的是销售基础架构,包括渠道的建立、销售政策制定、展示宣传制作、市场活动开展和广告支持等。**那么,衡量销售基础架构的指标有:渠道进入率、渠道竞争力、促销活动的竞争力、渠道经理及零售终端销售之间的密切关系,以及展示的位置等。**

> 营销者按图6-2梳理的监控环节一步一步仔细检查是否执行到位,渠道架构中有没有提升的空间。当这些都执行到位,还没有打开销路的话,再考虑调整价格。如果价格调整后还卖不动的话,那很可能是产品竞争力的问题,要决定是否保留这个产品型号(线)。同时评估这个决定对整体业绩目标的影响。最后,在新产品上市后,品牌要密切观察分析竞争对手有没有改变营销活动来应对,准备"防御"或"反攻"的适合方案。

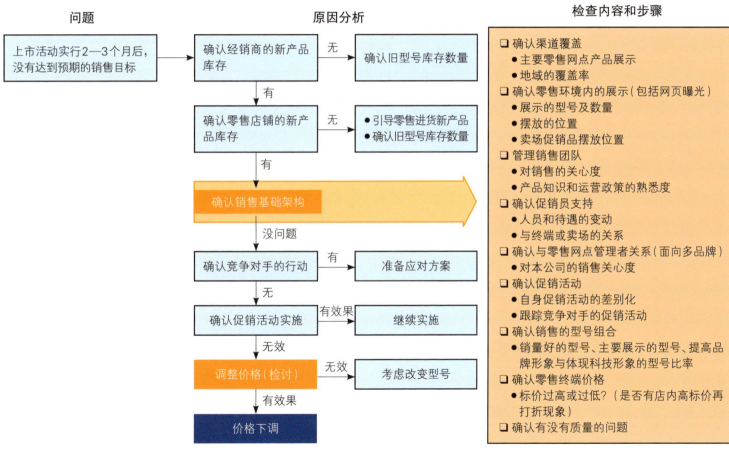

图6-2 上市后的监控实施步骤

空白页——上市后如何监控

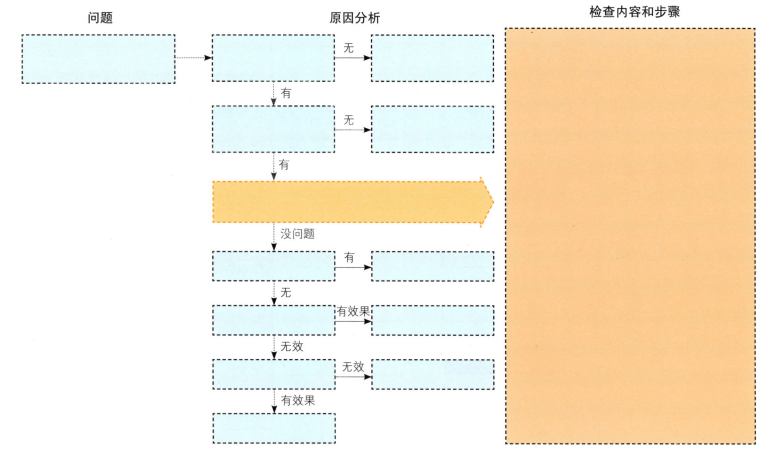

图6-3 上市后的监控实施步骤(空白)

案例——成都空调故事 1of 3

在一个春暖花开的下午，窗外展示出勃勃生机，春风吹得神清气爽，一抹抹绿色涂染着整个城市。在某跨国公司的总部大厦里，创新营销部的海外事业负责人迈达斯先生突然被"大老板"请到18层的商务办公室。迈达斯不知道什么事，一边忐忑不安一边又有点好奇。窗外一条弯曲流淌的江河，江边熙熙攘攘的人群，欣赏绽开的花朵，风景宜人。大老板看到迈达斯走进来，马上招呼："请坐！听说你以前在中国工作过，是吗？"迈达斯瞄了一眼窗外回答："是的，大概四五年前工作过一段时间。""哦！你知道公司非常看重中国市场。目前在中国的空调合资厂产品卖得不好，他们请求总部派人去支持。迈达斯先生，你有兴趣吗？""是这样呀！我理解在总部有中国工作经验的人不多，但最近我刚刚和您汇报了我正在开拓美国的空调市场和巴西的显示器市场，有些忙不过来了。所以，可以的话我还是集中精力在现在的工作上吧。""其实，你没有选择的余地。中国总部指名道姓要求请你去。虽然你现在的工作很重要，而且时间安排上有些紧张——如果你真的不愿意的话，我也不勉强你——但是中国是一个潜力很大的海外市场，帮助他们改善也是你分内的工作吧。美国的开拓方向已经定了，执行团队按部就班地准备，应该没什么大的问题。巴西呢，听说你和当地的产品管理团队合作得挺好，所以只要定期确认他们的进展程度就可以吧。就这样边支援中国市场边做吧。""您是这么想的话，那我就知道了。什么时候出发？""中国那边说越早越好。你看能不能一周之内把工作整理好，然后出发？"迈达斯点点头，"知道了。"

一周之后，迈达斯先生来到了中国。中国总部派他到成都支援空调市场，负责包括四川、贵州、云南、西藏、青海、甘肃、新疆等比较不发达的地域。从领土面积来看，几乎是整个中国的一半疆域，非常宽广，但收入水平比别的地方低。也就是因为地域广，相比一线城市北上广深不容易管理。被派到中国工作的都不愿意负责这个地域。

成都分公司有四位总部派来的高层领导，包括总经理，和当地30人左右员工一起工作。为了拓展空调销售，分公司成立了8人小组。总经理本人是战略策划部门出身，没有太多实际运营经验，首次对"盈亏表"（P&L）负责，且语言沟通也有障碍；计划管理部门的高层是工厂管控成本的，首次海外工作，语言也有障碍；运营和销售部门的高层语言沟通好些，但是工作的实力和经验不足。

故事的背景都交代得差不多了。如果读者是迈达斯先生的话，现在该怎么办呢？从哪里下手呢？前面介绍了如何监控市场，这里就借助同样的"步骤"来演示，如图6-4所示。

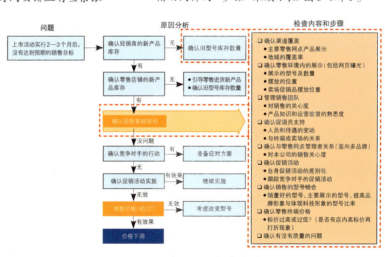

图6-4 上市后的监控实施步骤

案例——成都空调故事 2 of 3

知己知彼方能百战不殆。迈达斯先生到了成都后，为了把握成都市场的实际情况，要求当地员工提供现阶段业绩资料。没想到大家都不太愿意合作。原因是当地员工认为迈达斯先生是来"抢他们的饭碗"的。于是，迈达斯先生找个机会当面说明他来成都的目的是为了帮助当地事业部解决现在的问题，越早越快解决，他就可以回国了。这在某种程度上消除了当地员工的戒心。中国有句古话——"日久见人心"，成都本地的员工知道了迈达斯先生来成都的目的，观察他做事的风格，慢慢了解他的为人，开始帮助迈达斯先生，一起走访经销商，洽谈、听取一线真实的反馈情况，检查仓存等。全面了解空调产品在渠道流通中订购、销售和库存的详情。

产品销售不理想时，大部分原因都在品牌方自己身上。在对比竞争对手之前，首先梳理自己的销售渠道架构。迈达斯先生发现各个地区经销商都还有很多去年产品库存。因为库存压力，经销商头疼如何处理，不敢再进新的型号。有的经销商抱怨去年品牌答应给的促销支持和活动支持都没有兑现。因此，渠道和品牌方的信任度面临崩溃，很多经销商不愿意再合作并要求把去年的货退回给品牌方。更雪上加霜的是天气也不好，从春天开始一直下雨。这样头痛的情况下，如何克服呢？迈达斯先生带领团队重新和经销商谈促销办法、职责分工和执行细节，处理好库存，努力恢复现有经销商信任，同时开拓新的经销商。业务刚刚有所起色，但市场情况却越来越困难。

当时长虹作为中国最大的电视机生产厂，总部在绵阳，离成都很近，自然把成都作为空调业务的大本营，开拓生产和销售。这么一来，很多经销商都等长虹的空调入市，而不进迈达斯先生公司的产品。而且老天好像专门和成都作对似的，成都雨下得越来越大，长江快泛滥了。而长江下游，上海附近，却是有史以来最热的天气，天天超过40摄氏度的高温，空调卖疯了，都断货了。因此，各公司纷纷从成都等西北地区调拨空调去救急长江下游的市场。迈达斯先生的公司也不例外，每天被催促放货。

空调是季节性很强并受天气影响大的产品，如果成都继续下雨的话，当地的货可能就变成永久库存了，会对明年的销售造成很大的影响。因此，一定要把产品卖掉。那不如"顺水推舟"把库存调拨给上海去。但是，一旦成都天气转好，经销商和顾客都需要产品时，品牌方没货，这肯定也对明年的业绩造成致命的打击。那该怎么办呢？如何把等待长虹空调的经销商吸引转化过来？迈达斯先生每天伤脑筋想办法，但没找到合适的主意。

于是，把销售请到茶馆坐坐，边喝茶边轻松地聊天，自由地头脑风暴一下。席间一位销售介绍中国最大的空调品牌格力进入成都市场时搞过一个"寻宝"活动。迈达斯先生一听，不理解为什么空调品牌为了儿童搞活动？产品购买人群和决策者都是成人呀。于是对销售问："为什么针对孩子呢？"那位销售员一语道破天机："在中国，一个孩子带六个大人，爸爸妈妈、爷爷奶奶和姥姥姥爷。"这是中国独生子女政策造成的。于是孩子很宝贝，很多决策都是围绕孩子来决定的。这样就不难理解有孩子参与、大人陪同的活动，通常效果是"爆满"。

案例——成都空调故事 3of 3

Bingo! 猜中了!

大家都兴奋起来,好像发现了宝藏。集思广益、畅所欲言、发挥想象力、并找了活动合作伙伴,策划了如下的活动:

- 针对儿童搞活动:叠纸飞机比赛
- 主题:"看谁飞得远"
- 场所:儿童公园(方便参与)
- 接受参与登记的地方:经销商店铺(引导报名参加的人接触到品牌和产品)
- 如何宣传和报名:通过当地新闻报纸广告招募,还有经销商店内挂横幅、海报、市内户外横幅等办法
- 申请参加的所有人登记后,直接给T恤衫3件;活动当天,一定要穿
- 收取一定的报名费(比一件T恤便宜),这么做是为了提高参与度和锁定人群
- 活动现场邀请主要的经销商来参观
- 比赛的奖品就是空调产品,这样很自然地把产品曝光给顾客,并引起关注;还有T恤衫是高质量的、有领子的,确保参与者愿意穿,并有品牌和产品宣传印在T恤衫上

一切都准备就绪了。蓄势待发,明天就是活动的大日子了。迈达斯先生和空调销售队都非常有信心,如果没下雨的话,活动会搞得很成功。

到了活动当天早上,迈达斯先生准备去活动现场,雨却开始渐渐沥沥。他也有些犹豫要不要取消这次活动。咬咬牙,先到活动现场看看再说吧。到了儿童公园,雨变小了,好像快停了。也许是团队的努力感动了上天,迈达斯先生决定按原计划举行活动。当天现场,四川省最大的经销商当场打款100万现金决定进货,不再等长虹的空调了。看到大的经销商这么爽快,中小型渠道运营商也开始陆陆续续下单。这恢复了经销商们的信任,效果很明显——库存一扫而光,新产品上市也成功了。在成都市场迈达斯先生的品牌和长虹平分天下了。

这次经历对公司销售团队打动非常深,从困境中走出来,通过成功的促销活动恢复渠道的信心,引起消费者的关注,也建立了团队的信心和彼此的信任。迈达斯先生任务圆满完成,准备回国了。其实成都区域的续约邀请函也准备好了……

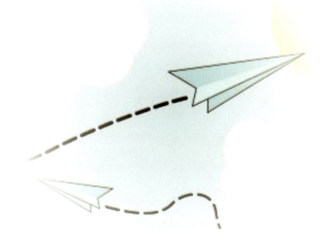

第七章
顾客体验管理
Customer Experience Management

7.1　顾客关系管理定义 CRM Definition　　/ 214

7.2　顾客关系管理的发展局限 CRM Development Limitation　　/ 215

7.3　顾客体验管理和重要性 Customer Experience Management and Importance　　/ 217

7.4　顾客购买历程图 Customer Journey Map　　/ 221

7.5　CEM开发流程 CEM Development Process　　/ 225

7.6　体验设计 Experience Design　　/ 231

7.7　顾客互动体验日历 Customer Experience Calendar　　/ 235

顾客体验管理
Customer Experience Management

　　随着技术的发展和竞争的激烈,产品差异性越来越下降。当今的市场环境,信息量超大且变化超快,营销者倾向于从设计、品牌和服务来寻找差异方向。在发展品牌的不同阶段,顾客关系管理(Customer Relationship Management, CRM)、数字营销(Digital Marketing)、移动营销(Mobile Marketing)、社交营销(Social Marketing)、大数据营销(Big Data Marketing)、黑客增长(Growth Hacking)等都从自身的优势出发,协助营销者和品牌接触、影响和增长受众群体。在这一章重点梳理顾客关系管理(CRM)到顾客体验管理(Customer Experience Management, CEM)的演绎,从顾客的角度出发,理解如何认知价值和筛选认可的品牌清单。得到了顾客的认可,自然也推动了业务的增长。

顾客价值管理体系 Customer Value Management System

创造价值 Create Value → **转换价值 Convert Value** → **传播价值 Communicate Value** → **管理价值 Manage Value**

了解顾客需求：
- FAW 宏观分析
- 3C 分析
- 技术分析

开发产品概念（差异化功能）

- 品牌
- 设计
- 价格

- 产品概念确定
- 联合分析

产品型谱战略确定

研发与生产：
- ☐ 成本
- ☐ 功能
- ☐ 日程
- ☐ 设计变更

开发传播概念：
- ☐ 差异化内容
- ☐ 五感：看、碰、听、闻、尝
- ☐ 一贯性
- ☐ 以顾客的语言
- ☐ 时间/周期

- 上市活动
- 品牌阶梯
- 信息媒体渠道
- 产品流通渠道

- ☐ 监控渠道
- ☐ 市场反应
  - 销量
  - 差异化功能
  - 价格
  - 产品的外观设计

Customer Experience Management 顾客体验管理

- 微观环境
- 调查办法
- 竞争力分析

- 无偏见测试
- 云端互联配合

- ☐ 差异化功能搭载
- ☐ 型号数量
- ☐ 价格
- ☐ 产品生命周期

营销者技能（经验、知识、直觉等）

- 传播概念
- 广告
- 定价
- 活动与体验

营销者技能（经验、知识、直觉等）

- 广告促销
- 体验活动
- ☐ 售后服务和管理

改善内容反馈

第 7 章　顾客体验管理

7.1 顾客关系管理定义

维基百科（Wikipedia）上是这样定义客户关系管理（Customer Relationship Management, CRM）的：一种管理公司与当前和未来客户交互的方法。CRM方法试图分析客户与公司的历史数据，以便更好地改善与客户的业务关系，特别是关注留住客户，以推动销售增长。CRM方法的一个重要方面是CRM系统，它汇集来自各种渠道的信息，包括公司的网站、电话、电子邮件、在线聊天、营销材料、社交媒体等。通过CRM方法和利用CRM的系统，企业可以更多地了解目标受众以及如何最好地满足他们的需求。

顾客 C——Customer

街边的夫妻小店把"走进店内"（Walk-in）的人都看成顾客。产品开发和品牌传播都有对目标受众的描述，譬如"35岁左右的有志青年，65%男性，月收入过万，大学以上学历"。那么，CRM通过"大数据"来挖掘跟踪目标受众，并就其不同的状态分类如图7-1。营销者眼界开阔在整个市场（Universe）里寻找捕捉当前和未来潜在受众（Potential Audience）的"鱼群"，设计渗透品牌和产品体验和互动的接触触点，改变他们的认知和想法，赢得认可并把产品加入其"备选品牌清单"（Brand Consideration Set）。当顾客需求被触发，提高购买转化并迅速增长业务。针对有意向的选购者（In-Market Shopper），即短期内有可能采取购买行动的顾客，品牌设计系列CRM活动来促成其转化成品牌潜客（尚未购买）和顾客（Customer, 已购买），并通过顾客生命周期CLM（Customer Lifecycle Management）沟通计划、俱乐部生活（Club Life）、每月/周通信（Newsletter）或电子杂志（e-Magazine）来保持长期的沟通和联系。这是初级的长期沟通计划，以注册登记为主（Subscription）。

关系 R——Relationship

品牌和顾客之间不仅限于"交易"的关系，还可能发展"情感""关怀"层面的关系。打破品牌和消费者之间的陌生

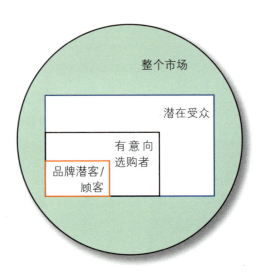

图7-1 定义顾客的范畴

感，俗称"破冰"，是建立品牌认知（Brand Awareness）的第一步。营销者从心理学和行为学专家的研究中得到很多关于认知和熟悉感的启发。比如人们很难区别"熟悉感"和"真相"；对情感关系会"因为喜欢，便认同"。因此，建立和维护品牌与顾客之间的这个"情感"在品牌建设中很重要。

管理 M——Management

不断自检品牌是否满足顾客的需求，理解顾客忠诚于品牌的内因。与顾客接触时间和频次，以及提供的信息是否满足顾客的需求和期待。

7.2 顾客关系管理的发展局限

CRM项目初期集中在提升忠诚度和再次购买率的努力上。用实际的数据来证明经营已有顾客的"老生意"比争抢新顾客更有效。这古老的经商原则从街边的夫妻小店也可以观察到。但是，在扩大市场规模和进入一个新兴领域，需要快速增长时，进攻和"狩猎"更多潜客是必不可少的生存手段。在顾客购买过程的各个环节都是营销者建立"关系"（Relationship）的好机会。利用现有的渠道、活动、网络、应用来吸引招募各类潜客。就像"存钱罐"一样，收集的信息和数量变成非常直观的指标。公司借助已有的品牌宣传制作成定期传播内容，比如周刊、月报、活动邀请、促销优惠等。根据顾客的反馈，购买意向程度，市场部尽快把顾客转给销售和渠道去跟进，这就形成了一个可以跟踪的"闭环"。营销者可以根据数据分析来不断地优化。

图7-2演示了CRM精准目标受众的过程。有人用冰山的一角来形容CRM的工作，因为精准让CRM接触的顾客范畴好似露出水面的一角冰山，而很多公司内部推进的事情并不简单。CRM在公司组织架构里属于辅助功能，支持销售、品牌和售后，给事业部"锦上添花"，而并没有和公司的核心差别战略融合在一起。CRM的核心工作是围绕着目标顾客，即

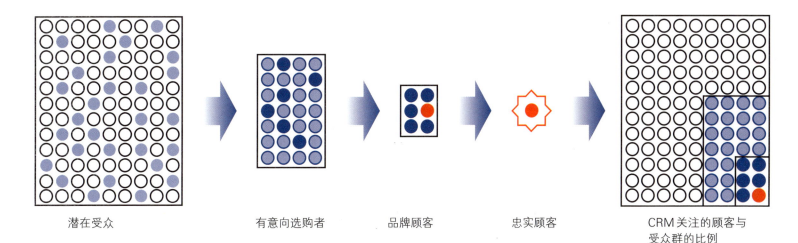

潜在受众　　有意向选购者　　品牌顾客　　忠实顾客　　CRM关注的顾客与受众群的比例

图7-2　CRM精准受众的画像

图7-2中的红点,这同时说明现在CRM管理的顾客范畴太过局限性。对于产品生命周期(Product Life Cycle, PLC)长的产业,品牌认知和传播就会比较弱。因为开发新产品的周期长,只有新品推出时才配合大量市场宣传投入,有机会引起顾客关注。而日常传播很难引起顾客注意,也很难建立持续的关系。虽然CRM推动忠实度很重要,但受限于狭窄的目标对象,贫乏的沟通互动内容和有限的频次,所以很难有显著的效果。当公司投入了IT资源,搭建后台数据库并配备相对完整的CRM团队,在业务需要突破和增长时,CRM却表现乏力,看不到效果和业绩。于是公司将其变形成数字(Digital)CRM、社交(Social)CRM、移动(Mobile)CRM,通过引入一个媒介来扩大接触受众群的机会,提高增长速度。

为了提高品牌好感度和赢得顾客认可,CRM工作还有很大提升空间。多数情况下CRM作为成本中心(Cost Center),或关怀中心(Care Center),接受和处理顾客抱怨,而不是盈利中心。但是,其实关注在顾客需要的关系(Relationship)和体验(Experience)上才是推动公司未来业务发展的关键业务。

7.3 顾客体验管理和重要性

7.3.1 顾客体验管理CEM

从顾客的角度分析,认识一个品牌,且产生好感,顾客会把它放在自己认可的"备选品牌清单"(Brand Consideration Set)。当做购买决定的时候,顾客会从"备选品牌清单"中评价和抉择。如果我们的品牌在顾客认可的"备选品牌清单"内,CRM在"触发时刻"(Trigger Moment,接近购买决策时刻),提供合适的信息可以促成购买。如果我们的品牌不在顾客认可的"备选品牌清单"里,CRM设计与"有意向选购者"的沟通影响很有限。因为在这个时刻,能影响取舍的多半是理性的关键购买因素(KBF):价格、促销、特殊功能等。

CRM的一个优势是依据历史数据分析顾客的洞察,但数据库的广度和深度都受到一定限制。如果单纯存储已购买顾客的历史信息,数据的量级有限。可以通过增加潜客、数码/社交/移动媒介的受众来增长数据的广度。如果仅限于交易数据,品牌可能只有自己产品的价格、频次、型号等数据。特别是产品更换周期长的行业,比如汽车,频次每3—5年可能有复购。可以通过增加使用和服务信息、互动反馈和其他行为信息来增加数据的深度。相比单一品牌,电商的数据量就非常丰富,交易频次提高,产品类别和价位各有特色,再加通过网站或应用跟踪的浏览行为记录,营销者可以建立模型来预测消费者行为从而为企业和品牌带来飞速增长。

为了发挥更大的推动品牌作用,CRM可以在以下几方面改善:

(1) CRM在设计传播对象时,不要那么"精准",只针对"马上买"的潜客作为目标受众。只要对品牌有兴趣,但近期即使没有购买意向的顾客都可以作为沟通和影响的对象。

(2) 传播不应只是单向的品牌宣导。随着互联和社交媒体的发展,沟通都是双向参与和分享的过程。引起顾客的兴趣和注意力,并关注他们的反应和互动,设计沉浸式体验来保持和顾客的关系。甚至依赖受众的再次传播推广。比如耐克的跑步俱乐部(Running Club)鼓励跑步者互相激励、分享和互动。

(3) 在顾客产生"购买意向"之前,营销者都有机会建立品牌和潜在受众之间的联系,维系这个关系,并得到认可进入顾客筛选的"备选品牌清单"。在购买过程中不仅交易部分,包括送货、交货和退货都是品牌体验的一部分。

(4) 与潜在受众的沟通不局限于"特殊的促销和折扣",坚持有差别特色的体验和互动设计帮助提升品牌。

营销者的思想要围绕着"旺季"优化

价值传播，但不应该被禁锢在"旺季"。顾客的购买行为每时每刻都在发生。因此，**不要把维护顾客关系和产品开发周期、上市周期捆绑得那么紧，在消费者生活中随时随地有机会接触，并多次接触品牌和产品的机会。**营销者努力创新、开发结合顾客的日常生活方式，最自然和最方便的品牌体验。这就是 **CEM（Customer Experience Management）**的概念。基于产品力和品牌差异的**资源，不断开拓特色体验，围绕着核心品牌价值孕育新的竞争力。**换句话说，原始产品和业务的核心竞争力是骨骼，加上体验和传播带来的特别感受和触动，就让品牌在顾客面前展现得更鲜活饱满。

Customer Experience Management

7.3.2 体验的分类

在当今信息如此发达、媒体如此繁杂、媒介也空前多样的社会环境下，品牌体验可以无处不在。但企业想赢得顾客的注意力非常不容易，因为接收信息的"开关"掌握在消费者自己手中。从被影响的深度和广度来分析，如图7-3，顾客接受的体验分为"被动""能动"和"主动"。每一类体验在顾客付出的努力、被影响的程度和产生再次传播可能性都不同，如图7-4。很明显主动参与的体验会比被动的对受众产生更深的影响。

第一类"被动"体验：一般受众面很广，但对受众的影响比较浅。它代表普遍的、单向的、传播信息和内容。消费者被动的看到、读到和听到品牌通过电视、平面、户外、广播、数码网络、社交和移动等宣传媒介传达的信息。随着技术的发展，传播的内容和形式更多样化，同时也可以精准投放。被精准定位到的受众可能被有趣、感人、新鲜的内容所吸引，触发再次传播，但在时间和精力上不会付出太多努力。

第二类"能动"体验：有一定的受众发生了"质变"行动，从"被动"接收信息转为有目的地"寻找"信息。它代表实时双向对话，和主动查询或比较的内容。消费者能自主搜索、点击、询问（电话/聊天/邮件）、关注、点赞、转发等动作来互动。与品牌互动的界面有搜索引擎、论坛BBS、博客、顾客关怀中心、社交网路、移动应用、自媒体、朋友圈等多样媒介载体。被搜索和查询到的信息有可能被再次传播和分享，多数情况会加入顾客自身的观点和评价。

第三类"主动"体验：集中部分受众主动接受品牌传播的深度影响。它代表交互体验的、与产品、服务和应用使用相关的内容。消费者主动在时间、空间、精力上付出，全面调动感官来参与：看、听、闻、尝、触摸和心觉，体会氛围、感受现场、亲自操作和使用产品。通过品牌活动现场的表演和演绎、零售终端多维多媒体虚实结合的展示、付款送货安装维修等人员的服务、与产品本身（硬件、软件和应用）的试用、拆包设置、熟悉和使用与品牌接触。主动体验的好坏直接决定产生正面或负面的影响。不管是哪个面，其影响程度强烈，并且被再次传播的可能性大、内容也丰富、声情并茂。

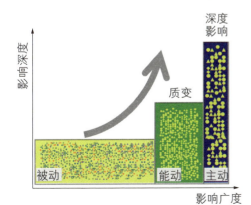

图7-3 体验影响深度和广度的渐变

	受众付出的努力程度			被影响的程度	再次传播/再生内容
	时间	空间	精力		
被动体验	少	无	少	浅	少
能动体验	中	无	中	较深	中等
主动体验	多	有	多	深（正或反）	丰富

图7-4 三类体验对比

7.3.3 CEM的重要性"百见不如一试"

体验营销通过改变消费者的心理（认知和感知）从而影响消费者的行为。在当今信息时代，消费者的认知过程并不是线性的，可能从简到繁、再从繁到简、反复几次、不同时机多维度触动。但改变的转折点都是由内而生。营销者要理解消费者心理上的变化，才能开发有效的传播计划和打动消费者的策略。

消费者因为被吸引、感兴趣、好奇，而开始关注；当顾客有需求、目的和意向明确时，会能动地搜寻。有的需求是自发的，而有时是受到品牌宣传的诱导触发出来的需求，顾客转变认知开始搜寻和关注。当有了明确的需求和目标，消费者开始主动寻找解决问题、完成任务、达到目标的办法。品牌通过展示创新科技、独特创意和艺术设计来吸引打动消费者。当接触和体验带有一定的社会意义、价值观、表达爱和激情，会给顾客更深一层的心理感动，从而自然影响了认知和行为。

维系品牌和潜在受众之间的关系，这好比品牌和受众"交朋友"。不管是通过媒体的曝光、自己过往亲身经历、还是参与品牌活动，顾客自由自在地体验产品和品牌，接触后变得不陌生、有亲切的感觉、好感、甚至感情。当顾客想购买产品或者服务时，他们可以自然而然地联想到熟悉的品牌。营销者的工作就是创造这样的"交朋友"机会。

以有规模的跨国企业为例，说明其营销团队如何创造"交友"机会的。通常这类公司有丰富的产品线和可观的营销资源，可以在潜移默化中影响消费者。除了电视、报纸、杂志等广告宣传，公司以网络和移动为基础打造顾客沟通平台。同时，利用多样媒体和互联技术跟进顾客"闲逛"行为和确定购买意向，并即时提供顾客所需的资料。顾客在很自然的情景下被影响和感染，对品牌产生好感。有实力的企业甚至通过实时媒体报道、公关创造新闻事件、借助第三方公正角度，更直观客观来传播，给最终目标受众留下更好印象、更公正、影响更大。因此，顾客收到大公司和知名品牌的正面传播和好评更多，好感度也就越高。在做购买决定时，这样的品牌已经收纳在"备选品牌清单"。

然而，当企业没有那么大的规模或投入资源时怎么办呢？中国有"百闻不如一见"，指听别人说多少遍，也不如自己亲自看一下，表示多听不如亲见的可靠。在营销传播领域，将其延展"百闻不如一见，百见不如一试"，即使"看"了一百次，不如亲身尝试一次。如果竞争对手是"铺天盖地"的被动"百见"传播的话，那对应的策略就是——"主动体验"。营销者要找有效的沟通办法，创造机会打动顾客，并尽可能让顾客体验品牌和产品的差异。每个公司都有不同的流程和办法让顾客体验自己的产品和服务。在进一步理解顾客购买过程的基础上，本书将梳理CEM的开发流程。

7.4 顾客购买历程图

7.4.1 顾客购买历程图——八卦图

在开发CEM的流程之前，以顾客为中心来了解一下顾客购买历程图（Customer Journey Map, CJM）。通过定性和定量调查，侧重从确定问题、搜索信息、评价备选、购买决策、购买使用和分享阶段检查顾客的"痛点"和"高兴点"。前几章也介绍过顾客购买流程和行为规律，如下页图7-5。在互联网出现之前，顾客的选购行动相对简单：主要靠公司提供的信息来判断决定，购买之后使用的体验也仅限和家人或朋友分享。当互联网普及之后，顾客不仅通过网络、移动和社交媒体收集讯息，而且产品购买过程和使用感受再通过各种社交媒体、自媒体分享出去，对其他消费者购买决策产生很大影响。

特别是网络购物和电商普及后，顾客对产品、购买、交付、送货等体验感受直接分享在交易平台上。那么，在顾客选购产品的时候，遇到负面差评对品牌的破坏性比较大。虽然正面好评并不一定能提高品牌的好感度，但是差评很容易让选购者"排除"这个品牌或产品，即从认可的"备选品牌清单"中删除，剩余的作为新的认可清单。

这使得顾客对购买的过程有更多的掌控，形成一个闭环，反复演绎，好像中国太极八卦图，如下页图7-6。它与顾客购买流程图不同点在于：自己的购买决定受到其他人的购买过程和使用感受的影响。另外，满意的顾客当再次购买商品和服务时，不顺着购买历程步骤重来，而是直接跳入评价阶段，然后购买和使用。如此继续反复形成了一个更紧密的闭环。使得"入侵者"或竞争品牌不容易进入这个环路。

值得关注的是不同年代，顾客细分市场有不同的购物历程图。营销者需要定期地检查目标受众的购买行动变化。比如有这样的顾客非常明确自己喜欢的几个品牌，一直追随品牌的最新产品，并且只接受这些品牌的产品。这样的"品牌铁粉"还会自发维护品牌的利益。

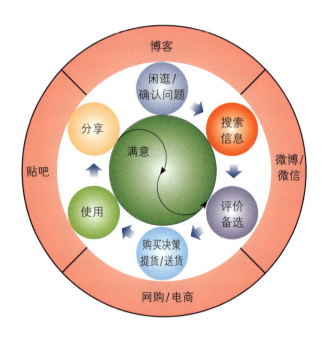

图 7-5　线性顾客购买流程图　　　　　　　图 7-6　顾客购买历程图——八卦图

7.4.2 购买历程的各阶段洞察

> 在购买历程中，放大分析消费者在每个阶段的想法、需求和行动。

"分享"阶段消费者：
- 有产品使用问题时，联系品牌售后服务支持，要求置换产品
- 在网店评价商品和卖家
- 在自己的社交媒体和朋友圈分享感受
- 如果产品本身没问题，顾客的评价一般给正面好评，其中有"爱面子"的心理，一般不愿意承认自己买错了商品
- 品牌应尽快解决顾客有关质量和送货不满意的问题，延迟会将问题升级，顾客带有强烈情绪地分享，可能导致公关危机

"闲逛/确认问题"阶段消费者：
- 没有特别的目的和需求，在常去的地方随便逛逛，不刻意查询
- 从朋友或其他人聊天中发现有趣、搞笑的事等，并愿意再分享
- 在网上浏览，刷朋友圈和网络红人
- 关注品牌或"大号"的事件、讯息和产品，参与有趣话题讨论并分享朋友圈
- 参观展览、参加品牌体验赏鉴会、研讨活动，分享照片
- 关心家人和朋友关注的内容

"搜索信息"阶段消费者：
- 主动搜索和查询需要的讯息
- 调整自己认可的"品牌清单"，对负面和批评的讯息敏感，判断并删除某个或某些品牌
- 寻求朋友圈的意见
- 去旗舰店或体验中心考察价值高的产品
- 收藏或标为书签常用网站或频道
- 关注他人在网上的评价以及品牌官方反应

"提货/送货和使用"阶段消费者：
- 关注从购买到安装的全过程
- 等待快递送货，或自己去指定零售网点提取
- 有安装需求时，选择品牌直购，通过品牌呼叫中心或零售网点咨询有关安装事宜
- 当简单补充续订衍生产品或附件时，挑选网购方便
- 关注发货和送货时间，如果送货有问题，要求退订；一般网购平台要求退订先和卖家商量，同意后顾客先垫付运费，然后依据退货原因，决定由哪方承担费用，同时等待物流处理

"评价备选和购买决策"阶段消费者：
- 不仅网上、移动端应用和页面都可以购物
- 比较价格、便利性以及送货等来决定是否网购
- 顾及上门安装或售后服务，考虑线下交易
- 初期，网购主要以价格便宜赢得顾客青睐，现在便利性是主要决定因素。随时随地买，查找促销和评价方便，送货快慢差不多
- 需要时，在线连接厂家或卖家咨询

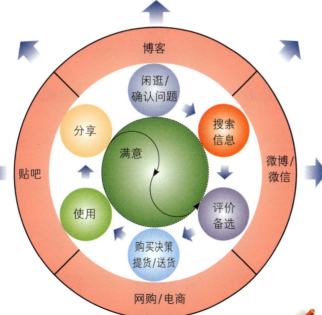

图7-7 顾客购买历程的各阶段洞察

写下你的想法，分享给 raynwang@yahoo.com。
(Icon made by Freepik from www.flaticon.com)

7.4.3 网购流程示例

随着互联时代的变革,顾客购买流程和生活方式发生很大变化。如下图7-8所示。供读者参考,可以根据自己公司实际情况修改调整。

值得营销者关注的是通过网络购物时,送货的时间和费用对顾客满意度影响最大。随着各家品牌在电商平台服务推出自提方式,很巧妙地把线上购物和线下体验结合在一起。另外,越来越多消费者因为方便,而不再只是价格便宜而选择电商。网购产品的质量稳定、包装固定且大多无须安装。这些都促使网购更成熟。

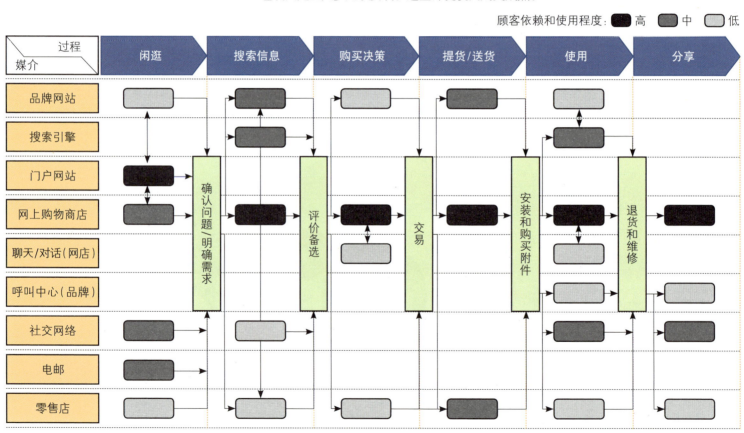

图7-8 网络购物流程

7.5 CEM开发流程

7.5.1 CEM开发流程概况

前面几章介绍了营销业务流程和新产品上市流程。在这里为什么还强调CEM开发流程呢？因为这个流程上的一点差异可能导致结果上非常大的差距。CEM的目的是在顾客有需求意向之前，营销者设计与顾客互动并引起其对品牌和产品的关注并建立好感；在顾客明确购买意向时，顾客在自己熟悉、关注、并认可的品牌清单里选择和评价，营销者努力影响自己的品牌被加入认可的备选品牌清单；在交易发生后，营销者设计顾客和品牌的互动平台，保持良好的关系，增加品牌好感度。这和新产品上市流程不一样。产品上市时，主要围绕新产品宣传，最大化上市销售。虽然CEM也考虑新产品上市传播的时间和内容，但CEM主要以顾客为中心，考虑全购买历程的体验。营销者可以利用产品上市活动，作为一种特殊的品牌和产品体验活动，确保顾客期待的短期和长期最佳效果。

在CEM流程中，开发有创意的理念和建立平台是核心步骤，但这都是在把握顾客需求的基础上。而且，生活方式的改变会很大程度地影响顾客的行为。因此，CEM流程中第一关心的是有关顾客购买历程图CJM的变化；第二关心的就是顾客生活方式的改变，这不仅对设计营销活动有影响，而且对CJM本身也产生影响。如图7-9，CEM流程中第一步把握顾客需求——最重要的是理解顾客购买历程和行为习惯。它对营销者后续开发设计创意的理念、建立顾客体验平台都有很大影响。

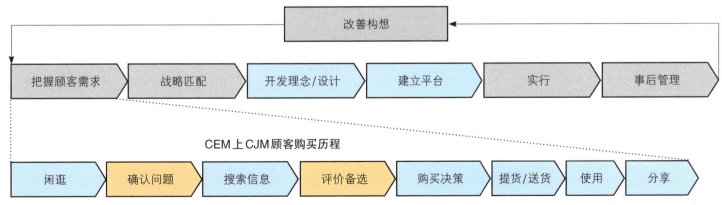

图7-9　CEM开发流程

7.5.2　CEM开发流程明细

如果营销者把握好顾客的购买行为习惯和偏好，那么在设计体验平台和渠道策略时更得心应手，为顾客量身定制传播体验，并提高其满意度。在设计阶段，创意是灵魂；体验可能是一次、多次或长期；介质也有单维、立体或多媒；感受通常是视觉、触觉和六感虚实结合多方面的。搭建平台时，营销者全面布局产品信息传播，充配流通渠道，并缜密规划覆盖策略。详细流程如图7-10。

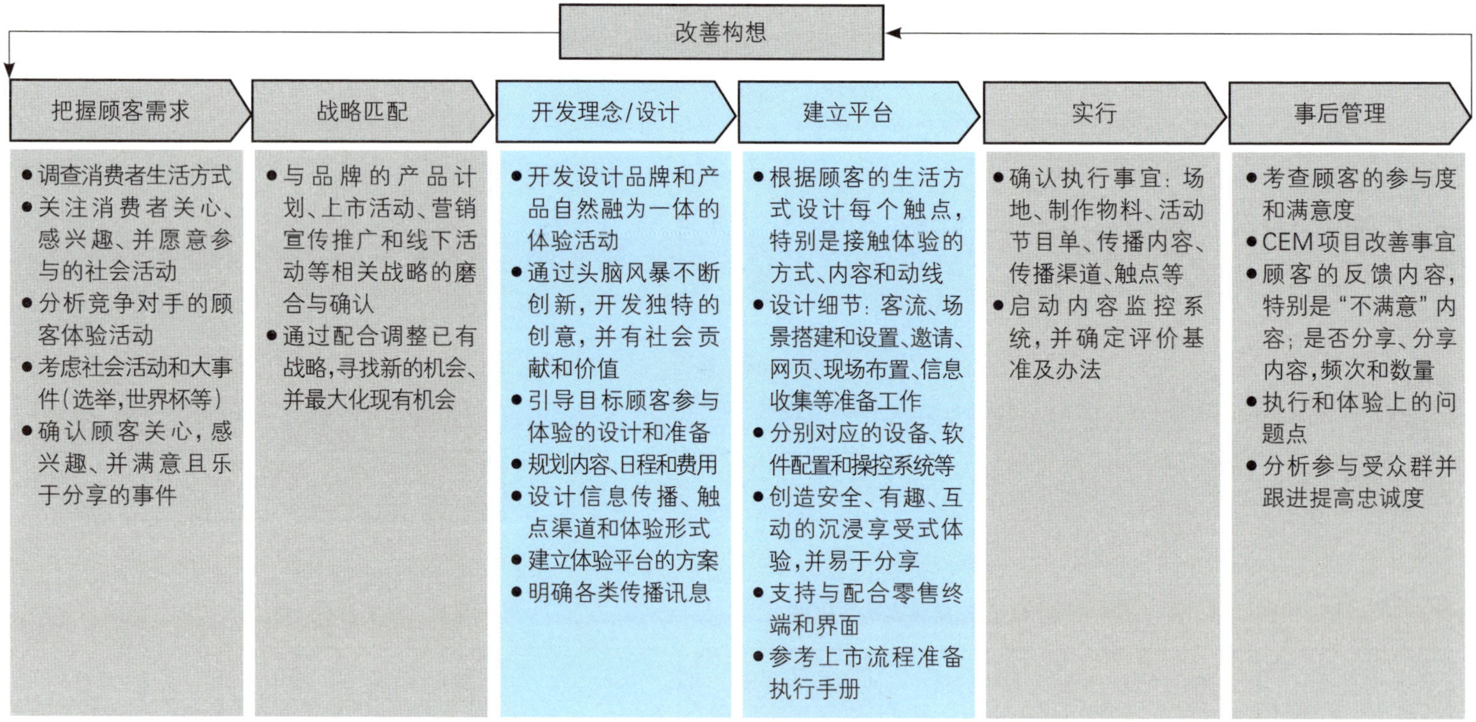

```
                          改善构想
         ┌────────────────────────────────────────┐
         ↓                                        ↑
把握顾客需求 → 战略匹配 → 开发理念/设计 → 建立平台 → 实行 → 事后管理
```

把握顾客需求
- 调查消费者生活方式
- 关注消费者关心、感兴趣、并愿意参与的社会活动
- 分析竞争对手的顾客体验活动
- 考虑社会活动和大事件（选举，世界杯等）
- 确认顾客关心，感兴趣、并满意且乐于分享的事件

战略匹配
- 与品牌的产品计划、上市活动、营销宣传推广和线下活动等相关战略的磨合与确认
- 通过配合调整已有战略，寻找新的机会、并最大化现有机会

开发理念/设计
- 开发设计品牌和产品自然融为一体的体验活动
- 通过头脑风暴不断创新，开发独特的创意，并有社会贡献和价值
- 引导目标顾客参与体验的设计和准备
- 规划内容、日程和费用
- 设计信息传播、触点渠道和体验形式
- 建立体验平台的方案
- 明确各类传播讯息

建立平台
- 根据顾客的生活方式设计每个触点，特别是接触体验的方式、内容和动线
- 设计细节：客流、场景搭建和设置、邀请、网页、现场布置、信息收集等准备工作
- 分别对应的设备、软件配置和操控系统等
- 创造安全、有趣、互动的沉浸享受式体验，并易于分享
- 支持与配合零售终端和界面
- 参考上市流程准备执行手册

实行
- 确认执行事宜：场地、制作物料、活动节目单、传播内容、传播渠道、触点等
- 启动内容监控系统，并确定评价基准及办法

事后管理
- 考查顾客的参与度和满意度
- CEM项目改善事宜
- 顾客的反馈内容，特别是"不满意"内容；是否分享、分享内容，频次和数量
- 执行和体验上的问题点
- 分析参与受众群并跟进提高忠诚度

图7-10　CEM开发流程明细

CEM开发流程示例——进度/内容/分工

● 负责人　○ 支持

流程	开发理念			项目设计	准备过程/交付时间	开始/施行	监控
	设计	评估	详细计划				
内容	❑ 创作内容和想法 ❑ 筛选最合适品牌的创意 ❑ 设计详细计划 ❑ 分析竞品 ❑ 独特的内容和活动			❑ 详细行动计划 ● 活动内容 ● 传播 ● 征集和收集潜客 ● 时间表 ● 预算	❑ 准备就绪：营销制作、加工、材料、合成及运营 ❑ 进程表：交付日	❑ 操作检查 ❑ 实时报道 ❑ 报警升级流程 ❑ 风险管理 ❑ 执委会	❑ 反馈 ❑ 评价
组织者							
营销部*	●	●	●	●	○	●	●
销售部	○	○	○	○	○	○	○
售后部	○	○	○	○	○	○	○
生产/运营	○	○	○	○	●	●	●
公关/传媒	○	○	○	○	○	○	○
产品计划	○	○	○	○	○	○	○

* 营销部包括广告、数码营销、社交媒体、网络公关、线下活动、顾客关系管理等功能。

图7-11　CEM开发流程——进度/内容/分工

空白页——CEM开发流程1

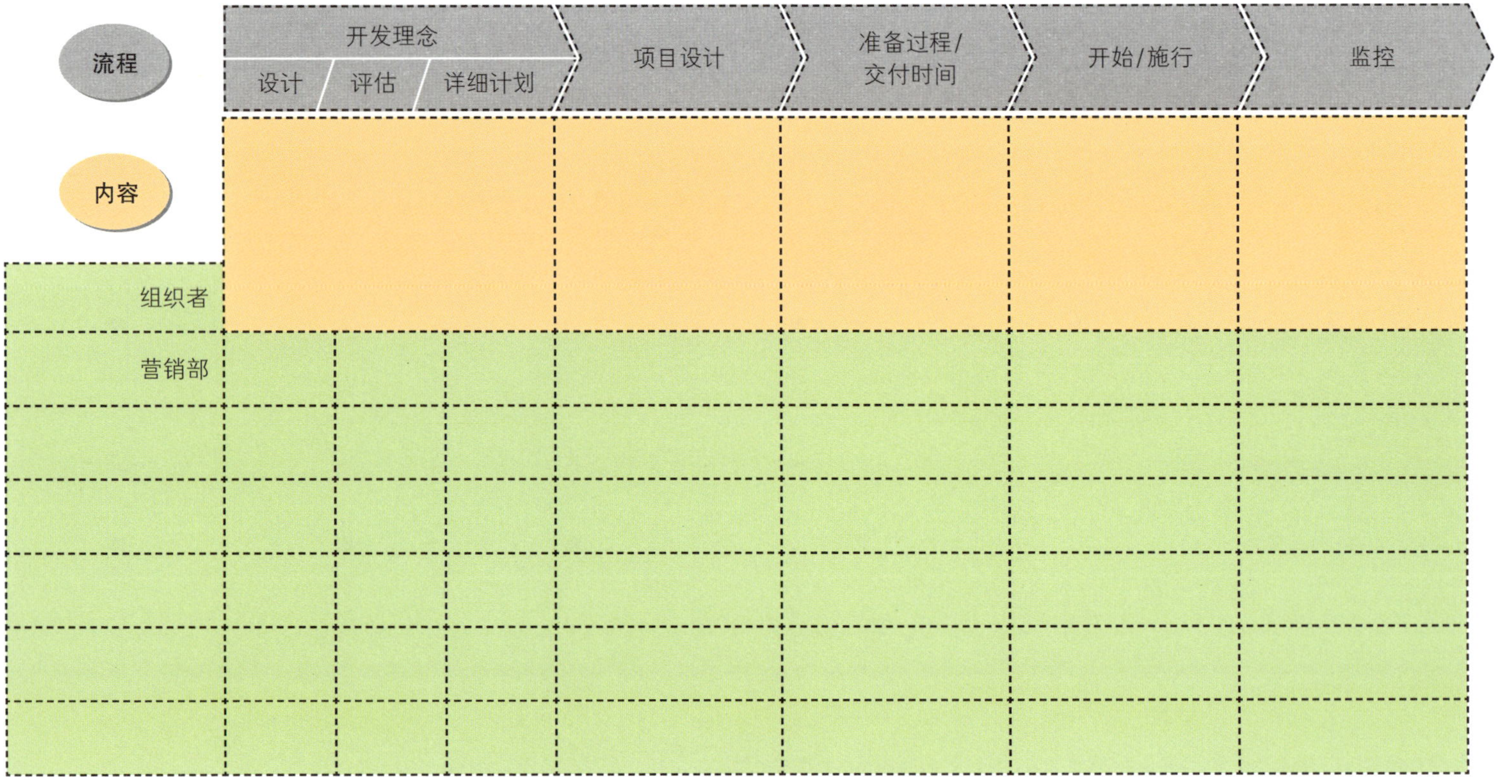

流程	开发理念			项目设计	准备过程/交付时间	开始/施行	监控
	设计	评估	详细计划				
内容							
组织者							
营销部							

图7-12　CEM开发流程1（空白）

CEM开发流程示例——进度/时间/批复

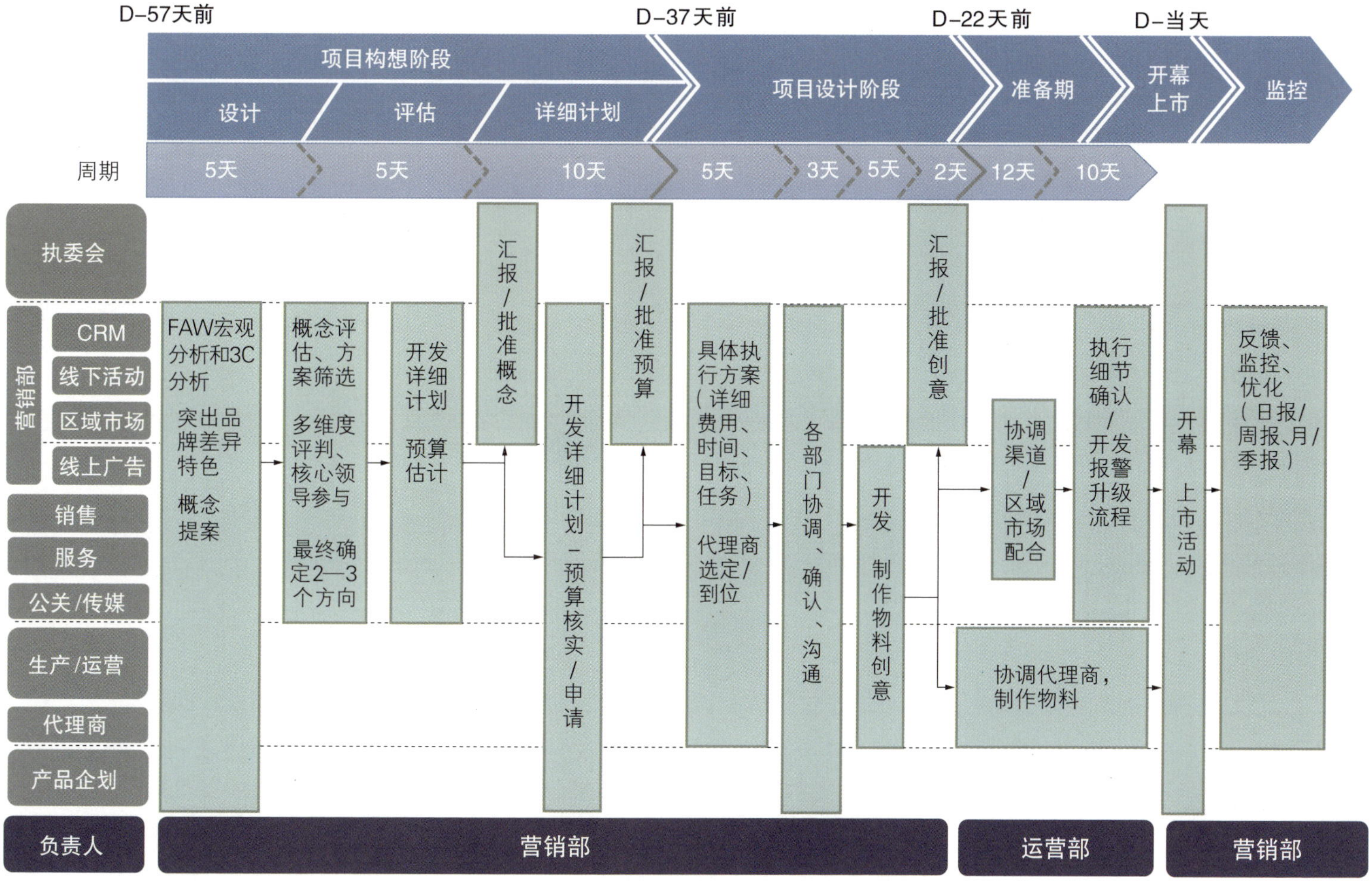

图7-13　CEM开发流程——进度/时间/批复

空白页——CEM开发流程2

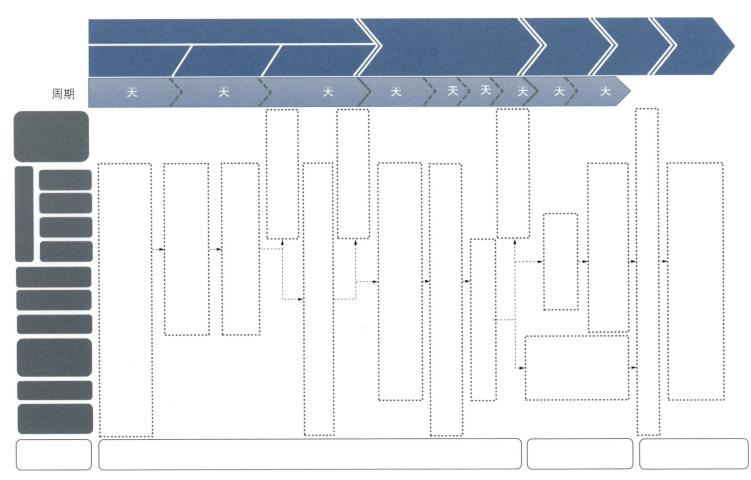

图7-14 CEM开发流程2(空白)

7.6 体验设计

7.6.1 体验设计——目标明确和有创意

在理解了体验营销是通过改变消费者心理认知和感知从而影响其行为的，营销者开始开发体验设计理念。不同的想法和主意可以有很多，但要有明确的设计目标。一个简单的办法来确认目标是否明确，即营销者以顾客的身份自问：

首先，从理性上，回答顾客"为什么参与？"。在顾客决定"出席"之前都会自问"值吗？"。体验设计者非常清楚希望参与者通过体验了解的内容。在规划时明确体验传达的信息，并且具有独特性、新鲜感、绝无仅有。还能让每位参与者都耳目一新，揭示"内幕"有价值的新知识或讯息。

其次，从感性上，为顾客留下"什么收获和感受？"。体验设计者策划浅层的触动体验还是深层的感动体验：浅层的感受和印象主要指直接体会到的有趣、新鲜、好玩儿，并很自然联想到参与者自己过往经历；深层的感觉主要指感动、震撼、触动心灵的情感，比如爱、关怀、激情、情感关系建立。

最后，从行为上，期待顾客"采取什么下一步行动"？不管是现场的尝试、使用、购买、之后的分享、评价和吐槽，都是设计师在规划时要明确的。如果希望参与者再次传播，那么在设计内容中把"讲故事"精炼成参与者可以在电梯里讲完的"一句话"。体验的内容很容易被模仿和复制；同时，帮参与者赢得更多认可，成就"我也要"、"我也佩戴了"、"我也拥有"的效果。

有创意对体验设计是至关重要。创意需要三个因素：可行性（Feasibility，技术层面）、发展性（Viability，业务层面）和意愿性（Desirability，人才层面）三足鼎立才能开发好的创意，如图7-15。如果只有先进的技术和愿意创新的团队，但没有业务价值和发展空间，创意的生命很难维持；如果有业务需求且技术也可行性，但没有人才和意愿也不能实现；那么，如果业务发展有可能，也有人才开发，而技术却达不到，就不能实现这个创意。

创意的好主意从找到灵感开始。灵感（Inspiration）来自生活。到消费者所在的生活环境，商场、集市现场观察和体会，主动寻找可以激发灵感的思考。灵感总是来自经过深思熟虑和有计划的系列行动中：比如跨行业的借鉴，看看其他行业的新做法会很受启发；也可借助时事，比如奥林匹克运动会、世博展览会或国家级庆典活动等。从消费者人生的重要里程碑：结婚、生子、毕业等寻找灵感；也有结合当地风俗和节气寻求灵感的办法。有了灵感，结合业务、技术和人才，一起发展主题，构思创意。利用草图梳理思路，同时可以观察，聆听社交网络上实时的声音和趋势，来帮助整理创作的意义。但千万不要只停留在纸上，一旦主意订了，就想办法付诸行动，不断地实践学习、再完善、直到满意。

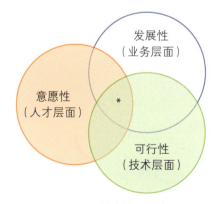

图7-15　创意的三要素

7.6.2 体验设计——时间空间和方案评估

体验设计时,时间和空间的维度都很重要。体验时间主要指日期、时刻、持续长短和频次。时机往往决定事情的成败。首先,应该考虑如何吸引受众顾客,达到最好效果的时机;其次,从产品研发阶段开始策划,参照市场和销售季节,以及当地当时大型活动,如奥运会、国庆等机遇,来选择最佳独特体验发布时间;最后,围绕着该目标时机,调动内部资源和外部力量来执行。

除了特定日期的体验外,定期的、可持续的、长期的体验在影响面和深度会比一次性的、短暂的体验效果更好。

体验空间主要指空间大小、地点、地理位置以及周围环境。对于现实(不是虚拟)的体验设计,位置空间是非常重要的,直接影响传达的核心信息和理念,对品牌的体验有着推波助澜的效果。在设计上,充分利用空间、体积、维度、配合视频、音乐、灯光等表现手段,并控制环境的温度、湿度、声音、味道和视觉的感应效果,通过受众的六感(眼、耳、鼻、舌、身/皮肤和意/心觉)来引领体验过程的情绪起伏波动。

在评价体验创意方案时,主要从长期与短期目标、影响的深度与广度,以及执行的难易程度三个方面来评估。如图7-16。当然也要考虑整体的预算费用、时间和季节性、人员到位和效率平衡等来综合评价。

体验方案评分表

体验设计	预期目标 (长/短期)	影响范围 (大 vs. 集中) (深 vs. 浅)	执行难易程度 (技术可行性)	费用成本	时间/季节性	人员到位/意愿	效率平衡	结论
方案1								
方案2								
方案3								
方案4								
方案5								
方案6								

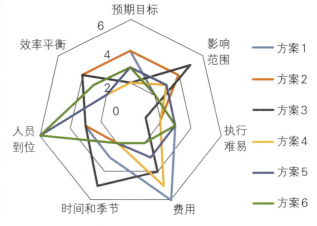

图7-16 体验方案评估表和图

7.6.3 体验设计——大型活动案例

再次强调,从顾客的期待和感受出发,考虑时间和空间的配合。体验设计的项目范围很广,包括体验场馆、展馆、移动路演、零售环境下的活动,以及大型上市媒体活动。相对长期的固定场所,设计要考虑长期使用的可靠和稳定性,同时又兼顾灵活性来满足不同体验设计在感官方面的需要,比如3D演示、氛围营造等。针对全国范围内的移动路演,体验设计要考虑配合参与者征集和媒体宣传。以大型体验活动策划流程为例,介绍七阶段的详细内容:① 概念策划;② 方案设计;③ 深化图纸和制作打样;④ 媒体预热及目标受众的邀请和确认;⑤ 场地搭建和彩排;⑥ 活动现场;⑦ 事后跟踪。详见图7-17。

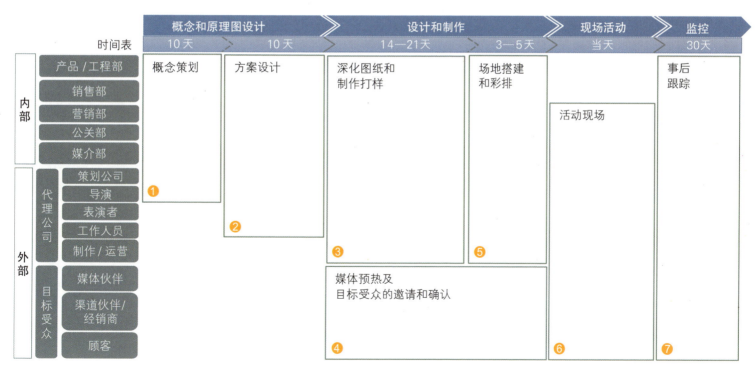

图7-17 体验设计——大型活动(空白)

7.6.4 体验设计——大型活动明细

以大型活动策划流程包括时间进度,内部和外部的主要参与部门,以及从概念策划、方案设计、深化图纸和制作打样、到场地搭建和彩排、活动当天和事后的跟踪。同时,针对活动的目标受众和媒体,开发事前越热和事后的全面沟通计划。

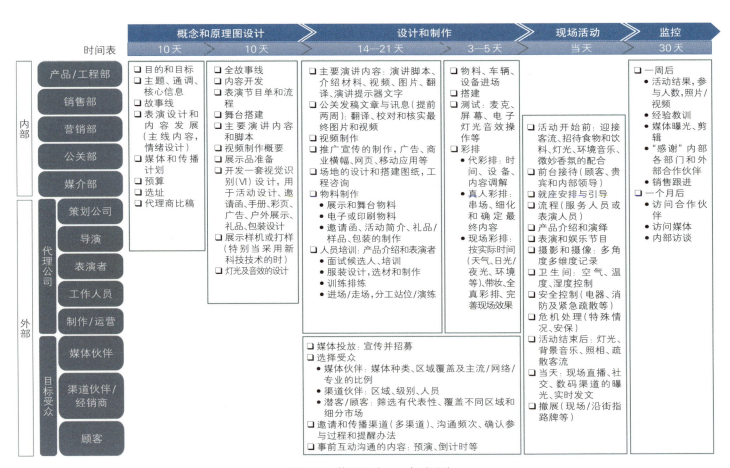

图7-18 体验设计——大型活动

7.7 顾客互动体验日历

7.7.1 传播日历到沟通频谱

在策划和顾客的互动沟通时,值得一提的是传播日历(Communication Calendar),如179页展示的整合市场传播上市计划日历。它是围绕品牌和产品计划而排列的内部工作安排时间表。随着CRM的普及,以汽车行业为例,图7-19展示汽车潜客和车主的"生命周期沟通触点图"。它侧重车主在购买历程中的相关触点,以时间轴为中心,分品牌或经销商主导,在不同时间以不同沟通形式和介质传播的内容。品牌主导官方宣传、产品介绍和品牌体验活动的邀请;而经销商侧重在安排试驾、交车、提供售后保养服务及相关提醒。然而,考虑本章介绍的广义受众群和长期关系的建立,这个"触点图"应扩展考虑到受众的不同类型、体验/活动的设计、长短期平衡、品牌和产品侧重,以及媒介搭配来展示"体验设计日历"。

顾客生命周期沟通触点

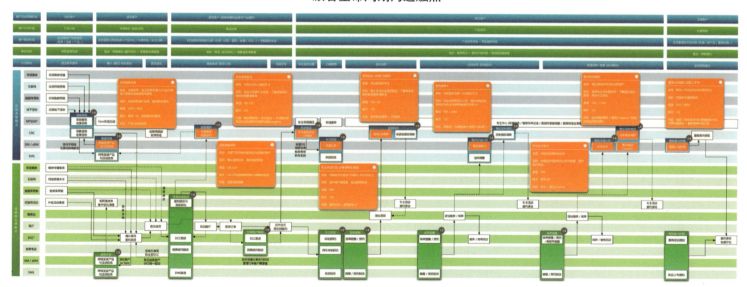

图7-19 汽车潜客和车主沟通计划

7.7.2 顾客体验日历示例

体验的设计可能影响和渗透不同时代的人群。如图7-20，展示了长期，三个"五年规划"的受众人群的演变，从一代人转换到下一代的不同侧重。在品牌的"五年计划"中，可以设计体验日历按目标受众分类（按年龄段），并以受众群为基础，分年度和季度，展示体验和沟通媒体不同侧重，同时标注产品或品牌倾向，如图7-21。

- 长期规划：以受众群的角度出发，包括常规的沟通，体验波谱（涨落）的设计以及对"长尾"群的特殊待遇
- 重点放在有规模、影响面广、可持续的活动上，使其演绎成为品牌资产的一部分
- 平衡产品和品牌体验的设计

本章从CRM定义开始，介绍其发展变化、现状和弊端，以及升级到顾客体验管理。在分析理解了被动、能动和主动的体验类型和消费者心理变化后，借助顾客购买历程图把握互联网和电商对消费者购买行为的影响。更细致地放大把握顾客需求和动机，并梳理出一套CEM开发流程。在开发体验设计的概念时，提醒营销者全方位看待顾客体验。不仅是传播和销售任务，包括产品包装、使用、交货、维修全过程体验；不仅是明天或下个月的沟通，是长期、可持续的定期和顾客交流，包括产品和品牌衍生出的生态圈；不仅是零售端的促销和产品上市会，包括品牌体验馆、路演巡展、移动应用等平台体验。营销者抓住核心的目标、创意、时间和空间巧妙配合并依据有效的办法来评估提案，不断实践、改善和优化。读者可以根据自己公司的情况、行业及顾客特色调整找到适合自己的办法。

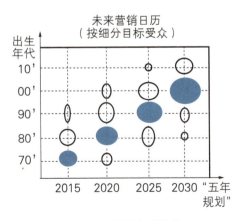

图7-20 受众人群变化

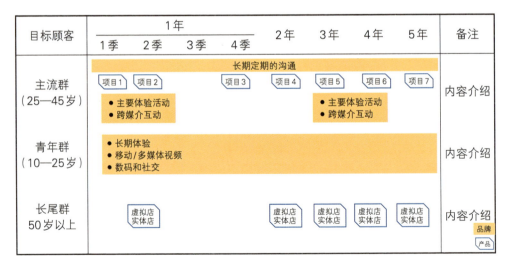

图7-21 五年体验日历

# 第八章
解决问题的能力
Problem Solving Skills

8.1 解决问题的流程 Problem Solving Process　/ 240

8.2 确认问题 Define Problem　/ 241

8.3 挖掘根本原因 Find Root Cause　/ 245

8.4 建议构想 Idea Generation　/ 253

8.5 准备改善计划 Prepare Action Plan　/ 257

8.6 监控 Monitoring　/ 259

8.7 小结和示例 Summary and Cases　/ 261

8.8 积累技能和培养人才 Grow Skill and Develop Talents　/ 265

8.9 业务流程和价值创造体系结合
　　Integration of Business Process and Value Creation System　/ 268

解决问题的能力

  本书的核心内容顾客价值管理体系可以帮助营销者和管理者开发产品、发展品牌和经营业务。实际工作中,解决问题的能力非常重要。这个技能不仅限于营销者,职场中的人才都要培养。针对营销方面,本书特别深入展开,当遇到问题时如何分析判断,找出根本原因,并提出改善方案。这是营销者几乎每天会用到的技能。

  流程就是以简单明了的形式表达工作的顺序、内容和负责人。各种流程可能不一样,但核心工作内容应该差不多。在这一章会整理几个关于解决问题的流程供参考。读者可以结合自己工作的内容和范畴,选择适合的流程,不断地实践和提高,慢慢积累自己有效的解决问题的工具和办法。

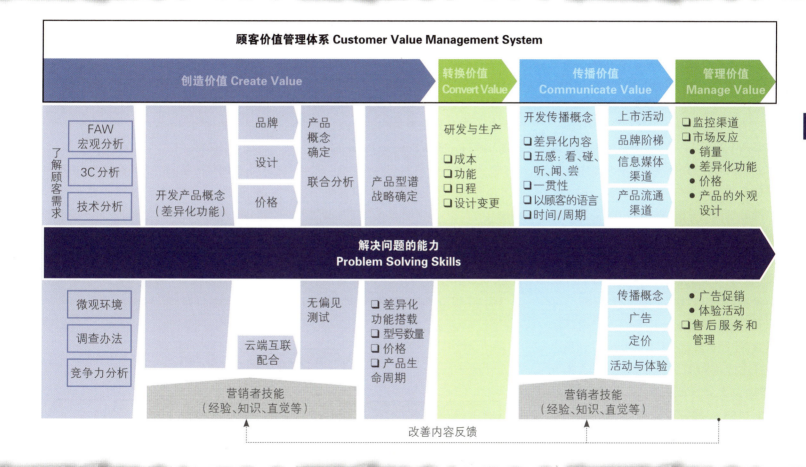

8.1 解决问题的流程

在实际工作中,经常会遇到没有达成目标的情况,这就发现了一种问题。目标分不同层级:比如个人业绩的目标、团队共同承担的目标、事业部的目标以及公司层面的目标。目标有定量和定性的目标,有时两个都包括。达成目标的难易程度也各不相同。在制定目标时,有时是由上至下的分派式,有时是可以协商决定的。以产品计划部门举例,目标设定可能是产品开发日程是否满足实际上市日程要求;或者实际生产成本控制在目标成本之内;或者产品的销售数量等。当有好几个目标同时来衡量产品计划部门的工作效果时,可以通过权重(Weighted)来综合管理目标设定,比如计划完成率占比重10%、销售达成率占比重80%、同时质量达标率占比重10%。

目标一旦确定,就会有达成、超过或达不到的情况出现。那么,负责人要调查分析造成目标达成或不能达成的影响因素。只有挖掘出根本原因,才能继续成功或提高改善。在寻找原因的过程中,需要的技能就是解决问题的能力。比如达不到生产目标或产品质量不达标时,产品开发部门寻找根本原因、提出解决办法、与相关部门协商,执行改善方案从而达成生产目标和满足质量要求的过程就是解决问题流程(Problem Solving Process),如图8-1所示。

值得注意的是解决问题的过程一定要由一个人或一个团队从头到尾负责整个过程。如果像铁路和码头那样,各管一段的话,就会出现各阶段之间相互推卸责任。比如,分析员用自己的办法分析,证明不是自己的错;提出解决建议的人可能利用不同的分析和办法从而导出不一样的结论;那么,执行方案的人最"委屈",搞不清楚造成现状的原因,而且建议方案会被改来改去,但同时承担风险和责任。因此,最好是从头到尾由一个人或一个团队来负责,体现了责任感。

提醒营销者,通常咨询公司的"解决问题"项目建议的改善方案并不好落实执行,部分原因就是咨询公司缺少实际实施的经验,对执行的可能性没有把握。为了避免这样的状况,项目过程中一定要公司的执行和运营团队参与评价提案,尽早明确实际操作中的问题和限制条件。

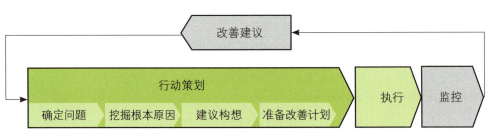

图8-1 解决问题流程

8.2 确认问题

8.2.1 确认问题——什么是问题？

为了解决问题，首先找到"什么是问题""问题出在哪里"？有的公司采取很长很详细的问题阐述说明，然后集合相关人员和部门坐在一起头脑风暴并讨论，过程比较复杂且耗时。其实从实际运营的角度可以很直接看出问题是什么：就是目标和实际之间的差距。问题一般有两种类型，发生型和设定型，如图8-2。

第一种是现在进行式问题，叫发生型。

一种情况，发生型Ⅰ，实际结果没有达到目标，给公司经营造成影响。这很明显是一个问题。负责人寻找根本原因来改善进行中的问题。现实中，很多"问题"出现在正在成长的市场。为了"加速"发展，公司会设定激进有野心的目标，体现了公司要突破发展的决心。但也有可能因为目标设得不合理，导致抓不住成长的机会。

问题（差距）= 目标/目的 − 现状
Problem(Gap) = Target/Object − Current Situation

	发生型Ⅰ（进行式）	发生型Ⅱ（进行式）	设定型（未来式）
定义	目标期待 GAP 实际结果	实际结果 GAP 目标期待	目标期待 GAP 实际基准
时间	过去→现在	过去→现在	现在→未来
发生原因	未达成目标	超过/脱离目标	需要强化改善、规避风险
负责人观点	●可跟踪、量化、明显的差距 ●寻找根本原因	●甄别判断：是问题、还是运气 ●寻找根本原因	●创造、思考 ●为了未来发展，开始准备和铺垫
症状	●安全事故 ●产生不良品 ●应收款率低 ●库存高	●市场规模预测不准 ●竞争对手和受众顾客变更 ●政府政策变化 ●新用途或新需求细分	●开拓新市场 ●设计新生产系统 ●发掘新事业/新产品 ●企业体制革新

图8-2 问题的形态

另一种情况，发生型Ⅱ，实际结果达成并超过目标的话，一般都会觉得没问题。其实，在可控制范围之外，或可预测范围以外，即使达成目标也是有问题的，因为它不具有可控性和可重复性。从这个角度，抱着怀疑的态度寻找问题和解决的办法。这个现象可能是目标定得太保守、市场经济情况变化、政府的政策变化、竞争对手出了问题或新技术成功地开拓了新市场等。如果执行过程中人员或团队变动，造成超过目标期待的话，可能是管理人才方面有问题。比如2015年汽车领域，大众的漏气门事件对品牌形象打击很大，竞争者会轻松赢得大众的市场份额；同年中国汽车市场本来发展缓慢，然而政府于下半年颁布了1.6T以下的汽车减免销售税的政策，大大推动了小型车的销量。这两个事件都不是营销者可以控制的。

第二种是未来式问题，叫设定型，基于现在的情况，未来的某个时间要达成的目标。一般每年树立事业计划或中长期战略时才会遇到的问题。为了达成那个目标，需要树立的业务、规模和程度的计划方案。因此，在排除自然灾害等其他突发因素的影响之外，公司管理层、营销和运营团队重点考虑如何达成并超过设定的目标。

Define
Problem

8.2.2 确认问题——如何发现问题

发现问题和寻找差距,听起来容易,其实也不那么容易。虽然是"找茬儿",但在工作中要带着"怀疑"的态度认真审查事件或流程,才可能发现真实问题所在。一般当人到一个新的环境,带着全新的视角比较容易发现问题和不一样的地方,而过了一段时间后,就自然而然地被同化了,不容易察觉异样的状态。读者可能有过类似的经历,刚进到一辆车子或男生宿舍时,会闻到一股特殊的味道,但待了一会儿后就嗅觉疲劳,不觉得有异味了。同样,一个人在同一工作环境下久了,就不容易找到要改善的地方。

另外,针对同样的数据,从不同的角度分析,得出的结论可能不同。比如一位身高1米8、体重80公斤的男生,看来挺正常的身材,但马拉松的教练会要求他减少体重;而健美教练会评价体重可以,但肌肉含量不够,所以需要加强负重训练。这说明从不同的观点分析现状和流程,可能得出结论不同。

因此,工作中对每个情况都要抱着疑问的态度,看到数据分析一定要在头里问为什么有这样的结果,有没有更好的办法改善。有时也会由上级领导直接指出问题所在并要求改善。对于发生型问题,只要有意识地寻找是可以发现问题和挖掘出改善方向的。不需要什么特殊的知识、技能或学位,但是有钻研的精神和"怀疑"的态度。

8.2.3 设定型问题分析

为了发现问题和分析问题的原因,营销者需要很多资料,特别是针对解决设定型问题(未来式)时,需要相对大量的资料,如图8-3展示的。

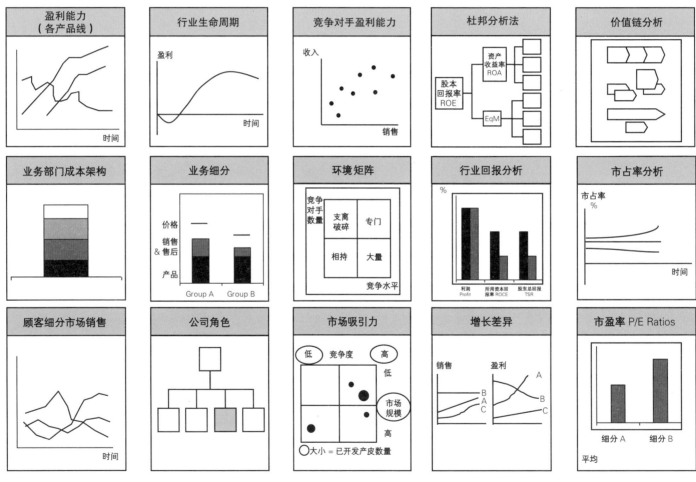

图8-3 设定型问题(未来式)分析数据示例

8.3 挖掘根本原因

8.3.1 挖掘根本原因——造成问题的根本因素

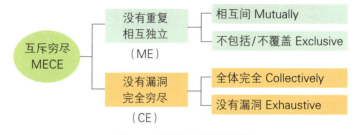

图 8-4 互斥穷尽法的逻辑

图 8-5 互斥穷尽法的基本架构

当差距明确和问题确定后，营销者要分析对目标达成有影响的关键因素、影响程度以及根本原因。譬如生产产品时，成品率是一个核心指标。当投入了100套组件，产出的没有故障完成品为96件，那么成品率就是96%，其中4件有问题。可能受到影响的因素有生产的设备、生产线工人的操作、零部件质量、交货时间，有时甚至要和设计及工程师一起查找根本原因。以销售为例，2015年10月当月销售目标是10万台，实际达成10.5万台，完成当月目标；然而该年1到10月累计目标100万台，而实际累计才85万台，还有15万台的差距。对销售产生影响的因素很多。核查有没有宏观经济情况的变化？有没有政府的法律法规变化？竞争对手是否有新产品上市？市场上有没有替代品出现等？本书前面介绍的3C和FAW宏观分析可以帮助梳理排查。也可以利用4P和另外一个P(People)找到解决问题的答案。可能每个分析方法都有不同的情况和影响因素，但是按照重要性和急迫性来判断优先级就比较容易了。

最有效的分析根本原因的工具是"逻辑树"图(Logic Tree)，它以"树"的形态，按照互斥穷尽法(Mutually Exclusive Collectively Exhaustive, MECE)相互独立、完全穷尽的办法，无重复无遗漏地分解主要的因素，一层一层拨开分析，如图8-4。这就是从森林见树木的办法，包括全部但没有重复、没有漏洞的剖析事情的工具。图8-5展示互斥穷尽法的基本构架示例。

8.3.2 挖掘根本原因——逻辑树图

逻辑树图(Logic Tree)展开的过程就是先看到大局的主要问题,慢慢剥洋葱一样深入细枝末节,最终挖掘出问题的根本原因所在,如图8-6。这个办法很有效,先考虑整体,然后慢慢再集中到细节内容的,同时把复杂的问题简单化。逻辑树图是挺好的工具,但需要练习才能灵活运用。

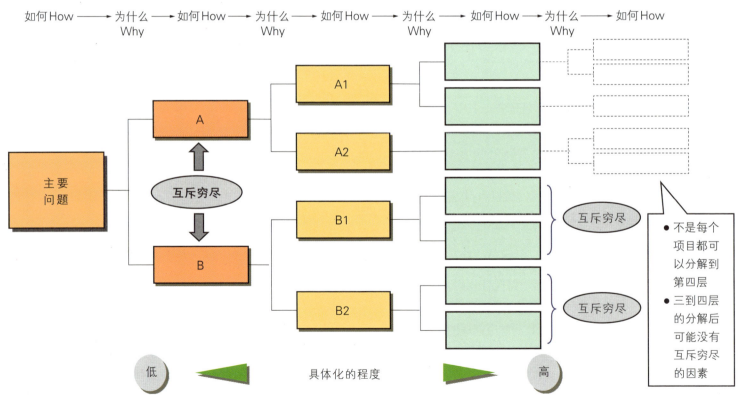

图8-6 逻辑树展开图

8.3.3　挖掘根本原因——影响销售的逻辑树

借助逻辑树图把前面提到的对销售有影响的因素简单整理如图8-7。从一层到三层分类、由粗到细分析根本原因。为了避免"只见树木不见森林"的陷阱，寻找原因和分析的时候，要仔细也要全面，避免疏漏。

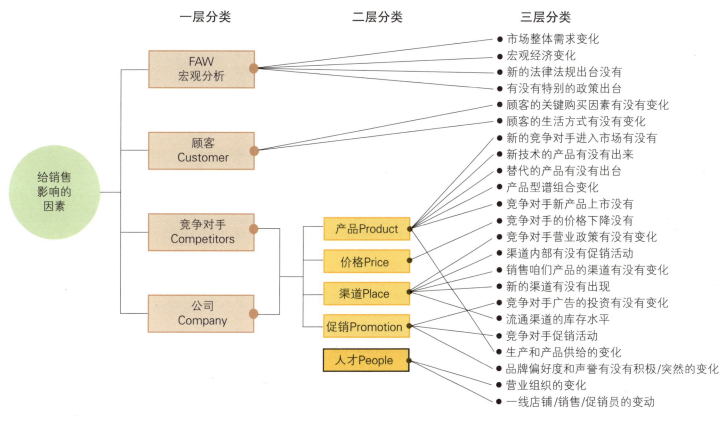

图8-7　影响销售的逻辑树

空白页——逻辑树图

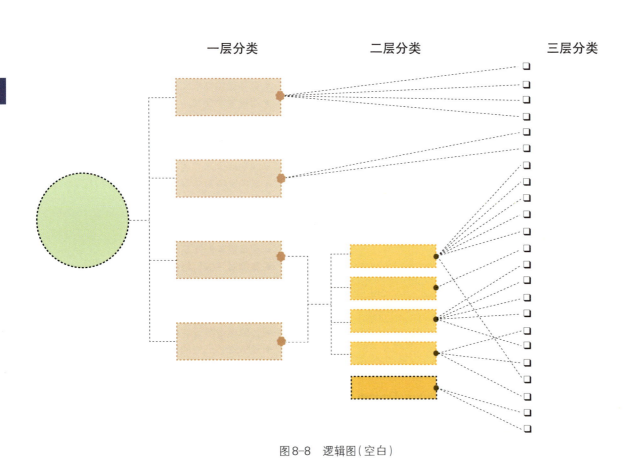

图 8-8 逻辑图（空白）

8.3.4 挖掘根本原因——假说验证的调查过程

通过逻辑树全面无遗漏地分解影响问题的根本因素,然后营销者要就根本原因所在而设定假说,再通过分析调查得出结论来证明假说是否成立。在实际工作中,很多问题涉及的相关部门较多。挖掘根本原因时可能引起一些个人之间的矛盾或部门之间的相互指责,这样反而使得真相更难浮出水面。因此,需要一定的沟通技巧。论证需要客观资料分析,寻找有用的启发,就这些线索和其他部门就事论事地讨论并设定几个假说,检查无误后,边分析资料边检查假说的成立性;如果需要,就对假说进行修改,再分析来证明新的假说,这样反复几次可以确定假说。寻找假说时需要满足几个条件:① 假说要能验证,通过什么资料、需要多长时间、资料的充分可靠性(预估值或精确值)以及说服性都要考虑。② 假说要精炼、简明扼要。③ 不要太依靠现有的模式,努力开发新模式、新视角和有创意的想法。

为了验证营销者的假说,制定调查的计划。该计划将影响到整个解决问题的过程、时间长短和结果的水平。因此,从一开始就要谨慎策划,在不牺牲调查结果的前提下,努力管理好调查的周期,并且考虑整个问题解决的时长,灵活地安排调查的日程和时间。

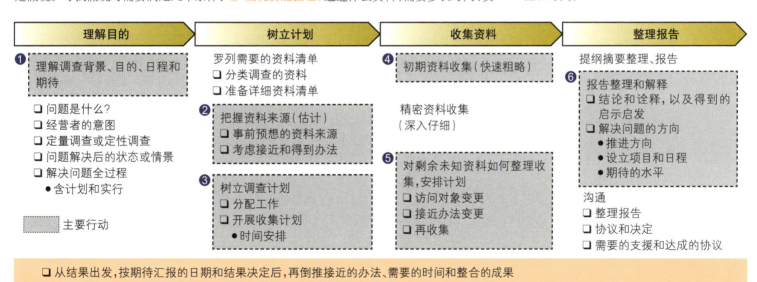

图 8-9 调查流程

8.3.5 挖掘根本原因——详细调查过程

调查各个步骤中主要活动详细说明如下。再强调一次，调查的结果和花费时间长短是挺重要的，其次才是费用。在确保结论和日程前提下，再考虑费用。

表8-1 详细调查过程

主要活动	注意事项
理解目的 ❶ 理解调查背景、目的、日程和期待	是否正确地理解调查的背景和目的？ ❑ 虽然很难预测调查的结果，但调查者自己的判断很重要 ❑ 通过理解背景和目的，确保合适的访问对象和办法 是否确认调查的日程和周期？ ❑ 不容易找到必要的资料，于是调查者先跟相关决策者商量，或者自己判断决定调查的时间长短 ❑ 定量调查相对耗时长且费用高。而且为了申请预算，还有内部流程需要时间。结合整个调查与问题解决的日程安排来判断是否来得及做这样调研
树立计划 ❷ 把握资料来源（估计） ❑ 事前预想的资料来源 ❑ 考虑接近和得到的办法	开始收集之前，计划好需要资料的内容、存放的地点或部门，以及找谁或哪个部门可以拿到？ ❑ 预想和估计资料可能的来源，然后开始有效地收集 ❑ 如果要做访谈，考虑调查的结果来准备提问的问题 关于各种资料，谁最专业？ ❑ 收集过程中为了集思广益，努力和各个相关部门、小组或专家一起，借助大家的经验和知识来完善 ❑ 有经验的人和专家是最好的"资料来源"，也是激发思路的源泉 ❑ 通过咨询洞察内情，对提高调查的效率很有帮助
树立计划 ❸ 树立调查计划 ❑ 分配工作 ❑ 开展收集计划 　● 时间安排	按优先级排序必要的资料： ❑ 按优先级次序区分必需的资料和附加数据资料 合理安排好必须要收集的资料及收集的时间： ❑ 不盲目的搜索，容易迷失方向，明确目标后再行动 ❑ 按照资料收集的难易程度来决定完成的时间，然后开始行动

计划安排围绕最终汇报日期来准备。目标和方向一定要明确,从开始整理资料时就顾全整体过程,避免"只见树木,不见森林"的误区。在整个过程中都要把控和协调好有效的结论和适当的时间。

(续表)

主要活动	注意事项
收集资料 ❹ 初期资料收集(快速粗略)	在展开深入研究、高精密度和多维度数据采集之前,先确认是否完全理解了整个调查过程,避免"只见树木,不见森林"的误区: ❑ 刚开始收集资料时,重点在发现洞察和内情,而不是收集更详细的信息。当资料有限时,很容易被"发现大量数据"所诱惑,导致"为收集而收集",却对最终的结论没有帮助,甚至有困扰 ❑ 在收集原始详细资料时,确定高精密度和多维度资料收集的范畴
收集资料 ❺ 对剩余未知资料如何整理收集,安排计划 ❑ 访问对象变更 ❑ 接近办法变更 ❑ 再收集	是否适当地管理研究的时间? ❑ 关于未获得的资料,是否设定目标时间节点?平衡花费的时间和目标资料的必要性,考虑效率 ❑ 如果花了50%的时间,但还没有得出结果的话,如何处理?是否准备替代方案 对于未获得的资料有没有别的方法收集或对策? ❑ 必要时与决策者商量,考虑更换调查的对象、方法或日期 ❑ 得不到的资料,考虑修改假设或接近方法
整理报告 ❻ 报告整理和解释 ❑ 结论和诠释,以及得到的启示启发 ❑ 解决问题的方向 　● 推进方向 　● 设立项目和日程 　● 期待的水平	通过分析和解释已收集的资料,能验证假说论证和得到需要的讯息吗? ❑ 100%满意的收集所有资料是不大现实的,都要加工分析 ❑ 通过整理、分析、解释和适合的加工,获得结论和需要的讯息

8.3.6 挖掘根本原因——寻找解决方案的办法

利用假说设定在短时间内有效地找出问题的根本原因，并引导挖掘解决办法。有经验的职场人士对大多数问题及其造成原因都有自己的直觉，把这个梳理成假说后，收集资料、分析事实来论证假说的妥当性。在检查确认后，对假说进行修改，并重复几次，即可在短时间内找到问题根本所在。图8-10示意借助假说设定寻找接近解决方案的办法，是本书中最重要的图之一。

比如歌手兼词曲作者（Singer-songwriter）比较容易犯错的就是只作曲和演唱自己喜欢的歌。所谱写的曲子也适合自己的能力，同时只唱合适自己的歌。这看起来好像也没什么不对，不能唱的也就不用谱写了，只在自己熟悉的范围和能力内表演，但有可能没有完全开发自己的能力和潜质。读者可以延展联想到自己负责的品牌、项目或业务吗？营销者也可能犯同样的错误，因为越有成功经验的人对自己直觉越有信心，就不容易听取别人的想法和新的意见。因此，营销者要不断地努力、动脑筋，为了顾客和公司寻找更好的改善办法。

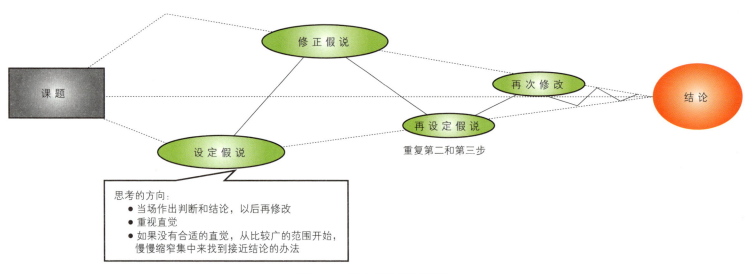

图8-10　设定假说引导出结论

8.4 建议构想

8.4.1 建议构想——"想法库"

为了解决问题,可能公司成立特别任务小组(Task Force Team,TFT)或叫"特工队"。选择队长是关键的,一般找有经验、在公司有影响力和沟通能力强的人来做队长。在团队合作中,"头脑风暴"是个有效的集思广益工具,特别当队员是各个部门的专家时,比较容易在短时间内找到问题的原因。在寻找解决办法,有很多途径尝试不同的建议、想法、好主意或点子,如图8-11展示。

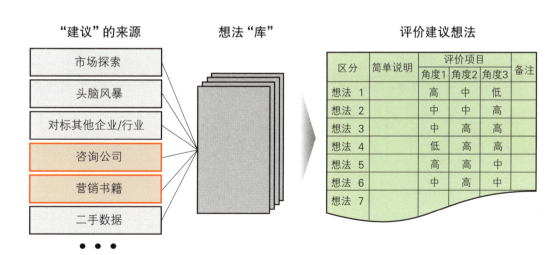

图8-11　建议想法的来源

其实不同"想法"各有自己的优缺点,并且适用于的情况和环境也有所不同。值得提醒的是咨询公司或营销书籍里的经典案例和成功企业的时效性。其中"最新"消息可能是几个月前的;有的经典案例追踪了几年的数据。现如今,经营环境瞬息万变,过往几年的案例和经验不一定能用得上,也未必适合今后3—6个月的市场变化,如图8-12。每个企业在市场中的地位、竞争环境和解决问题的文化都不一样,那么成功企业的做法不一定适合自己公司的境况。经营者还要反思那些经典的成功企业到现在还有几个是在盈利运营的?因此,把成功企业的案例作为一个参照,和其他的建议想法同等看待,客观地比较评价,然后再决定是否采用。

有效、实际、便利的寻找解决方案的办法是去市场、到现场、像消费者和实际操作者一样体验过程。在顾客和产品接触的地方(包括网页和手机应用),营销者观察顾客、销售员、操作者、环境等,很可能"触景生情"激发出来不一样的想法,把这个"想法"发展成可行的营销计划,是营销者的本能之一。

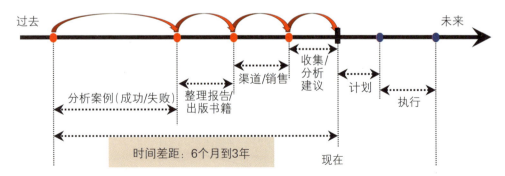

图8-12 成功案例与事件对比

8.4.2 建议构想——突破点和评估方案

当新的问题出现时,过往的经验与流程不一定能解决新的问题。这时,考验营销者能否突破(Breakthrough)自己过往的经验找到针对新问题的接近和解决办法。重要的是突破自己、突破技术、突破过往的经验、做法与流程,如图8-13。然后整理解决问题的方向并开发解决方案。在评估备选方案时,有各种各样的评价办法和基准,比如效果、需要资源和费用、涉及的风险和有效期,以及是否适合公司发展的战略。如下页图8-14展示常用的评估办法。重要的是选择最效率、适合自己公司的解决方案,开发实施计划,扎扎实实地落实。

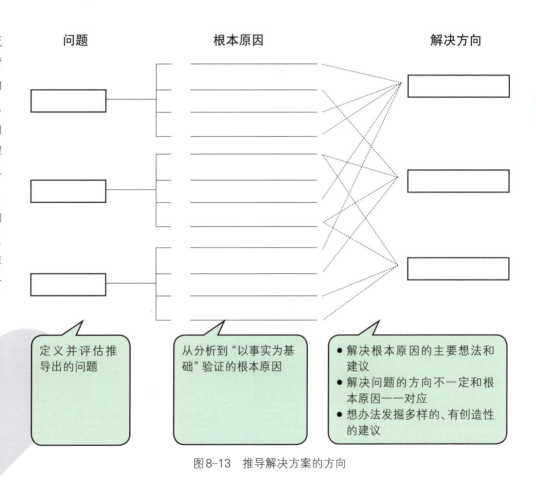

图8-13 推导解决方案的方向

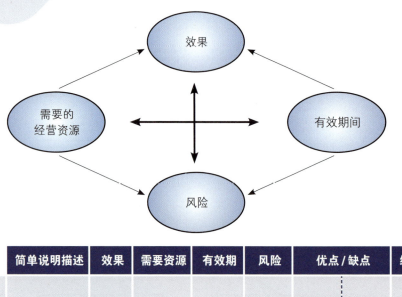

	简单说明描述	效果	需要资源	有效期	风险	优点/缺点	综合评价
方案1							
方案2							
方案3							

图 8-14　评价备选解决方案

8.5 准备改善计划

确定解决方案后,准备开发具体的执行计划时说明改善的执行细节。如果执行的周期长,可以按时间来分阶段设计执行计划。在进行的过程中,确认执行是否有问题,是否有要改善的地方,或在原计划上加速或延缓。

图8-15列出了基本执行计划内容。

为了达到效果和充分利用市场营销资源,执行计划中一定要明确负责人、执行内容、办法、时间以及期待的结果,其中目标要具体量化。为了彻底地贯彻执行方案,负责人确立需要的人员、工具、技能、条件、流程和体制。根据规模不同,方案可能由两到三个人负责,或需要不同部门参与组队来实行。组队时,选择队员和协调配合很重要。不然可能因各自部门利益关系不同,不能彻底执行,使得预期的效果打折。为了把握监控执行进展,要有跟进体系和指标,同时定期及时向公司决策层汇报,确保获得其他部门的支持和配合。

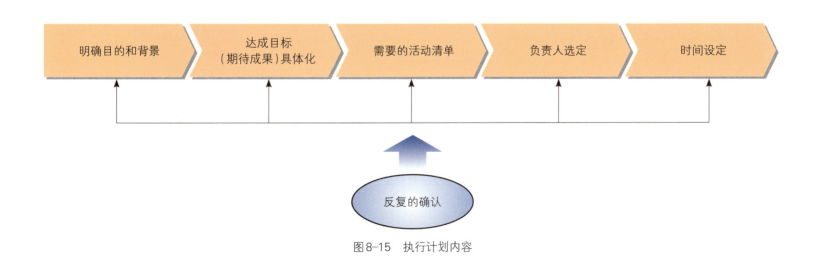

图8-15 执行计划内容

执行计划示例

实施详细计划一定要有负责人、明确量化的目标、完成日期、分析和改善方案,以及管理控制。

项目:小型机制造商生产

报告日期:2016年12月23日

背景	达成目标	批准	○○总经理	日期	12月25日
小型机器的销售占率增加,但我们产品比竞争对手成本高20%,没有价格竞争力	为了减少成本,决定外包给制造商生产。从2017年1月开始生产	首席负责人	○○VP		
		开始日	16年6月1日		
		完成日	16年12月20日		

工作内容	负责人		计划日程						
	主	副	16年6月	16年7月	8月	9月	10月	11月	12月
0. 执行进度情况报告会									
1. 调查有能力的制造商	调查主管	○○科长	━━━━━	━━					
• 其拥有的设备情况									
• 生产能力和质量	生产主管								
2. 选择评估备选制造商	VP	采购主管		▪▪▪	━━━━			▪▪	
3. 与制造商谈判生产条件	研发主管	生产部主管			━━━	━━━━━	━━━	▪▪	
4. 制造商准备生产	生产主管	○○科长							
5. 详细内容协调		某某科长			▪▪▪▪	━━━━	━━━━	━━━	
• 合同期间									
• 价格							━━━	━━━━	
• 数量									
• 品质水平									

图8-16 执行计划示例

8.6 监控

为了掌握实行的效果,最关键的是检查营销者自身执行有没有问题。分析把握好自身状况后,再分析顾客和竞争对手。按照这样的顺序来监测检讨就会少一些失误。没有达到预期目标时,最重要的影响因素是自身的行动力,大多数情况是负责人不清楚实施内容,或者执行不到位。达成目标的王道是在自己可以控制的范围内找到解决问题的办法并努力实施。

"执行到位"到底是什么意思?比如新车上市后,在渠道经销商店面开始销售。全新车型在认知上要靠品牌市场推广来带动,更主要的是在渠道终端可以给最终消费者体验和试驾。试驾车在顾客购买决定中起重要作用。那么上市后,要确认试驾车辆是否运到展厅,同时展厅是否准备好上牌手续,以及新车是否主动邀请顾客试驾。这是检查是否"执行到位"的意思。

同理,销售和渠道自己该做的事情都坚持执行到位的话,不用担心竞争对手,也一样能达成优异的业绩。因此,该做的事情做到位,品牌在市场的地位会越来越巩固。

以新产品上市后没有达到销售目标为例,借助第6章的实行监测流程说明一下,如图8-17。

新产品上市后短时间内,给销售影响的主要因素是进入渠道的数量、产品的价格竞争力和广告促销力度及效果。

一线销售员一般会抱怨产品的竞争力不强、差别化不大、为此需要折扣或降价。但是为了解决问题要检查的第一步是新产品进入渠道的情况和旧产品的库存清理状态。

如果渠道有很多在售产品的库存,他们就不愿意上新的产品。因为新产品会导致旧品的滞销,变恶性循环阻碍流通。通常先清除旧库存,再上新产品。

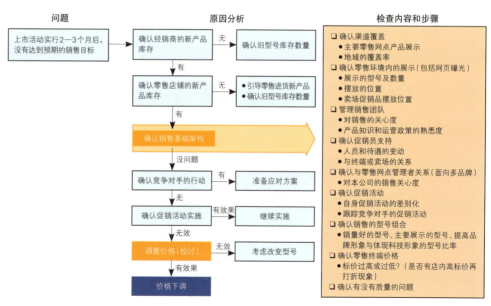

图8-17 监测实施步骤

监控体系示例

监控体系要明确具体到跟踪监控的内容、指标、频率的设定。根据结果，再修改问题解决的方向。如图 8-18 展示了销售目标和实际结果的差距、分析周期和频次。尽可能以一目了然的图表标示目标，因为图形比数字更直观高效，但是详细说明时还需要量化的数字。

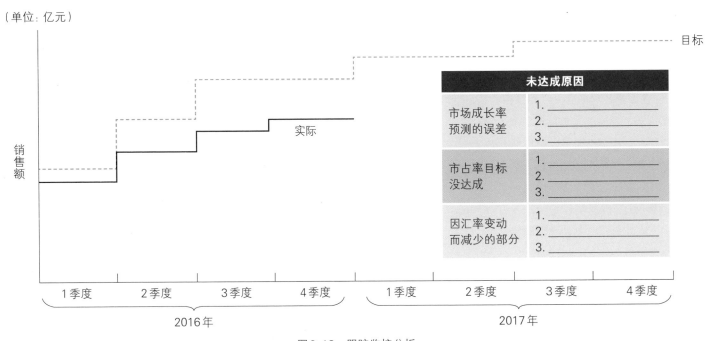

图 8-18　跟踪监控分析

8.7 小结和示例

问题解决流程的简化版，如图8-19简明表示。

流程都不是完美的。但比"完美的流程"更好的办法就是对现有的执行不断地改善，持续向接近完美的方向努力。有效的办法是针对自身的特殊环境而创造的最合适流程：与其反复尝试不同的流程，倒不如坚持"策划（Plan）—执行（Action）—监控（Monitoring）"不断改善已选流程，最终创造出独一无二的有效办法。

最近几年市场和经营环境的变化很快，想要预测未来如何变化是徒劳的。但是预测自己公司未来的变化、设计业务发展和设定目标是有意义的。环境肯定不是一成不变的，做好现在该做的事，培养解决问题的能力并做好未来规划。从而能主动、灵活、迅速地适应环境，甚至利用环境，是非常重要的营销生存本领。

培养快速的应对能力就是应对变化莫测的未来最效率的办法。这和"适者生存"自然法则是吻合的。

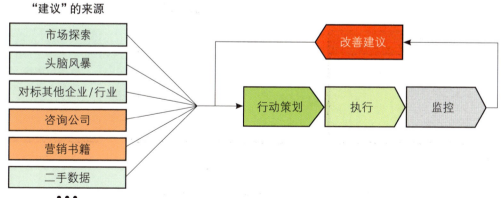

图8-19　解决问题流程简化

解决问题流程示例1

虽然解决问题的方法很多，本书给出三个示例，但其本质都差不多。关键是怎么彻底执行，而且边执行边改善不效率的部分，渐渐接近完美和对自己最适合的流程。

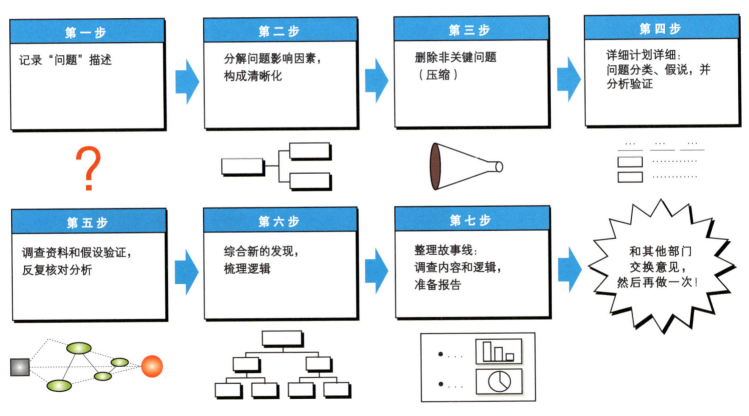

图8-20　解决问题流程（示例1）

解决问题流程示例2

这是非常经典的解决问题流程案例。但分析和整理报告需要的时间长,那么,为了节省时间,可以采取边分析边沟通的办法。营销者可以根据问题的复杂性来选择合适的问题解决的流程。

1. (问题)逻辑树

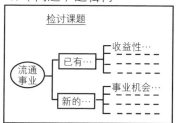

2. 访问

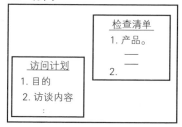

3. 设定假设

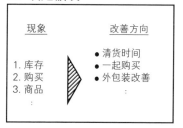

4. 问题分析

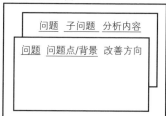

5. "空白"模拟图表

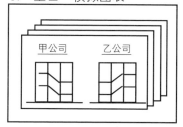

6. 数据收集分析

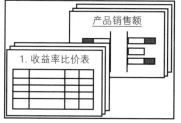

7. 逻辑树(修改假设)

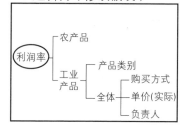

8. "空白"模拟图表

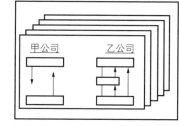

9. 再收集分析数据

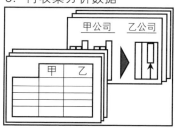

10. 推导结论

图8-21 解决问题流程(示例2)

解决问题流程示例3

解决问题过程中和有关部门沟通是非常重要的。因为经营活动通常需要很多部门一起协调来完成，而且执行的时候也需要相关部门的协作和支持。这个示例强调分析和沟通，同时要管好整个日程。

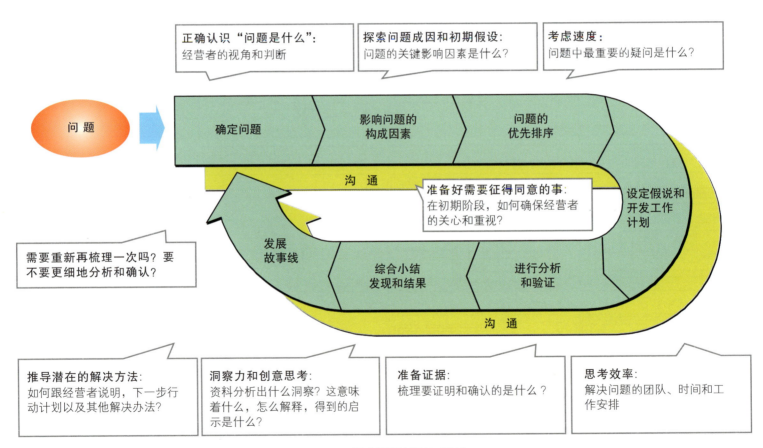

图8-22 解决问题流程（示例3）

8.8 技能和培养人才

8.8.1 解决问题的思考方式

解决问题的流程中最关键的是设定问题解决的方向。这好比海岸线上给出海迷路的人指引方向的灯塔一样重要。为了找准这个方向,营销者尽可能集合自身和团队的智慧、经验和知识,在确认根本原因的基础上设定解决问题的方向。如图8-23所示解决问题时的思考方式,主要依靠人才这三方面的能力:

(1)经历过不同情景和状态,营销者有自己的直觉和智慧,帮助提示问题解决的方向,并减少失误的可能性;

(2)通过考察现场、观察实际状况和从顾客和操作者体验的角度思考,挖掘突破点;

(3)结合获得的知识和情报,根据自身公司的处境,努力探索问题解决的可能性。

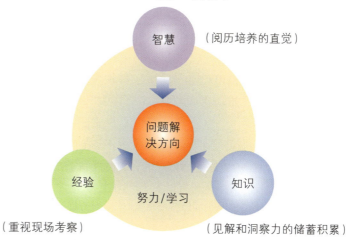

图8-23 解决问题时思考方式

> 综合这三方面的能力,营销者<u>不断地努力寻找比现在更好的做法,更有效率的办法来解决问题</u>,这就是营销者不断提升修行的技能。为了解决问题,有的公司会成立特别小组。那么,选择成员是非常重要的。能找到有经验、知识丰富且不管成败都努力改善的队长和队员,基本可以说已经成功一半了。那么,为什么要不断提高技能呢?应该如何培养解决问题的能力呢?

8.8.2 提高技能和培养人才

借助Michael J. Mauboussin的成功方程式（Success Equation）来理解为什么要不断提高解决问题的技能。在Mauboussin的书中，成功依靠技能和运气，其中我们可以控制和管理的因素是技能（Skill）。也就是说，开发培养问题解决的技能，成功的可能性就越高，如图8-24所示。

如果技能（Skill）低的话，受到不可预测的因素（运气）影响大；如果技能（Skill）高，不可预测因素的影响变小。于是技能提高越高，目标和现状差距就越小，也就是问题发生的可能性少。

比如说FIFA排名第1的国家甲和100的国家乙比赛的话，排名第一的甲队赢的可能性很高。虽然有不可预测的变量，比如说选手上场后负伤，天气对甲队选手不利等，但当两队的实力相差这么悬殊，乙队赢的可能性很小。如果乙队换和排名第90位的国家丙比赛，乙队有赢的机会，那些不可预测的因素，不管是选手负伤还是天气影响，都可能会改变比赛的结果。

作为营销者，和其他竞技选手一样，为了提高成功的概率，要不断地努力寻找比现在做得更好的办法，从而提高技能。为了获取新的知识和见解，经常观察顾客变化、积累经验、开阔思路、保持"怀疑"的态度来冷静观察实际情况，从而探索改善的办法。现实中总会遇到意想不到的因素，努力学习，提高解决问题的技能从而减少不可预测因素对结果的影响。

通过实践工作来培养技能的办法很多，一般分两种：蚱蜢型（Grasshopper），顾名思义像蚱蜢一样跳着前行；另一种是瀑布型（Cascade），像瀑布一样流畅的穿行，如图8-25。蚱蜢类型可以积累很多解决问题的办法，但并不容易改善。因为这类组织或人才重视学习新的理论，不断寻找新办法，引入到工作中。那么，瀑布型则选定一个办法，通过执行，不断努力改善，同时锻炼组织和团队。读者可以自己选择培养技能的办法。

成功＝技能＋运气（不可预测的变量）
Success=Skill+Luck

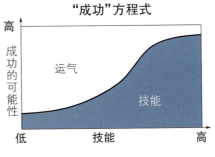

图8-24 "成功"的方程式

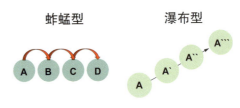

图8-25 蚱蜢型和瀑布型积累技能

8.8.3 成功企业的条件

在市场、技术和顾客的生活形态都快速演绎的环境下,成功企业不仅依靠产品或服务的差别化,还有成本竞争力和快速应对市场的执行力。管理和参与这一切的是人才。确保人才发展和活用人才是成功的最重要因素,如图8-26。

对于一个组织来讲,找到并培养有解决问题能力的人才是关键,是公司的重要财富。同时,公司人事部承担着成长、发展和保留优秀人才的职责,这不仅指公平的评价、薪资待遇,也包括晋级挑战更大的工作范畴。其实本书想强调的是帮助正在看书的读者,不管职业和职位。以提高英语水平和能力举例。最有效的办法是什么呢?当然是有机会和美国人一起生活。但现实中很多原因不能去当地学习英文。于是,勤奋的学生自己计划:先背单词、再背文章、学习语法、找机会和美国人练习口语、看英文书、电视、电影,听英语歌曲、录音、收音机等。这些大家都知道,但为什么还是很多人英文讲得不好呢?原因是实际做到的人很少。光了解怎么做并不能培养能力。培养能力的关键是实践的次数和彻底执行的程度。在了解方法论后,制定计划并彻底地付之行动,边实践边寻找比现在更有效的办法。通过不断改善来培养实际的能力。尽可能减小所"知道的"和"付之行动"之间的差距。计划固然重要,但更重要的是行动力!当遇到计划和实践只能二选一的情况,先实践。如果没有行动支持,什么目标也不能达成。

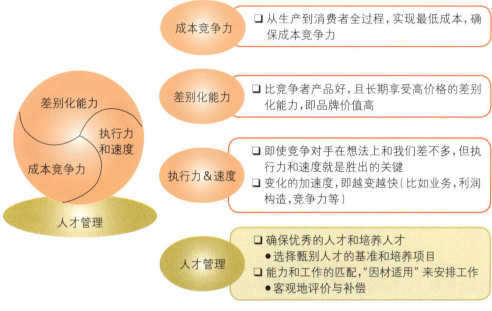

图8-26 企业成功的前提条件

8.9　业务流程和价值创造体系结合

在解决问题时，营销者要把自己碰到的问题放到宏观的业务框架中来看。把已有业务流程和本书介绍的价值创造体系整合在一张图上，如图8-27所示。横向：各行保持价值创造过程上的一贯性。纵向：各列的资源分配保持均衡性。当"行"和"列"代表不同分类时，展现不一样的统揽。譬如，每行可以按产品分类，汽车行业以轿车、越野车和房车，图8-27就展示整个公司的业务体系；也可以根据不同事业单位分类，华东市场、西北市场和海外市场，图8-27就全局统筹在不同细分市场的差异产品策略。不管是哪种分类，沿着整个价值体系每一行要保持其一贯性；同时，营销者要维持市场营销资源分配的均衡性。不过，营销开发、投入和运营资源是一种纯粹的"零和游戏"（Zero Sum Game），即总投入不变、这个产品多了那个产品就少了；这个市场多了那个市场就少了。因此，营销者的另一个能力就是确保自己需要的资源投入。

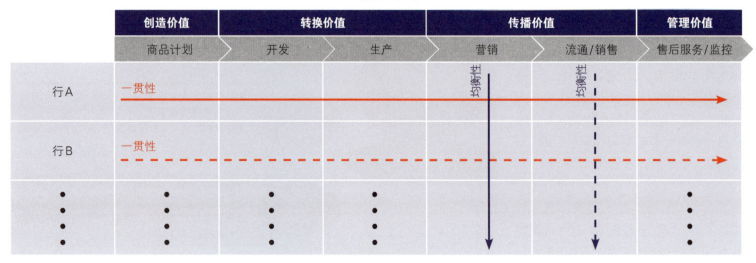

图8-27　业务流程和价值创造体系的结合

第九章

如何竞争
How to Compete?

9.1 定义竞争对手 Define Competitors　/ 272

9.2 强弱对比分析 Strength and Weakness Analysis　/ 274

9.3 进攻策略 Attack Strategy　/ 277

9.4 小结 Summary　/ 285

9.5 营销者关心的领域 Marketer's Scope　/ 288

如何竞争?

解决问题是非常重要的实际工作技能,对市场营销者尤为重要。有了知识、方法和技能,在实际工作中,真实演习如何去和竞争对手竞争。其实商场就是无声的战场,而且早期商业竞争理论确实引入了战争中的布阵策略。在第3章产品计划流程中,开篇介绍了3C——顾客、公司、竞争者(Customer, Company and Competitor)分析。本章的重点是如何竞争,采取进攻策略还是防守策略,以及如何实施,供大家探讨。有兴趣者可以邮件raynwang@yahoo.com,共同探讨如何战胜竞争对手。

顾客价值管理体系 Customer Value Management System

创造价值 Create Value	转换价值 Convert Value	传播价值 Communicate Value	管理价值 Manage Value

了解顾客需求
- FAW 宏观分析
- 3C 分析
- 技术分析

开发产品概念（差异化功能）
- 品牌
- 设计
- 价格
- 产品概念确定
- 联合分析
- 产品型谱战略确定

研发与生产
- 成本
- 功能
- 日程
- 设计变更

开发传播概念
- 差异化内容
- 五感：看、碰、听、闻、尝
- 一贯性
- 以顾客的语言
- 时间/周期

- 上市活动
- 品牌阶梯
- 信息媒体渠道
- 产品流通渠道

- 监控渠道
- 市场反应
  - 销量
  - 差异化功能
  - 价格
  - 产品的外观设计

如何竞争 How to Compete?

- 微观环境
- 调查办法
- 竞争力分析

- 云端互联配合
- 无偏见测试
- 差异化功能搭载
- 型号数量
- 价格
- 产品生命周期

营销者技能（经验、知识、直觉等）

- 传播概念
- 广告
- 定价
- 活动与体验

营销者技能（经验、知识、直觉等）

- 广告促销
- 体验活动
- 售后服务和管理

改善内容反馈

第 9 章 如何竞争

9.1 定义竞争对手

竞争其实无处不在。特别当品牌上市新产品时,除了密切观察消费者对新产品和营销活动的反应,同时要关注竞争对手的反应。对于竞争对手来说,我们的新产品威胁到他们的市场份额,因此他们可能下调相应产品的价格,增加促销活动或者准备上市对应的新产品,目的就是削弱我们品牌对市场和顾客的影响。营销者经常要考虑怎么进攻对手,以及如何预防竞争对手的攻击。在经营活动中,进攻和防守大多数通过营销活动的4P——产品、价格、渠道、促销(Product、Price、Place and Promotion)领域来实现的。在展开探讨之前,苏格拉底有句著名的座右铭——认识自我。为了更好地竞争,必须先了解自己。中国大兵法家——孙武也有"知彼知己,百战不殆"的名言。理解自己和竞争对手从分析现状开始。因为过去没法改变,未来要改善的话也得靠做好现在的业务。

那么究竟竞争对手是谁呢?一般占100%市场份额的公司不存在。假设市场足够大,就会吸引更多企业争先恐后地进入这个市场。有的国家不允许垄断市场的企业存在,并用规定限制市场份额超过50%的企业。因此,多个企业和品牌在某一个市场竞争是普遍的情况。广义来讲,除了自己公司以外,其他企业都是竞争对手,还有一些潜在的可能转化成竞争对手。现实中,窄义的竞争对手定义更适合营销者日常管理,即在短时间内或一段时间内要克服或超过的企业。这就意味着在市场环境内,根据自身的市场地位不同,竞争对手也不同。其实市场地位的决定因素很多,因此,决定竞争对手看似简单其实并不简单。决定竞争对手后,通常比较市场份额、"头对头"对比产品,比较公司的整体销售额,以及品牌定位(Brand Positioning)。

图9-1 市场份额对比图

> 以上图9-1为例,谁是我们公司的竞争对手呢?让产品营销负责人来决定的话,我们要进攻的是C公司,且防守的是D公司。同时关注整个市场的动向和行业领头A公司的发展。我们所有营销活动都会围绕进攻C公司和防守D公司。为了理解自己和竞争对手,利用4P来分析营销的影响因素。分析的核心应该围绕"顾客关心"和"影响销售"这两个方面。特别在自己的优点和竞争对手的弱点要集中进行SWOT分析(Strength、Weakness、Opportunity and Threaten)。值得强调一下,如果不是顾客关心的点,不管多强的优点都没用。听起来这不是常识吗?而现实工作中,为了发展传播诉求和销售话术,好不容易挖掘出一些差别于竞品的强点,这时营销者可能忽视这些"强点"是不是顾客关心。当然,也有希望通过广告宣传来"教育"顾客,使得我们的优点"变成"顾客的关心点。可能吗?可能,但代价不菲。需要考虑公司实力和项目的实际情况来判断。本书建议从顾客关心点和影响销售的点出发,分析比较自己和竞争对手。

9.2 强弱对比分析

9.2.1 头对头比较竞争对手分析

在决定了竞争对手后,要展开各项对比强弱分析。用来比较分析的手段和办法很多,比如雷达图、柱状图、脉冲图、线性分布图等。不管哪个办法,重点是突出自己的强点和竞品的弱点差异性。如图9-2演绎的案例,其中本公司的优点是渠道覆盖率优于对手,售后服务也不错;竞争对手的优点是品牌认知和知名度高。改善品牌的"第一提及知名度"(Top of Mind)需要很长时间;品牌认知(Brand Awareness)是可以在短期内改善的,但是需要大量预算支持。如果公司的市场预算有限,全部投入认知度提升的广告是有一定风险的。建议利用自身的强项,渠道覆盖率来进攻竞争对手。具体如何策划,还要做一个进一步的分析。虽然渠道覆盖好,但是市占率不如竞争对手,就暗示渠道效率可能不好。要再深入从渠道配合和竞争力两方面来分析。

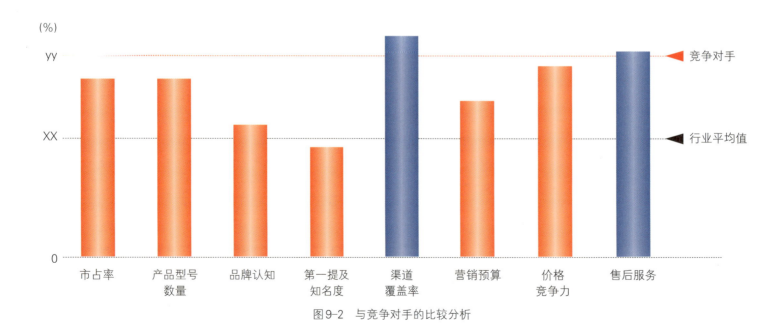

图9-2 与竞争对手的比较分析

9.2.2 深入分析——渠道的匹配和效率

深入分析渠道覆盖率时,要从渠道匹配和各渠道的效率和竞争力仔细分析,如图9-3所示。所谓渠道的配合包括关键渠道、新渠道和主要地区分布的剖析;同时考察各个渠道的效率和竞争力来找差别和原因;然后再决定采取进攻策略还是要先弥补不足。

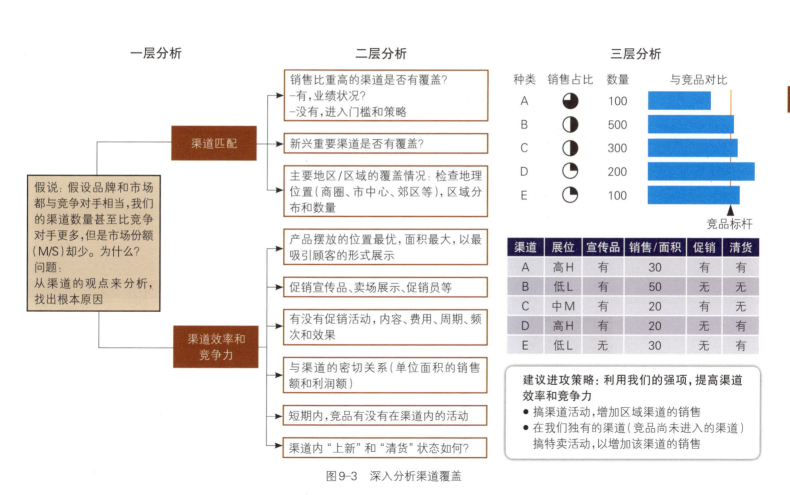

图9-3 深入分析渠道覆盖

空白页——渠道的匹配和效率

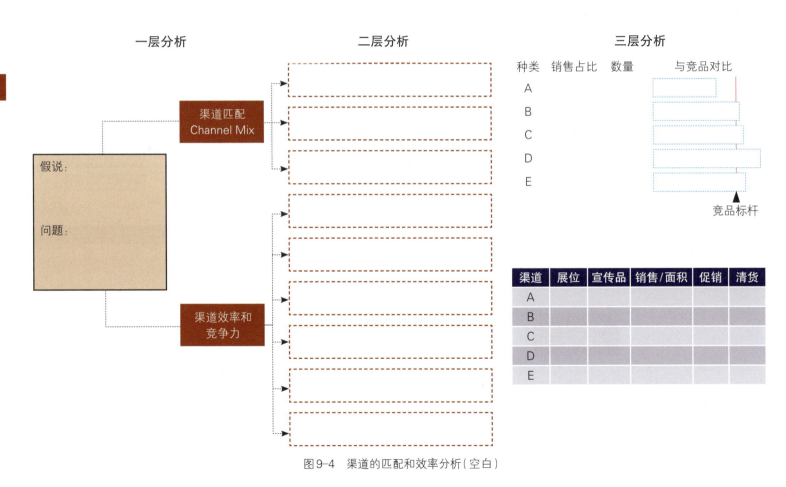

图9-4 渠道的匹配和效率分析(空白)

9.3 进攻策略

9.3.1 进攻策略——创意是核心

做好"知己知彼"的分析后,营销者要考虑以己之强攻敌之弱;还是针对顾客购买关键因素比竞争对手抢先出台新产品服务或者补充加强现有的。

为了开发这样的营销活动,营销者需要确保营销资源预算和创意的想法。一般企业内营销资源都是纯粹的"零和游戏"(Zero Sum Game),意思就是在一个项目上资源花费多了,其他项目就要缩减预算,总和不变。动脑筋想办法提高效率,资源投入时也要找到有差别特色的接近办法,即创意。前面第5章传播价值中讲过广告投资和广告效果的比较图9-5。

兰彻斯特著名的三一法则(Lanchester's Law)解释一般在打仗时,攻防双方的实力对比至少是3:1,即攻击方是敌方实力的三倍时成功的可能性大;反过来,防守方的实力至少是攻击方的三分之一,才有可能防守成功。攻击比防守困难。这个法则被日本企业引用到营销战略理论。不过在实际商业竞争活动中,三成实力的企业对一成实力的公司发起攻击的可能性不大。偶尔世界级公司进入新的市场时会碰到。现实中多数情况下是实力不到一成的企业要"进攻"实力一成以上的公司。如果考虑进攻企业的利润,赢的可能性很小。那么,在这种营销资源不足的情况下,怎么弥补呢?如何提高效率呢?答案是:创意的想法(Idea)。

"资源有限,创意无限!"

创意的想法不仅只针对广告,所有营销有关的工作都需要有创意。如何挖掘这个"创意"的想法呢?可以通过工作经验和知识积累;可以通过洞察分析;也可以从模仿其他公司的营销开始。比如苹果智能手机推出苹果支付(Apple Pay)就是借鉴日韩已有十多年历史的业务模式,但是苹果根据社会环境和技术的发展,设计了更好的付钱办法。这就是在模仿的基础上,改善提供给顾客和市场更好的解决方案。关键是不断地努力,有时看似不相关的小事有可能给用心的营销者很有意义的启发。抓住每次机会,努力找新的主意和创意的设想,开发更好更完美的产品和服务。

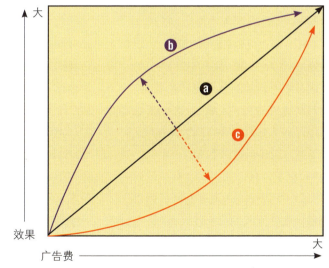

ⓐ:一般的关系,广告投资和效果的曲线
ⓑ:有创意的广告投资和效果的曲线关系
ⓒ:没有创意普通的广告投资和效果曲线关系

图9-5 广告投入与效果

9.3.2 进攻策略——区域机会

在决定进攻策略前,先比较一下和竞争对手在产品型谱数量(Product Model Line-up)和渠道覆盖(Channel Coverage)这两方面的差距。如果差距大,建议先把这两个问题解决;要不把竞争的范围缩小或者把自身的实力提高后,再进攻。如果产品型谱数量和渠道覆盖数量已经差不多一个水平的话,再深入考查比较"质量",即产品的竞争力、进入渠道的质量、位置和效果等。

在自身有优势的范围内开始进攻,然后慢慢扩大进攻的"区域"。这个区域可以是地理意义上的区域或产品型谱方面的某产品线。选择竞争对手认为不重要的领域,进攻也是一种办法。这会有一定的风险,可能市场规模太小或利润薄。通常这样的领域有些问题的可能性大,决策之前需慎重考虑。有一定规模的成功企业在扩张市场时会慎重研究、追求稳定、选择有一定利益保障的市场进入。但对于进攻型企业,态度就完全不一样。为了生存寻找机会,更愿意冒险。在执行力和实施上要比大公司做得更好更有效才能成功。因此,即使从有风险的领域开始突破,一点点蚕食扩大,可能有机会。

以20世纪90年代初全球电子市场为例,索尼、松下、日立主导市场份额,而当时韩国电子企业比日本公司晚进入电子产品市场,通常给大型零售渠道或连锁店提供贴牌代工生产(OEM)。为了提高自己的品牌和扩大销售,韩企认真考虑进攻电子市场的策略。从全球范围来看,欧美市场都被日本品牌占领了,而中国市场尚未开放。于是,韩国公司决定还是按原来OEM生产供货的方式应对美国、欧洲先进的市场,确保生产的数量,同时有机会学习利用先进的技术。另外,针对日本企业不关心的国家和市场,南美、南非、俄罗斯和中东开发新产品并开展营销活动。其实,南美、中东亚细亚都是政治不稳定且经济落后区域;南非和俄罗斯也有政治和社会不稳定因素存在。因此,很多公司不愿意直接开拓这些市场。这就给韩国企业一个机会。他们先设立分支机构,再寻找当地的合作伙伴,并通过他们进口产品、共同营销、扩大市场的占有率;然后设立法人代表机构,建立当地生产销售的完整体系。就这样韩企达成了规模的经济效益,也慢慢追上了日本企业在电子市场的地位。经过长时间的不懈努力,现在全球电子产品市场占比最大的是韩国品牌。虽然当年日本公司实力雄厚,但随着智能移动手机的飞速发展,日本企业太集中在本土,没能迅速开拓海外市场。韩国企业有着当年海外"拓荒"的基础,一跃超过了日本企业成为世界电子市场的龙头老大。

9.3.3 进攻策略——产品型谱的对比和进攻

以产品为主进攻竞争对手的时候，先把型谱数量匹配如图9-6，然后再决定是：① 全面进攻；② 选 ⓐ、ⓑ、ⓒ 当中一个品类进攻；③ 或选 ⓐ、ⓑ、ⓒ 品类当中的高中低档进攻；④ 还是开发新的细分市场（Segmentation）后进攻对手。

现实中进攻竞争对手的一个型号没有效率，除非它是对手的主力型号。在自己公司的能力范围和市场环境下，营销者要谨慎策划最适合的办法有效率地进攻竞争对手。商场就是无声的"战场"，虽然公司之间的竞争没有"枪炮声"，也没有"宣战"仪式，但营销的竞争活动是天天发生的。如果没有仔细观察的话，即使被"袭击"了，也看起来和平时的日常业务一样。

产品型谱竞争时，差异也很重要。参考在第3章产品计划流程（Product Planning Process）时说明的产品差异化内容。通过无偏见测试（Blind Test）和联合分析（Conjoint Analysis）品牌喜好度和产品的价格，再确定有竞争力的产品战略。

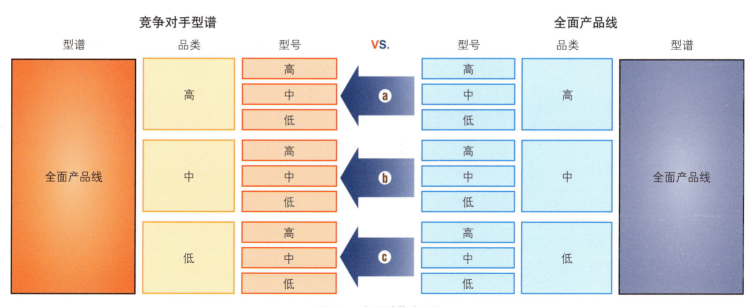

图9-6　产品型谱对比图

空白页——产品型谱的对比

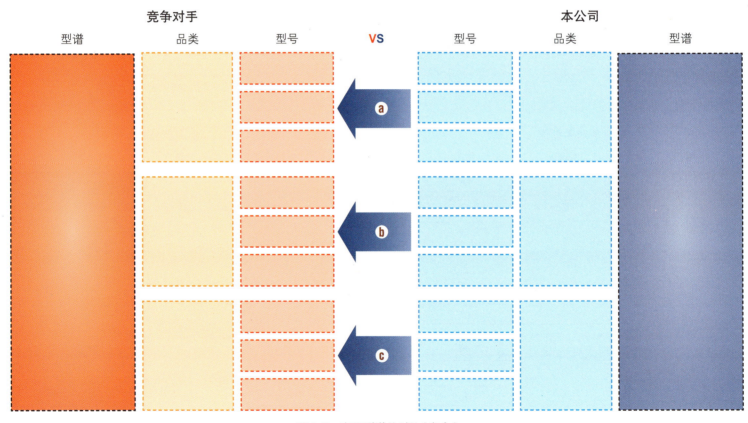

图9-7 产品型谱的对比(空白)

9.3.4 进攻策略——渠道覆盖的对比和进攻

虽然广告促销活动在短期内对市占率有一定影响,但最重要的因素还是产品的型谱和渠道覆盖率。确定产品型谱策略后,给市场份额影响最大的就是渠道覆盖率。下页图9-8展示了一种与竞争对手的渠道对比分析,除了按渠道类型(A—G),还根据各个渠道内销量的不同等级(从大到小)对比进入情况,从而找到和对手的差距,想办法追上竞争对手的水平,甚至超过。为了和竞争对手抗衡,一定要达成渠道覆盖率目标。

为了最大化渠道终端利益,渠道以单位面积产生的销售和利润来决定展示的品牌、位置和面积。这同样适用综合电商,单位页面或产品产生的销售决定在首页的曝光位置,大小和入口。同时,渠道会考虑品牌搭配(Brand Mix),不同类别品牌的展示位置和面积。营销者在确保渠道的覆盖率之后,要密切关注产品展示位置和面积。如果销售不如竞品的话,可能单位面积销售和利润都不如竞争对手。因此,为了"攻击"对手,营销者要配合渠道,并保证单位面积的利益和效率表现,才能得到好的曝光位置、合适的面积大小,使品牌在零售终端进入正向循环。

对于新兴市场、地区和渠道不太理解的时候,很直接的调查办法就是"逛街",走访几个零售店并观察店内展示的品牌和位置就大概了解到那个市场主导的品牌和其市占率。因为展示的位置和面积与市场占有率高度相关,简而言之,最好卖的品牌占最主要的位置和最大面积。对于电商和微商也是同理,首页曝光的品牌暗示着业绩和市占率表现。

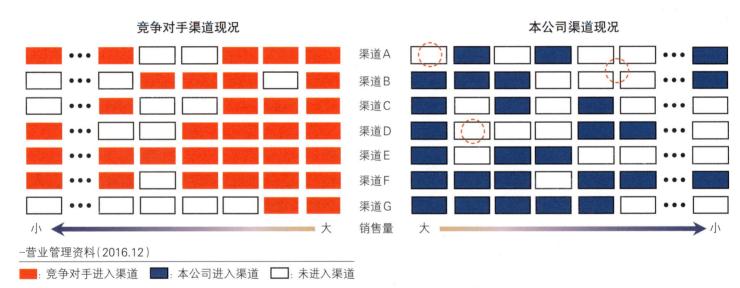

图9-8 渠道现状对比图

9.3.5 进攻策略——梳理渠道竞争

你听说过动物足迹(Animal Path)吗？猎人在追踪动物时，会密切观察动物留下的足迹。这一概念也被运用到渠道的管理。在零售卖场，销售员每天接触到大量的顾客，通过仔细观察研究，发现顾客在商场里购物的路径和行为规律。比如在大型百货商店，顾客在产品区选好产品，拿着销售员开的付款小票，到收银台去付款，然后带着收据回到产品区提取购买的产品，这就是顾客的"动物足迹"。然而在自选超市，顾客购物路径和付款体验完全不同于百货商店，先自由选购所有商品，然后推着购物车在结账处排队付款。如图9-9，家乐福某店的结账通道，附近摆了很多商品。这些商品有自己的特色：单价不高、大小形状适中、可能是常常被顾客忘记的产品，可能是饮料或口香糖等。营销者分析顾客的路径，并动脑筋开发更好地利用店内位置，不仅提高利润（最大化单位面积产出），而且提供方便给顾客，一举两得。在电商的结账页面也有类似的应用。在日常运营中，渠道管理者要定期更换和尝试新的选品，才能不断提高。

整理一下关于渠道管理的思路：先检查渠道的覆盖率，其中包括渠道的种类、配合及地区的分布；进入渠道后再确保展示位置，并争取扩大面积；检查梳理好后就重点放在销售和流量上。同时关注竞争对手的动向、促销活动、展示型号、促销员、终端价格、促销宣传材料等。营销者随时判断是否出台应对措施或展开进攻活动。

不论是产品开发还是渠道进入都需要很多市场资源投入。营销者要考虑资源如何分配最合理。如果与竞争对手在渠道上不匹配，那么全面进攻胜算的概率有多大？还是选择有针对性的，个别渠道或终端上的挑战？或者先弥补自己在渠道覆盖面的不足？本来资源就有限，投入分散就更没有效果，应该集中火力推动。

产品型谱和渠道覆盖都管理好了，营销者可以充分发挥真正的价值——拿出具有创意的想法(Idea)！创意不仅是有关产品或广告，而是在4P全方位的差异化。产品的差异是最根本的，也是最有效果的办法。因此，营销者应经常关注产品的技术和部品的变化，寻找复合产品的机会（比如手机加相机功能）；另外，新兴渠道也会带来新的机会。观察其变化、进展，考虑进入的时机，以及如何差别于竞争对手。

图9-9 家乐福上海某店结账通道

9.3.6 机会——竞争对手犯错时

老实讲,当竞争对手有一定实力和能力时,我们的进攻策略赢得市场份额的可能性不大,除非对手在战略上犯错误。如果对手没做错的话,就是在拼效率,而达到一定的效率需要时间。这就意味着营销者一边要确保自己不犯错、做好该做的事情,一边等待竞争对手犯错的机会。一旦发现,进攻的机会就来了。要知道比我们市场份额大的竞争对手可能犯错的机会少。因此,我们平时一直准备好等待时机,这是很艰难的过程,但机会到来后便可一点一点进攻侵蚀竞争对手的市场份额。

那么,究竟竞争对手什么时候会犯错误呢?对于一个人来讲,我们知道在情绪激动时容易做出错误的判断和行动。对于企业,想象一下可能和自己公司犯错的情景差不多吧,比如组织架构变化、人事变动、公司合并或者核心部门领导变更。通常新来的人有自己的想法,而且往往会否定从前的做法,其中可能包括对的和不对的;同时新人在不太理解顾客和业务现状的情况下,做决定和行动犯错的可能性就比较大。

第二类可能犯错的情况是当外部经济环境的骤变,企业可能着急应对,没有完全准备好的时候开始实施,就容易出错。在这种大环境的变化下,如果准备的时间过长,也产生空隙留给对手可趁之机。

第三类可能犯错的情况是当产品技术更新变化快时,企业反应慢了就容易被淘汰。比如功能手机转向智能手机时,很多公司在产品开发上犯了错误,结果花了大量时间、金钱转换技术。这是在产品型谱策划时就要准备好新旧技术的更新换代。如果竞争对手还没准备好,那么机会就来了。比如诺基亚(Nokia)曾是功能机时代最大的手机生产商,但是转型智能手机时就被淘汰了,最终被微软(Microsoft)收购;同样摩托罗拉(Motorola)也是类似的命运,最终被谷歌(Google)买了又卖了。

另外,在合适的时机给对手干扰也是进攻的一种策略。通过观察监测竞争对手的营销战略,分析预测其营销活动,从而策划如何打击对手。如前面提到的2014年三星故意提早发布新产品Edge曲面手机,为的就是干扰几天后的苹果iPhone 6的全面上市,引起媒体的骚动。经常观察分析竞争对手,就了解其规律,可以预测其营销行为。日本企业在这方面做得不错。

9.4 小结

9.4.1 小结——竞争原理

根据市场地位的不同,到底该采取进攻还是防守的策略呢?本书建议参见表9-1。这些内容供你参考,结合读者自己公司的竞争环境和处境,开发最适合的进攻或防守办法,体系或流程,然后努力实施。

如果你愿意分享你的成果和遇到的挑战,可以邮件:raynwang@yahoo.com。

表9-1 竞争原理

竞争原理	❏ 在营销资源不足的情况下,不管进攻或防守,需要有创意的想法(Idea) 　● 一般竞争环境下,都是市场份额小的公司进攻大公司的情况; 　● 资源有限,创意无限。不足的营销资源以创意的想法(Idea)来弥补,所以努力发掘创意点 ❏ 在资源不对等的情况下,如果竞争对手没有失误,本质就是效率的竞争 　● 给顾客提供更好的产品和服务,不断努力开发有效的改善办法 　● 当竞争对手的首席执行官(CEO)变更、组织结构变化、人事变动时,可能是机会 　● 在新技术导入过程中,竞争对手有可能失误和犯错,这也是进攻的机会 　● 在外部经济环境骤变的时候,很可能有成功的机会,如古语云:乱世出英雄 ❏ 对市场份额(Market Share)影响最大的因素是产品型谱(Model Line-up)和渠道覆盖率(Channel Coverage),从这两个方面开始竞争 　● 首先要在量级上势均力敌,产品型谱数量和渠道覆盖的数量至少差不多和竞争对手匹配 ❏ 全方位的营销4P比较,主导差别化竞争 　● 和相关部门一起,开发全面的活动和办法,找到差异化想法(Idea) ❏ 预测竞争对手可能的反击,树立营销战略 　● 通过长时间观察竞争对手,可以预测竞争对手的反应,了解他们的习惯

9.4.2 小结——领先者的竞争

市场上的"领头羊"不仅要保护自己现有的市场份额和"老大"的地位,而且还要扩大盈利。为了保持市场领先者的位置,继续不断开发差别的产品和服务,提高消费者的喜好度和忠诚度。在保持现有地位的同时开拓新的市场来增加自己的利润。作为市场领先者一定要记住的是在开发新产品或者服务时,不要过分担心替代自己已有的产品和市场,即吞食自己的份额。

为了产品差异化,积极地开发新的技术,或者通过复合产品开拓新的市场,从而增强产品的竞争力。为了保护市场并且防止竞争对手的入侵,必要时可以细分品牌,比如区分高端品牌和大众品牌。同时,关注那些"小企业",虽然目前排名靠后,但可能飞跃成为潜在对手,观察其变化情况,再决定是要攻击还是不予理睬。如果进攻,就要彻底地打败,让对手再不敢轻举妄动。另外,也要努力预防犯错的可能性。从市场领先者的立场来说,建议的战略方向如表9-2,供参考。

表9-2 市场领先者建议战略

市场领先者(市占率第一)

- ❑ 开拓新的顾客群和新的市场
  - 作为市场领先者,通过扩大产品型谱或者渠道覆盖率来提高市场份额是不怎么有效率的,因为已经扩得差不多了
  - 新产品或新渠道的战略比较有效:比如开发男用化妆品和专属香水来拓宽化妆品市场
  - 开拓海外市场,再考虑当地区域的覆盖率
  - 通过品牌的二元化(高档对比大众),扩大商品的销售,并预防竞争对手的进入
- ❑ 开发产品使用或服务的新用途
  - 观察顾客的产品使用情况,有的顾客使用产品时完全不同的用途
  - 建议产品使用时间的变更,比如早餐麦片和加餐麦片;另外,化妆品分早霜和晚霜,增加使用次数
  - 商品使用频度增加的办法:例如剃须刀和日用刀片打包成一周包装,隐形眼镜的日抛版等
- ❑ 加强对品牌高度忠实和喜好的顾客沟通
  - 通过顾客体验管理(CEM)互动活动,与顾客持续保持沟通,让顾客关心品牌和产品
- ❑ 继续开发新技术和差异化的产品,确保市场份额
  - 不怕吞食自己的市场,积极地推出新的产品或新技术的产品

9.4.3 小结——挑战者的竞争

市场挑战者,根据与竞争对手差距的不同,选择的战略也不同。假如自己是市占第三位,不过和第二位的差距比自己市占份额大的话,应先考虑生存的问题。在亚洲某些国家,汽车、家电、通信行业,通常第一、第二位的市占率没什么差距;但是第二位和第三位的差距就很大。基本上第一位和第二位占市场份额80%以上。因此第三位或者第四位的企业最关键的是生存的问题,通常依靠国家的反垄断法或者反不公平竞争法等保护措施谋求生存。简而言之,先生存再竞争。根据市场挑战者的市场地位和市场份额,选择合适的市场战略。本书建议如表9-3。

表9-3 市场挑战者建议战略

市场挑战者	❑ 积极上市具有差异的产品和服务 　● 上市有差异功能的产品 　● 积极推出复合产品,由于第一第二位的竞争对手可能内部担心彼此吞食自己的市场,不愿意合作,这就给挑战者创造了机会。 ❑ 积极开发和进入新的细分市场或者新的渠道 　● 竞争对手比挑战者的渠道矛盾大,因此进入新的渠道不积极主动 　● 进攻竞争对手不关心的细分市场和某一特殊细分(Niche Market)来扩大市占份额 ❑ 确保和竞争对手差不多同一水平的产品型谱和渠道覆盖 　● 如果不能和竞争对手同等水平的话,选择个别产品或者个别渠道,在特定区域或渠道集中进攻 ❑ 通过模仿竞争对手的主力型号或者核心技术,以"反差异化"来稀释其战略 　● 追随竞争企业的差异功能,通过模仿改善现有产品来攻击竞争对手的战略 　● 短时间内,应对竞争对手的主力攻击可以采取模仿追随的办法,如果顾客反应喜欢,营销者再决定自己应对的产品型号,比如把竞争对手的差异功能放在自己最弱的产品型号上,故意弱化的意思;或者放在自己主力的型号直接对抗,即"你有,我也有"策略 　● 也可以考虑模仿竞争对手的广告、促销活动等来应对,但要考虑顾客的喜好和推出的时机 ❑ 创意的想法(Idea)是攻击竞争对手的最强力武器 　● 通过创新和竞争对手差别的营销想法,提高营销资源的效率 　● 一般规模小公司进攻大的公司就是在资源不足的情况下,利用创意来突破 ❑ 竞争对手的失误是进攻的良机 　● 比如对手变更首席执行官CEO、组织结构变动、新技术导入、宏观经济环境变化时,竞争对手失误的可能性高

9.5 营销者关心的领域

营销者关心的领域如图9-10，就是全业务流程（Business Process），即价值创造体系。营销者有创意的想法（Idea）、独特的创新，但在组织内是否接受这样的想法是另外一码事。因为营销和经营活动，在实行之前不好预测活动的结果。虽然现在数字和移动营销可以提供一定的跟踪数据，帮助判断方向，但仍然和数学公式不一样，没有明确的结果。那么，可能即使有好的想法，它最终变成产品或战略的可能性不大。这受到很多因素的影响，基本依靠营销者和公司组织之间的信任。如果公司或领导信任支持，就可以推动尝试有创意的想法；如果没有这个信任，很难预测准确的效果，就不能实践新的创意，那么，有再多的想法也没用。

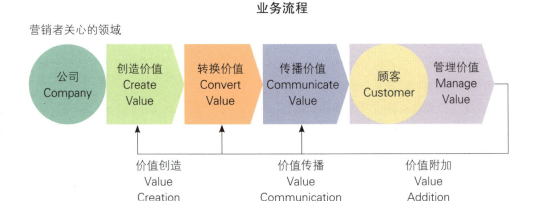

图9-10 价值创造的过程

那该如何建立并培养个人与组织的信任呢？除了父亲是首席执行官之外，就要靠累积成功的业绩。营销者努力积累成功的经验，得到领导和其他部门的认可，因为经营活动在解决问题的时候，需要很多内部和外部的共同努力，才能获得好的结果。一点点建立成绩，维持良好的组织关系，不断积累信誉和信任。

后 记

　　书准备出版了,好像孩子要出生了,只是比十月怀胎更长。忙忙碌碌变成了我上海、北京和美国生活的一部分。周末常常全家去图书馆或咖啡厅,能有两个小时完整的时间,已经算奢华了。平日如果晚上没有加班的话,把家里的事安顿好,打开电脑写作时还保持清醒,就算幸运的了。时间真太宝贵了,一眨眼都去哪儿了。

　　等这版出版了,再出一版英文的。

继续学习

| 发掘想法
（阅读和思考） | 实行想法
（营销战略） | 改善想法/反馈
（分析过程和结果） |

学习的目标

一边上班一边学习是一件很了不起的事。一般来说，开始工作一段时间后可能成家立业。家里有孩子和老人要照顾，家务也不少，操心的事多。而工作可能要加班或出差，简直没时间学习。可是不努力学习的话，在工作上不好保持竞争力。那怎么办呢？只能利用零碎的时间，比如上下班的路上；出差在飞机或火车上的时间；也可以每天提早到公司半小时，固定用来看书。随身带一本书，随时有空可以翻翻、思考、记下好的想法和主意。那么，这么宝贵的时间读什么样的书呢？

如果没读过专科营销或工商管理（MBA）的话，建议先读大学或工商管理的课程课本，了解营销有关的基本知识。每年都有很多新书出版，找到自己需要或有帮助的书不容易。如果有足够的时间，多看书总是好的；但是对时间有限的人，要快速找到对自己有帮助的书有几个办法可以试试：① 找知名作者写的书，比如大学的老师或经营顾问等名人写的书，比较有内容。② 上网查经济类和经营类有关的最畅销书单（Best Seller Book List），看书的摘要，然后选自己需要的。③ 看杂志或报纸上介绍的书。一般经营和股票有关的杂志上介绍最近畅销书。比如商务周刊（*Bloomberg Businessweek*），因其受众群也是对经营和经济感兴趣，所以推荐相关书籍。④ 定期去书店转转，看经管类的畅销书。⑤ 看专业经济研究杂志，比如《哈佛商业评论》（*Harvard Business Review*）、《MIT Sloan 管理评论》等，里面的文章或研究报告有很多新的内容值得借鉴或得到启发。⑥ 问同事或朋友最近有意思的书或建议。

在这里我们给出一些建议的书单（大都是英文的）。那么读者可能犹豫看原版英文的好，还是看翻译成中文的好呢？为了节省时间，建议看中文的翻译，而且提高理解的程度。但有些在国外出版的书，翻译版本需要比较长的时间，这时有能力就直接看原文书吧。营销活动是一种"战争"，当有新的武器可能打败对手，而且很可能创造新业务机会和产生新市场的概念，不容耽搁。

选好了书后，看书时也有几个要思考的事。首先，边看边思考：如果是我的话会怎么做？举个例子，书上讲市占率第一位的公司上市新产品时做了什么。如果我在的公司排名第八的话，怎么样好呢？如果我在的公司也排名第一，但市占率只有20%，比较书上介绍的第一名40%市占率差距很大，采用同样的办法能帮助我的公司提高市占率吗？为什么？结合实际的情况，该怎么改善？另外，书上提的优秀案例虽然成功了，但有没有做错或做得不好的部分？还有比书上介绍的更好办法吗？我们建议不是被动地接受书上的内容，而是主动地找改善的办法。可以直接在书上做笔记，记录自己想法。阅读完后，整理回忆自己的想法。

注意！一定要记住：知行合一。知道得再多，不一定赢得市场。因为不做行动的话，改变不了任何事。虽然得到了"秘籍"，但是没有练功是不能掌握武功的。通过学习得到的内容和启发，一定要付诸行动，而且边做边收集顾客和渠道的反馈：是否达成目标？有没有更好的办法？提高自身的能力需要不断的学习，在工作上试用，找更好的方法，再改善……如此反复。

参考书单

书 名	作 者
Brands and Branding	Clifton, Simmons
Creative Confidence	Tom Kelley and David Kelley
Key Strategy Tools	Vaughan Evans
Brands Asset Management	Scott M. Davis
CRM at the Speed of Light	Paul Greenberg
Customer Experience Management	Bernd H. Schmitt
Blue Ocean Strategy	Kim W. Chan, Mauborgne, Renee
Kellogg on Marketing	Edited by Alice M. Tybout & Tim Calkins
The Toyota Way	Liker, Jeffrey K.
The Power of Habit	Charles Duhigg
Business Model Generation	Alexander Osterwalder & Yves Pigneur
The Strategy and Tactics of Pricing	Thomas T. Nagle & Reed K. Holden
On Strategic Marketing	HBR
The Art of thinking Clearly	Rolf Dobelli
The 1% Windfall	Rafi Mohammed
Always On	Christopher Vollmer and Geoffrey Precourt
Influencer	Kerry Patterson
The Tipping Point	Malcolm Gladwell
The Emotional Life of your Brain	Richard J. Davidson
Flow	Mihaly Csikszentmihalyi

书 名	作 者
The Mind of the Strategist	Kenichi Ohmae
Think Fast and Slow	Daniel Kahneman
Strategic Market Management	David A. Aaker
The Orange Revolution	Adrian Gostick and Chester Elton
To Sell is Human-A Whole New Mind Drivers	Daniel H. Pink
Brand Portfolio Strategy	David A. Aaker
Seeing What Other's Don't	Gray Klein
ABC's of Relationship Selling through Service	Charles M. Futrell
Contagious	Edited by Alice M. Tybout & Tim Calkins
Marketing Management	Phillip Kotler
The Innovator's Dilemma	Clayton Christensen
Competing for the Future	Gary Hamel
Competitive Advantage	Michael Porter
Peak	Anders Ericsson and Robert Pool
Harvard Business Review (Magazine)	HBR
MIT Sloan (Magazine)	MIT
Left Brain, Right Stuff	Phil Rosenzweig
The Success Equation	Michael J Mauboussin

图书在版编目(CIP)数据

互联营销的独门秘籍:你的特级私教/王迎红著. —上海:复旦大学出版社,
2019.3(2019.9 重印)
ISBN 978-7-309-14096-5

Ⅰ.①互… Ⅱ.①王… Ⅲ.①网络营销 Ⅳ.①F713.365.2

中国版本图书馆 CIP 数据核字(2018)第 285042 号

互联营销的独门秘籍:你的特级私教
王迎红 著
责任编辑/方毅超

复旦大学出版社有限公司出版发行
上海市国权路 579 号 邮编:200433
网址:fupnet@fudanpress.com http://www.fudanpress.com
门市零售:86-21-65642857 团体订购:86-21-65118853
外埠邮购:86-21-65109143 出版部电话:86-21-65642845
上海丽佳制版印刷有限公司

开本 787×1092 1/16 印张 18.75 字数 446 千
2019 年 9 月第 1 版第 2 次印刷

ISBN 978-7-309-14096-5/F·2540
定价:78.00 元

如有印装质量问题,请向复旦大学出版社有限公司出版部调换。
版权所有 侵权必究